EUROPAVERLAG

WOJCIECH ROGACIN

SELENSKYJ
DIE BIOGRAFIE

Aus dem Polnischen von
Benjamin Voelkel

EUROPAVERLAG

Die Originalausgabe erschien 2022 unter dem Titel ZEŁENSKI. BIOGRAFIA bei Wielka Litera, Warschau (Polen).

Die Schreibweise ukrainischer Eigennamen folgt der Transkription für die ukrainische Sprache.

© 2022 by Wojciech Rogacin
© der deutschsprachigen Ausgabe:
2022 Europa, ein Imprint der Europa Verlage GmbH, München
Umschlaggestaltung: Robert Gigler, München, nach dem polnischen Original
(Design: © Karolina Żelazińska unter Verwendung folgender Fotos:
Porträt W. Selenskyj © Laurent Van der Stockt for Le Monde/Getty Images;
W. Selenskyj mit Frau Olena © Ukrinform/East News;
Autorenfoto Wojciech Rogacin © Beata Jarzębska)
Lektorat: Palma Müller-Scherf, Berlin
Layout und Satz: Robert Gigler, München
Gesetzt aus der Minion Pro
Druck und Bindung: GGP Media GmbH, Pößneck
ISBN 978-3-95890-538-2
www.europa-verlag.com

INHALTSVERZEICHNIS

WIE LEGENDE UND LEADER GEBOREN WERDEN. WIRD ER DEN VERLAUF DER GESCHICHTE ÄNDERN?

Für Überraschungen war er schon immer gut. Bei einem Auftritt seines Kabaretts in Berlin schlug er einen provokanten Zuschauer, der rief, die Krim sei russisch. Während der Praktika in seinem Jurastudium, als er erkannte, dass der Prozess im Gerichtssaal langweilig ist, entschied er, er müsse sich im Leben eine »andere Bühne« suchen. Er hätte eine lukrative Anstellung in einer Moskauer Firma bekommen können, doch er lehnte sie ab und wählte die unsichere Zukunft mit der eigenen Künstlergruppe. Und mit der Ankündigung in der Silvesternacht, dass er sich zur Kandidatur als Präsident entschieden habe, überraschte er sogar seine eigene Frau.

Übrigens haben sowohl die Entscheidung zur Kandidatur als auch der Wahlsieg nicht nur seine Familie in Erstaunen versetzt. Wie war es möglich, dass der fiktive Präsident aus der Serie *Diener des Volkes* das Drehbuch im wirklichen Leben wiederholte und es ganz nach oben schaffte?

Die Medien auf der ganzen Welt verfolgten diese unerwartete Kandidatur und sparten nicht mit Sticheleien: »Komiker«, »Komödiant«, »Clown«. Seit mehr als 30 Jahren befasse ich mich beruflich mit Osteuropa, aber als Wolodymyr Selenskyj im Frühling 2019 zum Präsidenten der Ukraine gewählt wurde, erstaunte das nicht nur mich gewaltig.

Die Welt wusste nur, dass der Kandidat aus der Unterhaltungsbranche die Berufspolitiker geschlagen und nach dem höchsten Amt im Staat gegriffen hatte. Selbstverständlich erinnerte ich mich aus der neuesten Geschichte Polens an ähnliche Unternehmungen – die Polnische Partei der Bierfreunde oder Schauspieler, die für das Parlament kandidierten. Ich erinnerte mich an den noch recht frischen Fall eines anderen Komikers, Beppe Grillo, der nur wenige Jahre zuvor die politische Bühne Italiens erschütterte, als er eine gesellschaftliche Bewegung ins Leben rief und sie ins Parlament führte. Doch diese Initiativen blieben eher Merkwürdigkeiten oder hatten keinen entscheidenden Einfluss auf die Politik.

Der Wahlsieg von Wolodymyr Selenskyj hingegen stellte die ukrainische Politik auf den Kopf. Zudem trat der aus dem Showbusiness kommende Präsident von Anfang an energisch auf wie ein erfahrener Politiker, obwohl ihm die Erfahrung fehlte. Die westliche Presse begann ihn mit Emmanuel Macron zu vergleichen – jener ist gerade mal einen Monat älter und war auch nicht bekannt, bevor er 2017 Präsident von Frankreich wurde. Nur war Macron schon mit der Politik vertraut. Aber Selenskyj?

Wie mir Aleksander Kwaśniewski, der ebenfalls Präsident wurde, als er 41 Jahre alt war, in einem aus Anlass dieses Buches geführten Gespräch sagte, ist das Alter in der Politik kein Hindernis: »Nicht aufgrund seines Alters ist ein Mensch erfolgreich oder muss Niederlagen einstecken.«

Deshalb musste das eine interessante Geschichte sein. Überhaupt nicht so einfach, wie sie viele bis heute einschätzen und darstellen, denn Selenskyj ist keine eindeutige Persönlichkeit: Nach seiner Wahl in das höchste Amt verlor er allmählich an Unterstützung, und erst angesichts außergewöhnlicher Ereignisse, dazu zählt auch der Krieg, erwies er sich als der geborene Leader. Auf jeden Fall begann ich mich damals, im Jahr 2019, sehr für Selenskyj zu interessieren.

Ich wusste nicht, dass Russland die Ukraine knapp drei Jahre später erneut überfallen würde. Obwohl mich Witalij Portnykow, ein bekannter ukrainischer Politologe und Publizist, in einem der Gespräche, die ich mit ihm während der Arbeit an diesem Buch führte, davon zu überzeugen versuchte, dass Selenskyjs Wahlsieg zu einem Angriff Russlands führen musste. Und zwar deshalb – wie er meint –, weil Putin den neuen Präsidenten der Ukraine unterschätzte, er war falsch über ihn informiert. Er erwartete, dass Selenskyj ein schwacher Leader sein würde, dass er sich mithilfe der Oligarchen direkt aus dem Kreml lenken lassen würde. Doch er erwies sich als ein ganz anderer Mensch, mit festem Rückgrat, was man im Kreml zuvor nicht sah. Wer Selenskyj kannte, der wusste, dass er nicht unterwürfig ist und das zur Konfrontation führen kann.

Doch sogar diejenigen, die einen Krieg erwarteten, konnten nicht vorhersehen, dass Präsident Selenskyj auf gänzlich ungewöhnliche Weise die Stirn bieten würde. Dass er zum Symbol des Kampfes der freien Welt mit dem Imperium des Bösen wird.

All die Jahre beobachtete ich beruflich und aus persönlichem Interesse das Schicksal und die Regierung Selenskyjs. Nicht ohne eine gewisse Verwunderung sah ich, wie der im Konflikt mit der korrumpierten und von den ukrainischen Oligarchen beherrschten Politik zur Niederlage verurteilte Präsident – und ehemalige Showman – mit heiler Haut davonkam. Auf jeden Fall wurde er nicht gleich am Anfang aufgefressen. Es gab Gerüchte, hinter ihm würde der Oligarch und Patron Ihor Kolomojskyj stehen, doch Selenskyj distanzierte sich seit Beginn der Präsidentschaft von ihm (auch wenn er diese Anschuldigungen nie ganz abschütteln konnte).

Er versuchte mehr oder weniger erfolgreich den Staat zu reformieren und die Ukraine zu modernisieren. Manchmal hatte er populistische und wenig realistische Ideen. Gelegentlich handelte er Beifall heischend, chaotisch, übereilt. Und in der Praxis überzeugte er sich schnell davon, dass die Vorstellung von der Macht und das Regieren zwei verschiedene Dinge sind. Im Kontakt mit der Verwaltungsmaschinerie musste er von einigen seiner Wahlversprechen Abstand nehmen – sei es zum Beispiel davon, dass er den Präsidentenpalast zu einem Haus für die Jugend machen wollte, was er letztlich nicht erfüllt hat. Selenskyjs Anstrengungen, den Staat auf einen modernen Kurs zu bringen, waren jedoch so erfolgreich, dass sie zu seinem Unglück das unheilvolle Auge des russischen Sauron auf die Ukraine lenkten. Das konnte er ahnen, aber nicht wissen. Er konnte auch nicht wissen, wie man in einer solchen Situation zurechtkommt.

Als ich seinem Lebenslauf auf den Grund ging, verstand ich, dass es kein Zufall ist, wie mannhaft er sich angesichts des russischen Überfalls schlägt. Schon in seiner geschäftlichen Tätigkeit – die Schauspielerei war nur einer von vielen Bereichen – hatte er den Charakter eines Leaders an den Tag gelegt. Glänzend leitete er Firmen, deren Umsätze Dutzende Millionen Dollar erreichten. Er beschäftigte Hunderte Menschen, bei manchen Projekten sogar Tausende, produzierte Filme, die weltweit Preise gewannen. Und wenn man die zeitgenössische Politik – und nicht nur die – als eine Art Aufführung ansieht, als eine Theaterinszenierung, bei der Darbietung, Narration und eine hervorragende PR untrennbarer Teil des Erfolges sind, so hatte Selenskyj alle Trümpfe in der Hand. Sowohl reale Erfolge – es sei betont: nicht selten beruhend auf harter Arbeit – als auch die Meisterschaft bei deren Darbietung.

Mit dem Leader-Gen kommt man gewöhnlich auf die Welt. Bei ihm sah man das schon seit den frühesten Jahren. Auf dem Hof des Wohnblocks in seiner von Industrie geprägten Heimatstadt Krywyj Rih, in der Schule, bei der Entscheidung, Ringsport zu trainieren, um sich gegen die Straßengangs der Stadt zur Wehr zu setzen. Bei der Suche nach Informationen aus der Zeit seiner Kindheit und Jugend stieß ich auf ein zauberhaftes, außergewöhnlich ehrgeiziges Kind, einen Teenager und schon reifen jungen Mann, der immer etwas mehr erreichen wollte als die Gleichaltrigen. Er ließ nicht locker, scheute kein Risiko, aber gleichzeitig wollte er Teil der Gruppe sein, der er bis zum Schmerz loyal blieb.

Wie immer bei Personen, die sich vom Durchschnitt abheben, wissen wir nicht, wie entscheidend Erziehung und Milieu waren, wie viel angeborene Eigenschaften bewirkten und was auf eine Verkettung von Zufällen zurückzuführen ist. Wenn jedoch die Umstände günstig waren, war Selenskyj bereit und schaffte es, sie vollumfänglich zu nutzen.

Was half ihm dabei? Mit Sicherheit die bedingungslose Unterstützung seiner Eltern und Großeltern und die große Klugheit seiner Frau. Eine Liebe, die – wie sie sagen – immer leidenschaftlich geblieben ist. Auf seine Eltern hörte er selbstverständlich nicht immer, aber sie waren es, die ihm beibrachten, sich nicht über andere zu erheben, wodurch er die ukrainischen Wähler so für sich einnehmen konnte.

Das Leben schreibt oft überraschende Drehbücher. Für die Welt war zunächst die Wahl Selenskyjs zum Präsidenten der Ukraine eine solche Sensation. Aber definitiv alle – vielleicht auch ihn selbst – verblüfft seine Haltung angesichts des russischen Überfalls. Krisenzeiten, schwere Zeiten, offenbaren an den Menschen Eigenschaften, die das Umfeld zuvor nicht wahrgenommen hat, ja, die sie selbst nicht an sich kannten.

Genau das geschah mit Selenskyj. Nach dem Angriff Russlands wurden der Ukraine nur wenige Tage gegeben. Doch unter der Führung Selenskyjs ist das Land nicht nur dazu in der Lage, sich viel länger zu verteidigen, sondern den Angreifern auch schmerzende Hiebe zu versetzen. Und dem Präsidenten ist es gelungen, fast die ganze freie Welt anzusprechen und sie zu Hilfeleistungen für die kämpfende Ukraine zu mobilisieren. Wer hätte das am 20. Mai 2019 gedacht, am Tag der Inauguration des Komiker-Präsidenten, wie ihn bis heute manche nennen? Derweil war er es, der sich zu einem wahren Staatsmann entwickelte, während sich viele Staatschefs als Komiker gebärdeten.

Wir wissen nicht, wie sich das Schicksal der Ukraine in den nächsten Monaten, Jahren und Jahrzehnten entwickeln wird. Und sei es, weil wir in einer Situation der größten Krise und des größten Krieges in Europa seit dem Zweiten Weltkrieg nicht einmal in der Lage sind, das vorherzusehen, was die kommende Woche bringen wird. Alles ist möglich – von einem brüchigen Pseudofrieden wie dem nach dem Überfalls Russlands im Jahr 2014 bis zu einer Eskalation des Konflikts, von Aggression und Grausamkeit. Von der Wiederherstellung der Integrität der Ukraine bis zur Teilung des Staates. Aber selbst wenn in einem Monat, einem Jahr oder in fünf Jahren eine dieser Möglichkeiten Realität wird, kann sich das mit einem Nachbarn wie Russland als sehr unbeständig erweisen. Die Möglichkeiten, wie sich die Situation entwickeln kann, sind so zahlreich, dass niemand irgendwas prognostizieren kann.

Doch wir wissen, und das wird sich nicht mehr ändern, dass Selenskyj zur Legende und einem Symbol geworden ist, und das unabhängig vom Ausgang des Krieges. Während der Krieg noch anhält, fragen sich viele Publizisten, Politiker und gewöhnliche Ukrainer, ob man sich besser hätte darauf vorbereiten können. Hätte man ihn verhindern können? Und falls ja, zu welchem Preis? Und kann man diesen Preis überhaupt zahlen?

Nach dem Zweiten Weltkrieg verlor Winston Churchill, der die Briten zum Sieg geführt hatte, sein Amt. Nach dem von Israel gewonnenen Jom-Kippur-Krieg von 1973 wurde eine Kommission zur Untersuchung der Vorbeugungsmaßnahmen der Regierung Golda Meir eingesetzt. Doch unabhängig davon, wie die Ukrainer den Konflikt einmal bewerten werden, hat Selenskyj schon den Status als Leader eines zur Niederlage verdammten Landes erlangt, der den ungleichen Kampf zur Verteidigung von Würde und Recht auf ein Leben in Freiheit aufgenommen hat, statt sich unter den russischen Stiefel zu begeben.

Selenskyj wird der Beweis dafür sein, dass jeder von uns auf seine Weise außergewöhnliche Dinge vollbringen kann, wenn wir in der Stunde der Wahrheit die richtigen Entscheidungen treffen und konsequent sind. Natürlich nachdem wir uns zuvor für die richtige Seite entschieden haben.

Warum konnte Selenskyj dieser extrem schwierigen Situation die Stirn bieten? Bei der Arbeit an diesem Buch verstand ich, dass seine Antwort überraschend einfach ist: »Es genügt, sich selbst gegenüber immer ehrlich zu sein und sich nicht zu bemühen, jemand zu sein, der man in Wirklichkeit gar nicht ist. Man muss sich zu den eigenen Schwächen bekennen, die Probleme anderer erkennen, sich nicht als etwas Besseres ansehen nur aufgrund seiner Position, aber sich auch seiner Vorzüge voll und ganz bewusst sein.« Das ist der Schlüssel zur bisherigen Haltung Selenskyjs – von den Kindesjahren an, über das Studium, die Karriere im Showbusiness bis zur Präsidentschaft.

Auf dem Buchmarkt haben wir seit Jahren eine Schwemme von Putin-Biografien, der den Weltfrieden zunichtemacht und der die schlimmsten Kriegsverbrechen begeht. Es ist höchste Zeit, das zu ändern und von einem Menschen zu erzählen, der als erster versucht, sich dem entgegenzustellen. Der versucht, den Lauf der Geschichte zu ändern.

1 IN KRYWYJ RIH

Von der Geburt bis zum Beginn seiner Karriere

IN DIESEM KAPITEL

Man kann Selenskyj nicht verstehen, ohne zu wissen, unter welchen Bedingungen er aufwuchs. Eine Bergarbeiterstadt, jugendliche Gangs auf den Straßen. Entweder kommst du auf die schiefe Bahn, oder das gibt dir Kraft fürs ganze Leben, und dann läufst du nicht weg, wenn du dich auf einen Kampf einlässt.

Als er aus der Mongolei zurückkam, kannte er keine Schimpfwörter. Aber geflucht wurde in Krywyj Rih auf Schritt und Tritt. Der kleine Wolodja fragte ungeniert, was das Wort »Schw...« bedeutet. Die Eltern wurden rot, und die Leute ringsum bogen sich vor Lachen.

Der Vater schlug Wolodja nur einmal, als der Sohn sich so sehr den Vergnügungen hingab, dass er in Mathe nicht mitkam. Das wirkte wie Riechsalz, und der Junge bestand problemlos die Aufnahmeprüfung an der Universität.

Er spielte seine jüdische Herkunft herunter, obwohl das Andenken der Vorfahren bei ihm zu Hause geehrt wurde. Als 16-Jähriger bekam er ein Stipendium für ein Studium in Israel. Als sein Vater ihm dies nicht erlaubte, wurde er wütend und warf mit den Hausschuhen nach ihm.

Wolodja Selenskyj wollte immer bei allem der Erste sein. Überambitionierte sind gewöhnlich nicht beliebt unter ihren Altersgenossen. Andrij Saslawskyj, sein Schulkumpel, erzählt, dass Wolodja trotz seiner Ambitionen jedoch so charmant und normal war, dass es nicht zu Konflikten kam.

Nach Meinung von Saslawskyj waren es besonders zwei Eigenschaften, die ihm Sympathie einbrachten. Erstens interessierte er sich wirklich dafür, wie es den Klassenkameraden, Freunden und Bekannten ging. Er setzte sich hin, fragte nach ihren Problemen und hörte zu. Unter Teenagern, die eher mit sich selbst beschäftigt sind, war das selten und musste auffallen. Zweitens waren schon damals die Gespräche mit ihm nicht belanglos: Er sprach über Kino, Theater oder darüber, warum begabte Menschen in der Ukraine mit dem Trolleybus nach Hause fahren und die schlechtesten Lebensmittel essen müssen, während in anderen Ländern Begabte besser lebten. »Ist das normal?«, fragte der jugendliche Selenskyj.

»Eben nicht«, führt Saslawskyj den Gedanken zu Ende und fügt hinzu: »Deshalb wurde Wowa schon damals in der Schule nicht für einen gewöhnlichen Jungen gehalten.«

Dieser Junge – Wolodymyr Oleksandrowytsch Selenskyj – wurde in Krywyj Rih geboren, einer Industrie- und Provinzstadt, die 415 Kilometer südlich von Kyjiw (Kiew) liegt. Er ist im wörtlichen und im übertragenen Sinne ein Kind dieser Stadt: Hier wuchs er auf, hier wurden seine Charaktereigenschaften geprägt – Neugier auf das Leben, Unnachgiebigkeit, Mut und Ehrgeiz, aber auch Offenheit für andere. Hier lernte er seine künftige Frau kennen und verliebte sich, hier ging er zur Schule, hier entfaltete er sein Talent und schloss Freundschaften für das ganze Leben. Hier begann schließlich seine große Karriere.

Stadt

»Krywyj Rih ist mein Herz und meine Seele. Alles, was ich im Leben erreicht habe, was ich bin und bekommen habe, verdanke ich Krywyj Rih. Ich liebe diese Stadt«, sagte er nicht ohne Rührung in einem ausführlichen Interview, das er 2018 dem bekannten ukrainischen Journalisten und Politikkommentator Dmytro Gordon gab.

Vor dem Krieg gab Selenskyj nicht viele Interviews. Das dreistündige Interview mit Gordon, geführt im Dezember 2018, bevor er seine Kandidatur bei den Präsidentschaftswahlen bekannt gab, war die heißeste News jener Tage in der Ukraine. In dem Gespräch gab er viele Informationen über sein Leben und seine Lebensphilosophie preis.

Am Tag von Wolodymyr Selenskyjs Geburt, dem 25. Januar 1978, herrschten in der Stadt eisige Temperaturen, und frischer Schnee rieselte auf den rostroten Niederschlag, der die Fußwege und Plätze der Stadt bedeckte. Der Qualm aus Dutzenden die Stadt überragenden Schloten und bräunlicher Staub aus den Erzbergwerken, die sich entlang des bebauten Gebiets hinzogen, hingen oft über Krywyj Rih und wirkten sich auf die ganze Gegend aus.

Für die Menschen aus Krywyj Rih war dieser Smog nichts Außergewöhnliches. Die großen Wohnsiedlungen grenzen hier an die riesigen Krater des Tagebaus, und die Bewohner sprechen von orangenem Regen. Der entsteht, wenn der in die Höhe steigende Staub aus den Erzbergwerken von atmosphärischen Niederschlägen ausgewaschen wird. Die Landschaft sieht dann aus wie auf dem Mars, nach dem Regen ist die ganze Gegend rostrot. Es war und ist immer noch eine der am meisten verschmutzten Städte der Ukraine.

Doch für den kleinen Wowa Selenskyj, wie man ihn zu Hause nannte und wie seine Freunde zu ihm sagten, war die Kindheit in Krywyj Rih das Paradies – absolute Sorglosigkeit, Spaß mit Gleichaltrigen, die Fahrt auf dem ersten kleinen Fahrrad. Die Eltern arbeiteten, aber der Großvater nahm ihn mit auf den Schießplatz und zeigte ihm, wie man mit dem Luftgewehr umgeht, und die Großmutter brachte ihn in den Kindergarten. Für die Großeltern war er das Ein und Alles. Wolodymyr erinnert sich an strenge Winter und durchdringende Winde – in Krywyj Rih herrscht Steppenklima. Manchmal musste die Großmutter dem Kind auf dem Weg in den Kindergarten das Gesicht verhüllen, um es vor Wind und Schnee zu schützen.

»Er wollte unbedingt in den Kindergarten«, erzählte seine Mutter, Rimma Selenska, in einem Interview für die Zeitung *KP w Ukraine* (KP in der Ukraine). »Er stand dort im Zentrum der Aufmerksamkeit, scharte die Kinder um sich, dachte sich Spiele aus. Und wenn er aus dem Kindergarten zurückkam, dann spielte er am liebsten mit … dem Fleischwolf – dem alten, sowjetischen!«

Wowa war ein lebhaftes und resolutes Kind, und sein Mund stand niemals still. Er mochte es, alles zu kommentieren, selbst bei Erwachsenen, womit er sie manchmal in Verlegenheit brachte.

»Du kannst nie in Ruhe schweigen, musst immer Reden schwingen«, pflegte seine Großmutter zu sagen.

In der Ukraine heißt es, wenn etwas Aufmerksamkeit verdient, muss ein Lied darüber geschrieben werden. Krywyj Rih hat sein eigenes Lied:

Meine Heimat, Krywyj Rih,
Meine unnachgiebige Stadt.
Nirgendwo sonst auf der Welt gibt es dich.
Auf den großen Plätzen,
In den Bergwerken und großen Öfen
Brodelt alles,
Alles ändert sich, wächst schnell.
Krywyj Rih, meine Stadt,
Möge sich dieses Lied für dich

Hoch aufschwingen in den Himmel.
Du bist die Perle des Landes,
Sein Stolz und sein Ruhm.
Ich verneige mich vor dem Schicksal, dass ich dich habe.

In Wolodymyr Selenskyjs Jugend war es jedoch keine Stadt, in die man sich verlieben konnte.

Die dortige Siedlung Muraschnik, was so viel wie Ameisenhaufen bedeutet, ist eine Anhäufung von in den Sechzigerjahren errichteten, in Form eines riesigen C angeordneten, zwölfstöckigen Wohnblocks, jeder mit 500 bis 900 Wohnungen, mit Wänden aus weißen Ziegelsteinen und ziegelroten Platten darauf. Vor den Blocks stehen ein paar Bänke, und in der Mitte vom Hof aneinandergeklebte Garagen. Als Selenskyj ein Teenager war, verfielen die Siedlungen immer mehr. Und so sahen sie auch noch vor ein paar Jahren aus, als er Präsident wurde: heruntergekommene Treppenhäuser, hier und da von den Wänden abfallende braune oder graue Platten, aufgebrochene und verbogene Briefkästen. Auf dem großen Hof alte Autos, Schaukeln für die Kinder, Mülleimer.

Auf diesem Hof verbrachte Wolodymyr Selenskyj seine Kindheit und Jugend. Hier wohnen bis heute seine Eltern. Vor 40 Jahren war es hier nicht sicher. »Geld her, Kleiner!«, diese Worte hörten Wowa und seine Freunde öfter aus dem Mund von Halbstarken und Hooligans, die ihnen in dunklen Durchgängen auflauerten. Die Siedlung und die dort herrschende Atmosphäre lehrten den jungen Selenskyj, dass man manchmal nachgeben und manchmal kämpfen muss, selbst wenn man das Taschengeld oder das Geld für das Training verliert, aber er wusste sich zu wehren. Seine Hände waren immer wieder aufgeschlagen, aber all das, wie er sich erinnert, im Namen der Gerechtigkeit.

»Wenn ich mich auf einen Kampf einlasse, dann laufe ich nicht davon. Ich kann notfalls verlieren, aber ich mache mich nicht mittendrin aus dem Staub. Nein. Die weiße Flagge ist nicht meine Flagge!«, sagte Selenskyj in dem denkwürdigen Interview.

Wie spätere Ereignisse in Wolodymyr Selenskyjs Leben zeigen werden, blieb die Regel, nicht die weiße Flagge zu hissen, bis zum Ende ohne Rückzug zu kämpfen, eine charakteristische Eigenschaft seiner Persönlichkeit und zeigte sich in vielen Situationen. Zumal in solchen, in denen er intuitiv handelte. Es scheint, als sei es weniger ein bewusst gewähltes Prinzip als vielmehr erlernt infolge des Aufwachsens an einem Ort wie Krywyj Rih.

Das gewaltige Industriezentrum hat heute die Form eines großen Hörnchens, in gerader Linie gemessen, ist es 66 Kilometer lang, wenn man aber auf den Straßen durch die ganze Stadt fährt, muss man mehr als 120 Kilometer zurücklegen. Denn die neuen Siedlungen wurden entlang der entstehenden Bergwerke, Hüttenbetriebe und Fabriken gebaut. Es gibt dort auch nicht ein Zentrum – die Stadt ist in Bezirke mit eigenen Minizentren unterteilt. Krywyj Rih zählt heute knapp 700 000 Einwohner. Zur Zeit von Selenskyjs Jugend sah es ähnlich aus: Es gab eine halbe Million Einwohner, und die Ausdehnung der Stadt war nicht viel geringer.

Die gewaltigen Eisenerzvorkommen, die zu den reichsten der Welt gehören, wurden hier schon im 19. Jahrhundert entdeckt. Doch erst nach dem Zweiten Weltkrieg kamen aus der ganzen Sowjetunion Tausende Menschen hierher, um in der Bergbau- und Hüttenindustrie zu arbeiten. Es entstand eine typische kommunistische Arbeiterstadt, ohne ein gewachsenes soziales Netz, so ähnlich wie die Stadt Nowa Huta in Polen oder Eisenhüttenstadt in der DDR. Und die großen Entfernungen sowie das gewaltige zahlenmäßige Übergewicht an Arbeitern erschwerte die Entstehung einer bürgerlichen städtischen Gesellschaft, umso mehr, da ein Teil Ukrainisch sprach und die Mehrheit Russisch.

In Wolodymyr Selenskyjs Kindheit gab es in Krywyj Rih mehr als 30 Kohle- und Eisenerzbergwerke, außerdem Eisenhüttenwerke, Betriebe zur Produktion von Maschinen für Bergbau und

Schwerindustrie, für metall- und holzverarbeitende Industrie. Damals entstand eine gigantische Rohstofffabrik, die ganze 40 Prozent des Bedarfes der gesamten UdSSR an Eisenerz deckte. Überwiegend von dort kam zu kommunistischen Zeiten und nach dem Zusammenbruch der UdSSR der für die polnischen Eisenhütten vorgesehene Rohstoff.

Es ist ein Ort der großen Kontraste. Schöne Plätze und gepflegte Gebäude grenzen an Plattensiedlungen, die nach dem Zusammenbruch der UdSSR sich selbst überlassen wurden. Neben Hochhäusern, den typischen sowjetischen Wohnsilos, erstrecken sich Siedlungen aus kleinen Einfamilienhäusern mit schmalen Sträßchen und allgegenwärtigen Blechzäunen.

Sowohl die Geografie der Stadt, ihre Weitläufigkeit, als auch die besondere Struktur begünstigten die Zunahme von Kriminalität.

»Zu wenig Verbindungen zwischen der zugezogenen Bevölkerung und ein Mangel an Perspektiven für die jungen Menschen in den Neunzigerjahren, also in der Zeit der Wende nach dem Zusammenbruch der UdSSR, bewirkten, dass die Kriminalität aufblühte. Gangs aus einzelnen Bezirken rivalisierten miteinander«, erzählte mir eine Bekannte von Selenskyj.

Zu jener Zeit war es mit einem großen Risiko verbunden, abends seinen Bezirk zu verlassen, besonders für einen Jungen. Um einigermaßen glimpflich in einer Stadt voller rivalisierender Gangs durchzukommen, musste man die Prinzipien und die informellen Gesetze kennen, die dort herrschten. Das hatte sicherlich großen Einfluss auf Selenskyj, der sich immer – in der Schule, in seiner künstlerischen Karriere und in der Politik – in einer größeren Gruppe bewegte und alte Freundschaften pflegte.

Selenskyj kannte das in Krywyj Rih herrschende Gesetz: Bist du allein in der Stadt unterwegs, können sie dich anmachen.

»Aber es galt die Regel, dass dich die Typen in Ruhe ließen, wenn du mit einem Mädchen unterwegs warst«, sagte Selenskyj in dem Interview mit Gordon. Und er fügte im Spaß hinzu, dass sich die Jungs in den höheren Klassen deshalb nach Mädchen umsahen, mit denen sie gehen konnten.

Nicht so sehr, um seinen Kumpels zu imponieren, als vielmehr für die eigene Sicherheit begann der jugendliche Wolodja Selenskyj mit klassischem Ringsport, später mit Gewichtheben. Die Eltern sahen das Training ihres Sohnes gern, weil sie wussten, dass das eine gute Art war, sich den harten Regeln des Lebens in Krywyj Rih anzupassen. Die Kenntnisse im Ringen erwiesen sich auch auf der Straße als nützlich. Den Spaß am Training erhielt er sich, auch später trainierte er zu Hause in seinem eigenen Fitnessstudio.

In jener Zeit war ihm noch etwas eine Lehre, das ihm bei seiner Karriere helfen sollte, besonders wenn er mit großen Problemen konfrontiert war.

»Das ist wie beim Heben einer 200-Kilogramm-Hantel. Nicht einmal der stärkste Gewichtheber bekommt sie ohne vorheriges Training hoch. Genauso gut muss man sich auf die Bewältigung von Schwierigkeiten im Leben vorbereiten«, sagte er in einem Interview für ausländische Medien.

Aber es gab noch etwas, für das seine Heimatstadt stand. Selenskyj machte später Karriere in Moskau und Kyjiw, Krywyj Rih blieb ihm aber als die gastfreundlichste Stadt in Erinnerung.

»In Moskau bleiben sogar die Türen deiner Nachbarn vor dir verschlossen. In Krywyj Rih stehen alle Türen offen. Hier leben mein Papa, meine Mama, meine Oma und alle nach dem Prinzip: aufnehmen, aufwärmen, bewirten«, erzählte er in demselben Interview.

Eltern

Auch wenn die sowjetischen Wohnblocks Anonymität begünstigten, so kannten sich doch die Menschen in Krywyj Rih. Die Erwachsenen gingen täglich auf den Hof, um Schach zu spielen – das ist übrigens eine populäre Sitte im europäischen Teil der ehemaligen UdSSR. Von Wolodymyrs Eltern sprechen alle in den höchsten Tönen, »ordentlich, anständig, bescheiden«. Eine ähnliche Meinung hat man von ihrem Sohn.

»Wowa kam auch mit seinem Vater hierher und spielte mit uns«, berichten die Rentner vor dem Wohnblock, in dem Selenskyj wohnte, den Journalisten des Nachrichtensenders TSN. Als er Präsident wurde, brachte der Fernsehsender, der zu dem beliebten Kanal 1+1 gehört, eine Sendung über ihn.

»Er ist haargenau wie sein Vater, kultiviert, freundlich«, sagt einer der älteren Männer. »Und sein Vater spielt immer noch mit uns.«

Wolodymyrs Eltern verkauften zwei kleinere Wohnungen und kauften eine mit vier Zimmern in der Muraschnik-Siedlung. In den Sechziger- und Siebzigerjahren des vergangenen Jahrhunderts war eine Wohnung in diesem neuen Gebäudekomplex ein Traum.

Zu Hause bei Selenskyjs war es nie luxuriös, bis heute kleben an den Wänden die in der Region populären Tapeten, darauf hängen Fotos von Wolodja. Andrij Saslawskyj, ein Jugendfreund von Selenskyj, hat ihn oft besucht.

»Wolodymyrs Wohnung unterschied sich nicht von den Wohnungen anderer Freunde und Freundinnen oder von meiner«, erinnert er sich. »Sie war einfach, aber geschmackvoll eingerichtet. Als ich zu Wowa kam, gingen wir gleich in sein Zimmer, in dem es aussah wie in allen Zimmern von Teenagern: ein einfaches Bett, ein Teppich, an der Wand ein Plakat mit einem hübschen Mädchen«, erzählt mir Andrij Saslawskyj.

Selenskyjs Eltern führten das typische Leben der russischsprachigen Intelligenz in einer Industriestadt der Sowjetunion. Der Vater, Oleksandr Selenskyj, ist studierter Mathematiker, er hat auch einen Professorentitel in den technischen Wissenschaften auf einem recht kompliziert klingenden Gebiet: geologisch-geometrische Servo-Automatisierung im Bergbau. Er ist auf die Entwicklung von Bergwerken und Fabriken spezialisiert. Seit 1995 leitet er den Lehrstuhl für Kybernetik und Informatik am Staatlichen Wirtschaftsinstitut in Krywyj Rih.

Die Mutter, Rimma, studierte in Krywyj Rih und wurde Technologieingenieurin, nach 40 Arbeitsjahren in ihrem Beruf bekam sie, schon in der freien Ukraine, 1600 Hrywnja Rente im Monat. Das entspricht etwa 55 Dollar.

Obwohl Wolodymyrs Eltern gebildet waren und gute Anstellungen hatten, unterschieden sie sich nicht in ihrem Lebensstil. Sowohl die Mutter als auch der Vater vermeiden Gespräche mit den Medien, besonders Oleksandr Selenskyj. Dem Internet-Fernsehsender Hromadske.com gelang es, mit Selenskyjs Mutter zu sprechen, als ihr Sohn schon Präsidentschaftskandidat war.

»Wir lebten sehr bescheiden«, erinnerte sich Rimma Selenska in diesem Gespräch. »Es wurde erst besser, als der Papa in der Wissenschaft Karriere machte und befördert wurde. Aber Wolodja wuchs nicht in einer reichen Familie auf. Und bescheiden haben wir ihm auch beigebracht zu leben«, fügte sie hinzu.

Der Vater, von kleiner Statur, mit einem freundlichen Gesichtsausdruck, ist zurückhaltend, aber aus den Äußerungen derer, die ihn kennen, ergibt sich das Bild eines sehr anständigen und ehrenhaften Menschen. Der Typ Wissenschaftler – ordentlich, aber unauffällig gekleidet, Hose mit Bügelfalte, Hemd, Pullover oder Jackett. In Kommentaren für die Medien äußern sich die Nachbarn von Wolodymyrs Eltern über beide mit Achtung und Anerkennung.

Rimma Selenska ist auch eher ein ruhiger Typ, zierlich, schlank, mit üppiger, sehr akkurater Frisur. Und sie ist – wie die Nachbarn sagen – anderen gegenüber stets sehr herzlich. Wenn Freunde bei Wolodja zu Besuch waren, fragte sie immer, wie es ihnen gehe, ob alles in Ordnung sei. Und meistens gab es auch etwas zu essen.

»Eigentlich war Wolodymyrs Mutter zu mir als Kind liebenswürdiger und hat sich mehr für mich interessiert als mein eigener Vater«, erzählt mir Saslawskyj.

Ende der Siebzigerjahre begann die Wirtschaft der UdSSR unter der Führung der mürrischen, konservativen Truppe um Leonid Breschnew zu stagnieren. Die Löhne in Provinzstädten wie Krywyj Rih waren mehr als bescheiden. Das betraf insbesondere die Intelligenz, die vom System schlechter behandelt wurde als die Arbeiterklasse. Die Sowjetunion ließ auf der internationalen Bühne die Muskeln spielen, gab Millionen für Aufrüstung aus, stellte sich als Weltraummacht und als militärische und wirtschaftliche Großmacht dar. Im Jahr von Wolodymyr Selenskyjs Geburt schickte die UdSSR sechs bemannte Flüge ins Weltall. In dem Raumschiff Sojus 30 flog im Juni jenes Jahres der erste Pole, Mirosław Hermaszewski, ins All. Zur gleichen Zeit fehlten den Menschen grundlegende Güter, und von modischen Klamotten oder modernen Haushaltsgeräten konnte man ohnehin nur träumen. Selenskyjs arbeiteten viel und lebten von der Hand in den Mund, sie kämpften täglich darum, das Notwendigste zu ergattern.

Im Vergleich dazu, wie Gleichaltrige lebten, ging es bei ihm zu Hause dennoch auskömmlich zu. »Die Freunde schauten oft bei uns vorbei, weil sie wussten, dass sie immer etwas zu essen bekommen«, fügte er hinzu. Viele Gleichaltrige in Krywyj Rih aßen einmal in der Woche oder noch seltener Fleisch. An Fisch war gar nicht zu denken, den gab es noch nicht mal zu kaufen.

Als Wolodymyr Selenskyj zur Präsidentenwahl antritt, wird er sagen, dass er aus eigener Erfahrung weiß, welche Probleme die Einwohner seines Landes haben.

Um den Lebensstandard anzuheben, suchten die Menschen nach verschiedenen Lösungen. Für Familie Selenskyj ergab sich Ende der Siebziger-, Anfang der Achtzigerjahre eine Chance, die ihre Situation ein wenig verbesserte, Wolodymyrs Vater wurde ein Angebot unterbreitet. In den mongolischen Steppen, wo mächtige Kupfer- und Molybdänvorkommen entdeckt worden waren, hatte man 1974, also wenige Jahre vor Wolodja Selenskyjs Geburt, mit dem Bau einer neuen Stadt begonnen – dem Bergbauzentrum Erdenet. Sie wurde im Grunde mitten in der Wildnis errichtet. Die Mongolei war damals Moskau unterstellt, und alle industriellen Investitionen kamen dank der Finanzierung durch die Sowjetunion zustande. Gebaut wurde die Stadt auch von sowjetischen Fachleuten. Einer davon war Wolodymyrs Vater, der in Erdenet Betriebe für die Gewinnung und Verarbeitung von Erzen errichtete.

So ging Familie Selenskyj 1982 in die Mongolei, als Wowa vier Jahre alt war.

»Zu einer bestimmten Zeit sprach ich besser Mongolisch als Russisch«, erwähnte er später in einem Interview für *Bulwar Gordona* (Gordons Boulevard). In Erdenet besuchte er die erste Klasse der einzigen sowjetischen Schule, die es dort gab, gemeinsam mit ihm lernten Kinder verschiedener ethnischer Gruppen: Juden, Burjaten, Kalmücken, Russen. Niemand achtete auf die Herkunft. Den Begriff fünfte Kolonne, der in der UdSSR seit der stalinistischen Zeit manchmal zu hören war, kannte man dort nicht. Nach seiner Rückkehr nach Krywyj Rih wunderte sich der kleine Wolodja, dass es unter den Schülern ethnische Gegensätze gab. Von zu Hause und aus der Mongolei kannte er diese Art von Vorurteilen nicht.

In Erdenet lernte er dafür kennen, was chronischer Mangel an allem zu sozialistischen Zeiten bedeutete. Das Wort, an das er sich aus der mongolischen Sprache am besten erinnerte, war »baihgui« – »gibt es nicht«. Einmal sah er, dass Wassermelonen nach Erdenet geliefert wurden. Er bat seine Mutter, ihm eine zu kaufen. Sie standen in der Schlange, doch bevor sie an der Reihe waren, waren alle Wassermelonen verkauft. Wolodja weinte, und die Verkäuferin heiterte ihn auf: »Mach dir keine Sorgen, in einem Monat liefern sie wieder welche.«

Von dem vierjährigen Aufenthalt in der Mongolei erinnerte er sich auch noch an das Wetter, es war noch unangenehmer als in Krywyj Rih. Erdenet, zwischen flachen Hügeln in der Steppe gelegen, war ungeschützt vor den durchdringenden Winden und wurde von plötzlichen Wetterwechseln heimgesucht. Es kam vor, dass Wowa morgens bei warmem Sonnenschein in kurzen Hosen losging, um Brot zu holen, und wenn er zurückkam, tobte ein Schneesturm. Dem kleinen Wolodja sind auch die Blumen in Erinnerung geblieben, die im Frühling die umliegenden Hügel bedeckten wie ein bunter Teppich.

Das raue Klima war auch der Grund, warum Wolodja und seine Mutter nach vier Jahren in Erdenet nach Krywyj Rih zurückkehrten. Rimma, die das mongolische Wetter nicht vertrug, ging es gesundheitlich nicht gut. Oleksandr blieb auf seiner Stelle, um Geld zu verdienen, aber er besuchte die Familie von Zeit zu Zeit. Alles in allem arbeitete er 20 Jahre in der Mongolei und erhielt sogar eine Verdienstplakette als Erbauer der Stadt. Den Großteil seiner Kindheit verbrachte Wolodja deshalb ohne den Vater.

Vielleicht bewirkte gerade die natürliche Sehnsucht nach dem Vater, dass der Junge von klein auf den Blick nicht von ihm abwandte und ihn bewunderte. Der Vater war äußerst prinzipientreu. Er machte keine Kompromisse, bis zum Schmerz hielt er sich an die Regeln des Anstands. Als Hochschulprofessor bildete er viele Experten in Mathematik und Informatik aus. Viele von ihnen verließen die Ukraine, denn im Ausland, im Westen, gab es bessere Karrierechancen und Beschäftigungsverhältnisse.

Selenskyj erzählte Gordon, wie den Vater einmal ein ehemaliger Student besuchte, der nach dem Studium eine hervorragende Anstellung in den Vereinigten Staaten gefunden hatte und schon zu Beginn ein Monatsgehalt von 5000 Dollar erhielt, später kam er zu noch größerem Vermögen. Als er in der Ukraine war, besuchte er also Oleksandr Selenskyj, seinen früheren Professor, dem er so viel verdankte. Er überreichte ihm ein paar Mitbringsel – etwas Süßes und Cognac. Am nächsten Tag brachte der Vater die Geschenke ins Institut und bewirtete damit seine Mitarbeiter. Er konnte sie nicht für sich behalten.

Selenskyj empfand Bewunderung für seinen Vater, aber auch Respekt. Er erinnerte sich, dass er, als er schon den Zenit seiner künstlerischen Karriere erreicht hatte und in den sozialen Medien manchmal unwahre Dinge über ihn geschrieben wurden, nicht darauf antworten wollte, um nicht auf einen Internettroll hereinzufallen. Doch da rief ihn sein Vater an und sagte: »Das sind doch alles Lügen. Wie kannst du da nicht reagieren? Weißt du, wie sehr ich mich im Institut schämen werde, wenn du das nicht dementierst?«

Der Vater hat noch eine andere Eigenschaft, zu der sich auch Wolodymyr Selenskyj bekennt. Und zwar eine Art Gedankenlosigkeit im Leben.

»In Alltagsdingen bin ich absolut aufgeschmissen, unangepasst und geistesabwesend«, sagte er dem *Bulwar*. »Wie mein Vater. Der schrieb zehn Jahre lang eine wissenschaftliche Arbeit, und als er zur Disputation fuhr, ließ er sie auf dem Sitz in der Straßenbahn liegen, und sie verschwand auf Nimmerwiedersehen. Ich vergesse Geburtstage, wichtige Jahrestage. Verliere Telefone, Geld. Manchmal, wenn ich etwas mehr verdiene, lasse ich auf unerklärliche Weise irgendwo die Hälfte, und für die andere kaufe ich jede Menge Geschenke«, erzählte Selenskyj. »Zum Glück sind meine Liebsten nicht irritiert, sondern machen sich darüber lustig. Sie behandeln mich wie ein erwachsenes Kind.«

Selenskyj hat viel von seinem Vater, aber ganz besonders beherzigte er eine von dessen Lehren: »Wenn du nicht weißt, wie du dich in einer bestimmten Situation verhalten sollst, verhalte dich einfach ehrenhaft. Das wirst du nie bereuen.«

Gymnasium

Der kleine Wolodja kam aus der Mongolei nach Krywyj Rih zurück, als er acht Jahre alt war – im Jahr 1986. Die Eltern meldeten ihn in der zweiten Klasse des Gymnasiums Nr. 95 in Krywyj Rih an. Das war eine besondere Klasse mit erweitertem Englischunterricht. In dieser Schule blieb Wolodja bis zum Abitur. Entsprechend dem ukrainischen Bildungssystem bestand das Gymnasium damals aus einer Grundschule – von der ersten bis zur neunten Klasse – und aus einer Sekundarstufe, den Klassen zehn und elf. Heute ist sie die bekannteste und am häufigsten in den ukrainischen Medien gezeigte Schule. Das zweigeschossige Gebäude des Gymnasiums betritt man über einige Treppenstufen durch eine große Glastür und gelangt direkt in eine Halle, weiter hinten sieht man eine breite, ins Obergeschoss führende Treppe. Dort befindet sich die Klasse, in der Wowa Selenskyj Unterricht hatte. Ein gutes Dutzend Bänke, in drei Reihen aufgestellt, Schränke aus hellem Holz, breite Fenster, die auf den Schulhof hinausführen. Viele Jahre später, nach Selenskyjs Sieg in der Präsidentschaftswahl, nahmen die Schüler des Gymnasiums auf diesem Hof einen Film mit einer besonderen Tanzaufführung für ihre älteren Mitschüler auf.

Wolodja tat sich sofort hervor.

»Ihn interessierte absolut alles. Literatur, Schauspielerei, Sport, öffentliche Auftritte, Gitarrenspiel, Gesang … Es kommt mir nichts in den Sinn, das Wowa nicht in Angriff nahm«, sagt mir Saslawskyj. »Besonders aber zog es ihn zu allem, was mit künstlerischen Darbietungen zu tun hatte.«

Im Grunde träumte er von Anfang an, als er die Auftritte in der Schule gesehen hatte, davon, auf die Bühne zu gelangen: zumindest eine Nebenrolle spielen, Hauptsache auf die Bühne. Das erwähnte er in dem 2014 entstandenen Film *Das Quartal und sein Team* (Kwartal i joho komanda), als er sich auf dem Höhepunkt seiner Karriere im Showbusiness befand.

»Wenn ich auf die Bühne trat, hatte ich erst Angst, und dann, wenn ich die Angst überwunden hatte, empfand ich Zufriedenheit. Und deshalb zog es mich auf die Bühne. Es zog mich dorthin, um zu singen, und später, um verschiedene Rollen zu spielen«, erzählte er.

Seine damalige Gesangslehrerin, Tetjana Solowjowa, leitete den Chor und eine Vokalgruppe an der Schule.

»Es kam so ein kleiner Junge zu mir, wie ein Püppchen, und in der Klasse waren 40 Schüler, die schon im Chor waren. Und er sagt: ›Ich möchte singen. Ich möchte so gerne singen.‹ Er bat so sehr darum, dass ihm die Tränen in die Augen traten. Wie hätte man da Nein sagen können?«, erinnert sich Frau Solowjowa. Sie stimmte also zu, dass der kleine Wowa an den Chorproben teilnahm. Allerdings sprach er schon von klein auf im Bass. »Und als er zur Probe kam, wusste ich gleich, was für eine Reaktion das geben würde. Die Kinder beginnen zu singen, und er stimmt mit tiefer Stimme ein, wie ein kleiner Bär. Alle lachen, der Unterricht war gelaufen. Aber er fragte: ›Warum lacht ihr?‹«

»Ich hatte aus diesem Grund Komplexe, schließlich war ich nicht begriffsstutzig, aber solche Dinge merkt man sich«, sagte Wolodymyr später.

Die stellvertretende Direktorin des Gymnasiums Nr. 95, Walentyna Ignatienko, die nach Selenskyjs Wahl zum Präsidenten viele Journalisten aus der Ukraine und aus dem Ausland durch die Schule führte, bestätigt, dass der junge Selenskyj in der Schule von sich reden machte. »Immer der Erste. Alles wollte er wissen und überall musste er dabei sein. Als wir in der vierten oder fünften Klasse eine AG für Gesellschaftstanz anboten, meldete sich Selenskyj sofort an«, erinnerte sie sich in einer Sendung der polnischen TVP-Korrespondentin Barbara Włodarczyk.

In der Pause lief er mit seinen Freunden in den Musikraum und spielte zumindest für ein paar Minuten auf den Instrumenten. Kein Auftritt in der Schule ohne Wolodja.

Dank seiner Offenheit und seinem Wagemut fühlte sich Wolodja in dem Gymnasium in Krywyj Rih wie ein Fisch im Wasser, gleichwohl er sich anfangs etwas von den Gleichaltrigen unterschied. Beispielsweise darin, dass er, als er aus der Mongolei kam, überhaupt keine Schimpfwörter kannte. In Erdenet hatte er nie welche gehört. In Krywyj Rih hörte man auf Schritt und Tritt vulgäre Ausdrücke, an der Haltestelle, im Geschäft, in der Schule.

Anfang September 1986, als Wowa acht Jahre alt war, lud der Vater Arbeitskollegen nach Hause ein. Er selbst war Professor am staatlichen Wirtschaftsinstitut in Krywyj Rih, in der Wohnung versammelten sich also Mitarbeiter dieser Hochschule.

»Als ich von der Schule nach Hause kam, traf ich dort auf viele Bekannte von Papa – Professoren, Gelehrte, kurz gesagt: eine vornehme Gesellschaft«, erinnerte sich Wolodymyr Selenskyj Jahre später. »Und ich sagte eines ›dieser‹ Worte. Ich wusste nicht, was es bedeutete, in der Mongolei wurde nicht geflucht«, erzählte er. »Es herrschte einen Moment Stille, dann lachten nicht bloß alle, sie bogen sich vor Lachen«, erinnerte sich Selenskyj.

Zu den Gleichaltrigen in der Schule in Krywyj Rih knüpfte er nicht nur schnell Kontakt, sondern er entwickelte sich zum Wortführer. Und das schon seit jüngsten Jahren, wie sich Bekannte aus jener Zeit erinnern. Auf einem der Schulfotos aus der zweiten oder dritten Klasse posiert eine Gruppe von rund 30 Kindern, und in der ersten Reihe, in der Mitte, der lachende kleine Wolodja in einem weißen Hemd, das Pioniertuch verwegen um den Hals gebunden. Auf einem anderen Foto, schon in einer höheren Klasse, wieder ein fröhlicher Wolodja mit zwei Kumpels. Die nächste Fotografie: schlank, mit einer kräftigen schwarzen Tolle, spielt er Gitarre bei einem Auftritt in der Schule. Er gibt zu, dass er damals Rock 'n' Roll mochte und Beatles-Fan war. Selenskyj genoss es, wenn alle Augen auf ihn gerichtet waren.

In der Schule erkannten die Lehrer auch schnell eine andere Eigenschaft von ihm: Er war außergewöhnlich schlagfertig, sein Mund stand nicht still, und man konnte von ihm nicht behaupten, dass er ein schüchternes Kind war. Immer sprach er laut aus, was er dachte, nie biss er sich auf die Zunge.

»Er machte sich keine Gedanken, ob man etwas heraushauen konnte oder nicht, wie die anderen darauf reagieren, nichts davon«, erzählte die stellvertretende Direktorin der Schule Walentyna Ignatienko dem Fernsehsender Hromadske.

Krywyj Rih, Selenskyjs Heimatstadt. Plattenbausiedlungen, Bergwerke und vereinzelt Spuren der früheren Geschichte des Ortes   Foto: Mariana Ianovska/Alamy Stock Photo

Der kleine Wowa auf dem Arm seiner Mutter, Rimma Selenska. Von Präsident Selenskyj anlässlich des Muttertags auf Instagram veröffentlichter Post, Mai 2019

Wolodja mit seinem Vater Oleksandr. Post auf Instagram anlässlich des Vatertags, Juni 2021

Der junge Wolodja auf einer Straße in Prag, 2006   Foto: Hronometer/WikiCommons

Selenskyj auf der Bühne mit Oleksandr Pikalow (links) und Ewgenij Koschewoj,
Auftritt von *Kwartal 95* in Donezk, 2006   Foto: Yulii Zozulia/Ukrinform/East News

Als korrupter Verkehrspolizist bei einer Auf-
nahme für die Sendung *Kwartal am Abend*,
Kyjiw, 2008
Foto: Dmytro Larin/Ukrinform/East News

Zusammen mit der Sängerin Tina Karol
bei der Bekanntgabe der für den »VIVA!
Die Schönsten 2008«-Preis Nominierten,
Kyjiw, Februar 2009
Foto: Sergiy Anishchenko/Ukrinform/
East News

Das Siegerpaar der ukrainischen Ausgabe
von *Let's Dance* (Tanzi s Zirkami): Wolodymyr
Selenskyj und Olena Schoptenko, Kyjiw,
Dezember 2006
Foto: Shybanov Oleksi/Ukrinform/East News

Premiere von *Liebe in der großen Stadt* (Ljubow w bolschom gorode) in Moskau, März 2009
Foto: Krasilnikov Stanislav/TASS/Forum

Bei den Dreharbeiten zu *Liebe in der großen Stadt 2* (Ljubow w bolschom gorode 2), Moskau,
Februar 2010
Foto: ITAR-TASS/TASS/Forum

Filmaufnahmen aus *Liebe im Büro* (Sluschebnyi roman): Wolodymyr Selenskyj und Swetlana Chodtschenkowa, Moskau, März 2011   Foto: ITAR-TASS/TASS/Forum

Bei der Aufnahme für die Komödie *Rschewski gegen Napoleon*, Moskau, Januar 2012
Foto: ITAR-TASS/TASS/Forum

Bild oben: Mit Serhij Schefir (re.) bei der Präsentation des neuen Fernsehsenders *Kwartal TV*, August 2016
Foto: Artem Kovpak/ Ukrinform/ East News

Bild Mitte: Beim Dreh von *Diener des Volkes 2*, Charkiw, September 2016
Foto: Vyacheslav Madiyevskyy/ Ukrinform/ East News

Bild links: Aufnahmen für *Kwartal am Abend*, Kyjiw, März 2017
Foto: Sergii Kharchenko/AFP/East News

Schauspieler und Präsidentschaftskandidat Wolodymyr Selenskyj, bevor er das Set der Serie
Diener des Volkes betritt, März 2019   Foto: SERGEI SUPINSKY/AFP/East News

Auftritt von Selenskyj zwei Tage vor dem Finale des ersten Wahlgangs der Präsidentschaftswahl,
Browary, 29. März 2019   Foto: Pavlo Gonchar/Zuma Press/Forum

Selenskyj moderiert ein Unterhaltungsprogramm in einem Konzertsaal in Browary, 29. März 2019, zwei Tage vor dem ersten Durchgang der Präsidentschaftswahlen
Foto: VALENTYN OGIRENKO/Reuters/Forum

Hinter den Kulissen: Vorbereitungen für den Auftritt, Kyjiw, Februar 2019
Foto: VALENTYN OGIRENKO/Reuters/Forum

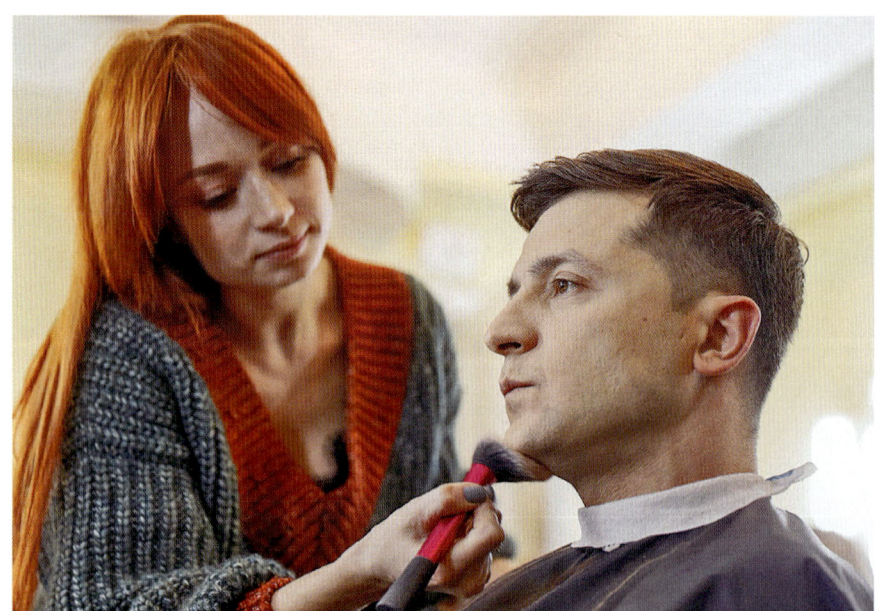

Sein Schulfreund Andrij Saslawskyj erinnert sich, dass er seinen Sinn für Humor oftmals im Unterricht zeigte. »Im Grunde war jede Unterrichtsstunde, in der Selenskyj vom Lehrer an die Tafel gerufen wurde, etwas Besonderes. In eine Antwort in Chemie oder Geometrie baute Wowa unerwartet Witze ein, humorvolle Anspielungen, über die die ganze Klasse lachte, während die Lehrer nicht so ganz verstanden, worum es ging. Sie wussten auch nicht wirklich, wie sie reagieren sollten. Den Jungen dafür bestrafen, dass er auf eine schwierige Frage eine Antwort wusste und zugleich die Klasse erheiterte? Folglich begann der Unterricht in Selenskyjs Klasse oft mit dem Appell des Lehrers: »Hört mal, lasst uns heute den Unterricht ernst nehmen.«

In der Schule war Wolodja kein Rowdy, aber ein Schlingel war er wohl schon. Er gibt zu, dass seine Hände oft aufgeschlagen waren, weil er »für die Gerechtigkeit kämpfte«. Die Lehrer erklären, sie hätten Selenskyjs Eltern nicht wegen schlechten Betragens ihres Sohnes in die Schule rufen müssen. Er selbst sagt jedoch, dass er kein Heiliger war.

»Den Unterricht zu stören war für mich eine Kleinigkeit. Genauso wie die Klasse anzuflunkern, dass ich zum Verantwortlichen im Bereich Massenkultur erklärt worden sei, woraufhin ich alle Kumpels ins Kino mitnahm«, erinnerte er sich 2006 in dem denkwürdigen Interview.

Es kam vor, dass er auch seine Eltern anschwindelte, obwohl er dafür eine Erklärung hatte: Er wollte ihnen keinen Kummer bereiten. Die Mutter wollte, dass der Sohn Klavier spielen lernte, weil zu Hause ein Instrument stand: »Wenn es schon ein Klavier gibt, muss auch jemand darauf spielen.«

»Ich wollte meine Eltern nicht verärgern, also erzählte ich ihnen zwei Jahre lang von meinen beispiellosen Erfolgen im Unterricht für klassische Musik. Und damit die Lüge überzeugender wirkte, nahm ich immer am Monatsende 22 Rubel von ihnen für den Musikunterricht«, erzählte er in dem Interview. »Meine Freunde und ich haben davon würdigen Gebrauch gemacht.«

Er gestand, dass seine Finger und zerschundenen Hände damals kaum dafür taugten, auf den Tasten zu spielen. Als die Wahrheit ans Licht kam, versetzte der Vater Wolodja eins mit dem Hausschuh – der Gürtel kam bei ihnen zu Hause nicht zum Einsatz –, aber er fand sich damit ab, dass aus seinem Sohn kein Pianist werden würde.

In der Schule saß Wolodja in der mittleren Reihe in der zweiten oder dritten Bank. Er war klein, also saß er nie hinten in der Klasse.

Er erinnert sich, dass er es bedauerte, nicht größer zu sein, weil er dann den Mädchen besser gefallen hätte. Doch die verliebten sich auch so in ihn. An dem Gymnasium war es üblich, dass die Schüler aus den höheren Klassen sich um die jüngeren Kinder kümmerten und Unterricht für sie vorbereiteten. Alle Mädchen aus der Klasse, um die sich Selenskyj kümmerte, waren von ihm fasziniert.

»Das ist nicht verwunderlich, mit ihm war es immer super und nie langweilig«, erinnert sich Andrij Saslawskyj. »Wir führten faszinierende Gespräche. Über Dinge, über die sich Kinder und Jugendliche gewöhnlich nicht unterhalten in dem Alter. Oft ging es in den Gesprächen um ernste Themen, darum, was im Land los war. Er hatte durchdachte Ansichten.«

»Die Mädchen verliebten sich in Wowa, sie träumten davon, die Abende mit ihm zu verbringen, und klebten immer an ihm. Was gibt's da noch zu sagen, wenn selbst meine Liebe, Olja, mich täglich in der Schule fragte: ›Kommt Wowa? Wie geht's ihm?‹«, erinnert sich Wolodjas Freund mit einem Lächeln.

Als sie in der neunten Klasse waren, schlug die Lehrerin für Literatur vor, die Schüler sollten das Stück *Die Heirat* von Gogol aufführen. Selenskyj spielte die Rolle des Iwan Jaitschniza.

»Das war eine Nebenrolle, aber nach der Aufführung bekam er

die Blumen«, erinnerte sich Walentyna Ignatienko in der Sendung von Barbara Włodarczyk. »Er wollte es und er stand auch immer im Zentrum der Aufmerksamkeit.«

Für seine Freundinnen und Freunde, die Wolodjas künstlerischen Einsatz in der Schule beobachteten, war immer klar: Er wird auf der Bühne landen! Was auch immer er da tun würde: singen, tanzen oder lustige Geschichten erzählen – er wird ein Künstler sein. Und er tat alles, um dieses Ziel zu erreichen. Er sang sehr gern, was übrigens unter Ukrainern nicht ungewöhnlich ist. Einmal kehrte er mit Andrij Saslawskyj aus dem Theater zurück, und weil die Straßenbahn nicht kam, liefen sie durch die nächtliche Stadt zur Wendeschleife, stiegen in den Waggon und begannen, damit ihnen nicht langweilig wurde, *Yesterday* von den Beatles zu singen.

In der neunten Klasse schlug er seinen Kumpels vor: »Wollen wir vielleicht eine Band gründen?«

Eine Gruppe von Willigen fand sich zusammen. Jemand spielte klassische Gitarre, Selenskyj Bassgitarre, es gab auch eine Sängerin. »Einmal haben sie ein Stück eingeübt, in dem Selenskyj zweistimmig mit einer Klassenkameradin sang«, erinnert sich die stellvertretende Direktorin Walentyna Ignatienko im Gespräch mit dem ukrainischen Sender Hromadske. »Er hatte nicht das beste Gehör, aber er legte sich ins Zeug. Er ging zur Band- und Gesangsprobe, übte so lange, bis am Schluss alles hervorragend klappte«, fügt Ignatienko hinzu. Schließlich trat seine Band außerhalb der Schule auf, bei einer Veranstaltung namens »Amateurbezirk Kunst«.

In der Abiturklasse gründete Selenskyj den KWN-Zirkel (von russisch *Klub Wesjolych i Nachodtschiwych*, Klub der Lustigen und Findigen). Es entstanden zwei Mannschaften: eine Schüler- und eine Lehrermannschaft, die auf der Bühne miteinander konkurrieren sollten, wer das lustigere Programm darbietet. Die Schüler ließen sich natürlich die Chance nicht entgehen, Witze über die Lehrerschaft zu machen. »Das war die einzige Möglichkeit, sich an ihnen zu rächen. Wenn wir gegen sie verloren hätten, dann hätte ich mir vermutlich die Hand am Klavierdeckel gebrochen. Das durfte nicht passieren. Eine Niederlage ist schlimmer als der Tod«, sagte Selenskyj lachend, als er sich in der Sendung *Das Quartal und sein Team* an jene Zeiten erinnerte. Nach Wowas Schulabschluss wurde dieser Schüler-Lehrer-Wettstreit im KWN noch 15 Jahre ohne Unterbrechung fortgesetzt.

Den Journalisten, die die Schule besuchen, zeigt Walentyna Ignatienko das Klassenbuch mit den Schulabschluss-Zensuren. Wolodymyr Selenskyj hatte fast nur Einsen. Nur in zwei Fächern bekam er eine Zwei: in Ukrainisch und in Russisch.

Krywyj Rih, das in der Ostukraine liegt, war und ist überwiegend eine russischsprachige Stadt. Diese Sprache wurde auch zu Hause bei Selenskyjs gesprochen. Nachdem er 1995 sein Abitur gemacht hatte, konnte Wolodymyr sich der ukrainischen Sprache bedienen, aber auf einem mittelmäßigen Niveau. Ordentlich lernte er die Sprache erst Jahre später, im Jahr 2017, als er am Höhepunkt seiner Karriere im Showbusiness war und wahrscheinlich schon daran dachte, in die Politik zu gehen. Die Frage der Sprache – Ukrainisch oder Russisch – war und ist übrigens auch weiterhin Gegenstand politischer Debatten in der Ukraine. Im Ostteil des Landes wurde dieser Frage jedoch nicht so viel Gewicht beigemessen. Hier empfanden sich die Menschen als Ukrainer, auch wenn sie zu Hause russisch redeten.

Auf dem Schulflur hängt eine Tafel mit Bildern von berühmten und verdienstvollen Absolventen der Schule, natürlich gibt es auch ein Foto von Wolodja Selenskyj. Und seine Diplome, unter anderem für den Sieg beim Schulwettbewerb im Gesellschaftstanz. Er soll den nächsten Generationen von Schülern am Gymnasium Nr. 95 als Vorbild dienen.

Unter allen Eigenschaften, durch die er sich in der Schule auszeichnete, war eine besonders auffallend.

»Mich hat immer wieder seine Neigung erstaunt – absolut ungewöhnlich für das Alter –, dass er sich für das Befinden der Klassenkameraden, der Freunde und Bekannten interessierte. Wowa ging zu jedem oder setzte sich zu ihm und fragte: ›Na, wie geht es dir heute?‹«, erinnert sich Andrij Saslawskyj. »Mehr noch, diese Frage klang so aufrichtig interessiert, dass ich wirklich darauf antworten wollte! ›Erzähl von deinen Problemen, in allen Einzelheiten‹«, berichtet er.

Selenskyj war immer jemand, dem die Laune und die Verfassung der ihn Umgebenden nicht egal waren. Dieses Interesse für die Angelegenheiten der anderen führte dazu, dass er als besonderer Freund behandelt wurde, als Psychologe, vielleicht sogar als der Klassen-Therapeut. Als eine Person, der du immer etwas Persönliches, dir Wichtiges erzählen kannst, das sonst eher keinen etwas angeht. In späteren Jahren betonen viele seiner Bekannten Selenskyjs ungewöhnliches Charisma und seine Gabe, andere zu überzeugen. Das kam sicher daher, dass er von klein auf zuhören konnte.

»Er mochte Kinder, und die Kinder mochten ihn«, erzählte Rimma Selenska in der Sendung *Das Quartal und sein Team*. »Schon im Kindergarten und auf dem Hof hatte er einen Kreis von Gleichaltrigen um sich, die ihn als Anführer der Gruppe behandelten«, ergänzt sie.

»Das waren so ungewöhnliche Eigenschaften, dass man meinte, Wowa sei kein gewöhnlicher Junge«, erklärt Saslawskyj.

Seine Altersgenossen erinnern sich, dass die Gespräche mit ihm nicht belanglos waren. Seine Leidenschaft galt natürlich den künstlerischen Bereichen. Er konnte sich stundenlang über das Kino, Theater, schauspielerische Darbietungen auslassen, sich darüber Gedanken machen, ob eine bestimmte Rolle so gespielt worden war, wie es sich gehörte.

»Wir liebten es, uns mit ihm zu unterhalten, und das Gespräch konnte sich lange hinziehen.«

Einmal unterhielt sich Saslawskyj mit Wolodja, sie verglichen ihr Land mit anderen, reicheren. »Warum bekommen die Menschen in unserem Land, die genau dieselbe Arbeit ausüben wie in hoch entwickelten Ländern der Welt, einen bedeutend geringeren Lohn?«, fragte Selenskyj. »Vor allem wenn es eine künstlerische Arbeit ist, wenn wir von denselben Schauspielern oder Musikern sprechen? Ist das denn normal?«, fragte der jugendliche Selenskyj.

Wurzeln

Seine Altersgenossen waren davon überzeugt, dass Wolodja Schauspieler werden muss, in jedem Fall Künstler. Er selbst hatte als Jugendlicher verschiedene Zukunftsvisionen, eine davon führte zu einem schweren Streit mit dem Vater.

Das war im Jahr 1994, als Wolodja 16 Jahre alt war und in die jugendliche Protestphase kam. Als Schüler der Klasse mit erweitertem Englischunterricht legte der junge Selenskyj den TOEFL-Sprachtest ab. Die Prüfung fand in der Stadt Dnipropetrowsk, seit 2016 Dnipro, statt. Für den Jungen aus dem industriellen Krywyj Rih war diese Millionenstadt mit ihren modernen Gebäuden, gelegen an einem breiten Fluss, eine völlig andere Welt. Wie er selbst sagte, fühlte er sich damals dort wie im Ausland.

Wolodja fuhr mit einer Freundin zu der Prüfung, mit Inka Kowaliowa. Wie er sich in dem Interview mit Dmytro Gordon erinnerte, schnitt er bei dem Test als Bester ab von allen aus seinem Kreis und erhielt mit den Gewinnern aus den anderen Kreisen ein Stipendium für ein kostenloses Studium in Israel.

»Ich habe den Test bestanden, ich darf mit einem Stipendium nach Israel gehen«, berichtete er seinen Eltern nach der Rückkehr fröhlich.

»Du gehst nicht«, entgegnete der Vater.

»Warum? Alle, die den Test bestanden haben, fahren, ich möchte auch!«, argumentierte Wolodja.

»Nur über meine Leiche!«, stellte der Vater klar.

Es brach ein großer Streit aus. Wolodja schrie, drohte, warf mit dem Hausschuh nach seinem Vater – und umgekehrt. Der alte Selenskyj blieb unnachgiebig, also zog der Sohn aus und ging zu seinem besten Freund Sascha Pikalow.

Warum wollte der Vater seinen halbwüchsigen Sohn nicht nach Israel lassen? In einem Jahr sollte Wolodja den Schulabschluss machen und sich um einen Studienplatz bewerben. Die Eltern träumten davon, dass er Jura am Institut in Krywyj Rih studiert, das damals zu einer Zweigstelle der Kyjiwer Universität wurde. Gab es vielleicht noch einen anderen Grund? Zu Beginn der Neunzigerjahre fand ein Exodus von Menschen jüdischer Abstammung aus dem Gebiet der ehemaligen UdSSR nach Israel statt. Die Leute wanderten aus in der Konsequenz von Diskriminierungen und in Erwartung besserer Lebensbedingungen. Oleksandr Selenskyj und seine Frau Rimma, beide haben jüdische Wurzeln, befürchteten vielleicht, dass sich ihr Sohn nach dem Stipendienaufenthalt in Israel niederlassen würde. Dann wären sie allein in der Ukraine zurückgeblieben.

Schwer zu sagen, ob das der eigentliche Grund war, wäre Wolodja jedoch damals gefahren, hätte es vielleicht den glänzenden Schauspieler und den Präsidenten Selenskyj nie gegeben.

Andererseits wussten die Eltern sicherlich von Diskriminierungen von Leuten wie ihnen und anderen Familien mit jüdischer Abstammung durch das sowjetische Regime. Die Diskriminierung nahm besonders in der stalinistischen Ära zu, sie bestand jedoch auch später im Stillen fort. Zur Zeit der UdSSR waren die höchsten staatlichen Posten für Personen jüdischer Herkunft nur schwer zu erreichen, wenn überhaupt. Deshalb setzten viele auf eine solide Ausbildung, besonders in den exakten und in den Ingenieurswissenschaften, um sich so eine soziale Position aufzubauen. Ein entsprechendes Studium hatten sich auch Oleksandr und Rimma ausgesucht. Hatten sie für ihren Sohn ebenfalls eine solche Karriere vor Augen?

Über seine jüdische Herkunft sprach Wolodymyr Selenskyj

nicht viel. In einem Interview danach gefragt, antwortete er mit einem Lächeln und der ihm eigenen Ironie:»Die jüdische Herkunft nimmt nur den zwanzigsten Platz auf der Liste meiner Sünden ein.« Nach seiner Wahl zum Präsidenten der Ukraine sagte er in einem Interview für die israelische Zeitung *The Times of Israel:* »Ich stamme aus einer gewöhnlichen sowjetischen Familie jüdischen Glaubens. Ich habe jüdisches Blut und bin Präsident. Das interessiert niemanden. Niemand fragt mich danach.«

In der heutigen Ukraine sind Vorurteile gegenüber Juden eher eine Randerscheinung, sie spielen in radikalen Gruppen eine Rolle, wie man sie in jedem Land findet. Aus Umfragen geht hervor, dass die Einwohner der Ukraine unter den Gesellschaften der Länder Mittel- und Osteuropas diejenigen sind, die Juden am meisten akzeptieren.

Unabhängig davon, dass Selenskyj in Interviews seine Herkunft herunterspielte, muss sie gewisse Spuren in seinem Leben hinterlassen haben. Wolodymyr Selenskyjs Großvater väterlicherseits, Simon (später Semion), kam im Jahr 1924 auf die Welt, als Krywyj Rih rund 30 000 Einwohner hatte, wovon ein Fünftel Juden waren.

Diese Region der Ukraine war ein traditionell jüdischer Siedlungsort im einstigen russischen Kaiserreich. Schon Ende des 18. Jahrhunderts wurde Krywyj Rih von den zaristischen Behörden der sogenannten Siedlungszone für die jüdische Bevölkerung zugerechnet. Geschaffen wurde diese Siedlungszone am 23. Dezember 1791 kraft eines Erlasses von Zarin Katharina II. in der Absicht, die Migration von Juden in – wie es hieß – »urrussische« Gebiete aufzuhalten. Zugleich war es Juden verboten, sich auf dem Land niederzulassen, selbst im Bereich des Siedlungsgebietes. Im Jahr 1882 erließ Zar Alexander III. die Maigesetze, die es Juden auch verboten, sich in Ortschaften mit weniger als 1000 Einwohnern anzusiedeln. Krywyj Rih betraf dieses Gesetz nicht, deshalb war die Stadt lange Zeit ein jüdisches Zentrum in der Region.

Noch im Jahr 1900 war die zentrale Synagoge das höchste Gebäude der Stadt. Im Jahr 1897 lebten nach offiziellen Angaben 2672 Juden in Krywyj Rih, 18 Prozent der Gesamtbevölkerung. Mit der Entstehung des sowjetischen Regimes wurden in der Stadt die jüdischen Institutionen aufgelöst. Die Ausübung der mosaischen Religion wurde – wie die der anderen übrigens auch – verboten. Darüber hinaus galten die Juden nach der stalinistischen Propaganda als »entwurzelte Kosmopoliten« – für das repressive Regime waren sie eine höchst verdächtige Gruppe.

Nach Hitlers Überfall auf die UdSSR im Jahr 1941 wurden die Gebiete der Südukraine von den Deutschen besetzt, die mit der Vernichtung der Bevölkerung jüdischer Abstammung begannen. Im Herbst 1941 erschossen die Deutschen in Babyn Jar am Rand von Kyjiw im Verlauf von nur wenigen Tagen 33 771 Juden. Die Judenvernichtung fand auch an anderen Orten statt.

In Krywyj Rih ermordeten die Deutschen die gesamte jüdische Bevölkerung, die sich noch in der Stadt befand. Selenskyjs Familie wurde ein anderes Schicksal zuteil. »Mein Großvater väterlicherseits, Semion, und seine drei Brüder waren im Zweiten Weltkrieg an der Front [in der Roten Armee], und nur er überlebte«, erzählte Wolodymyr Selenskyj der israelischen Zeitung *The Times of Israel* 2020. »Meine Großmutter lebte in Krywyj Rih, im von den Faschisten besetzten Teil der Südukraine. Sie töteten alle Juden. Sie rettete sich, da ihre Familie es schaffte, bei der Evakuierung von Juden nach Almaty in Kasachstan auszureisen. Viele flohen dorthin. Sie studierte und wurde Lehrerin. Nach dem Krieg kehrte sie nach Krywyj Rih zurück«, fügte er hinzu. Wolodymyrs Vater, Oleksandr Selenskyj, wurde 1947 geboren.

Der Großvater, Semion Selenskyj, wurde während des Krieges zweimal für Tapferkeit im Kampf gegen die Deutschen ausgezeichnet. Das bedeutete jedoch nicht, dass es nach dem Krieg für die Familie jüdischer Abstammung leichter war. In der UdSSR wurde in die Personalausweise ein entsprechender Vermerk gestempelt. Vielen anderen ethnischen Gruppen auf dem Gebiet der Sowjetunion – den Letten, Belarussen oder auch Ukrainern – war es erlaubt, bestimmte Traditionen ihrer Volkskultur zu praktizieren, aber Juden war das verboten. Vor allem das Ausüben von religiösen Bräuchen.

Die 1950 geborene Mutter von Selenskyj – Rimma – stammt auch aus einer jüdischen Familie. Ihre Eltern jedoch bemühten sich, die religiösen Bräuche aufrechtzuerhalten, sie feierten den Sabbat. In ihrer eigenen Ehe praktizierte sie das nicht mehr.

Im Hause der Selenskyjs wurde das Andenken der Vorfahren geehrt. Wolodymyrs Vater wollte unter anderem aus diesem Grund nicht nach Kyjiw umziehen, als der Sohn in der Hauptstadt Karriere zu machen begann. »Man soll dort wohnen, wo die Gräber der Familie sind«, sagte er.

»Ich bin meinen Eltern dankbar dafür, dass sie Krywyj Rih nicht verlassen haben, dass ich hier aufgewachsen bin, wo meine Familie beerdigt ist«, sagte Wolodymyr in einem Interview mit Dmytro Gordon. Im Jahr 2019, am Tag des Sieges, kam er schon als Präsident der Ukraine mit Blumen an das Grab seines Großvaters Semion in Krywyj Rih. Den schwarzen Marmorgrabstein ziert ein Relief des Großvaters in der Uniform der Roten Armee mitsamt den Orden.

Obwohl man nach dem Zusammenbruch der UdSSR wieder die jüdischen Bräuche offen praktizieren konnte, wurde die Familie Selenskyj nicht religiös. Später fand Wolodja doch zu Gott, aber dieses Thema ist – wie er selbst sagte – eine der intimsten Angelegenheiten für ihn. »Als Junge hatte ich eine andere Einstellung als jetzt. Ich spreche nie über Religion und nie über Gott, weil das eine persönliche Angelegenheit ist. Natürlich glaube ich an Gott. Aber ich spreche mit ihm nur in den Momenten, die für mich privat und wichtig sind, und wenn ich mich gut fühle«, fuhr er in dem Interview fort. Er gestand damals, dass er kein Gotteshaus besuche, egal welcher Konfession. »Mir scheint, wenn die Menschen in eine Kirche oder eine orthodoxe Kirche gehen, ist nicht das Gebäude wichtig, sondern das, was sie dort suchen. Die einen brauchen die Begegnung mit dem Pfarrer, den Dialog, die Beichte. Ich habe oft mit Gott gesprochen, als meine Tochter klein war. Wenn sie einschlief, saß ich bei ihr am Bett und erzählte Gott von meinen Problemen«, sagte er.

Im Jahr 2014 wurde Selenskyjs Sohn Kyrylo in einer der ältesten orthodoxen Kirchen der ukrainischen Hauptstadt getauft. Das Kind bekam eine christliche Bibel und eine Kette mit einem Kreuz geschenkt. Bedeutet das, dass Selenskyj sich als Christ empfindet? Das hat er nie gesagt.

Wahl des Studiums

Als sich Wolodymyr in seinen letzten Schuljahren – im Jahr 1994 und 1995 – über ein Studienfach Gedanken machte, prüfte er seine Interessen. Auch seine intellektuellen Neigungen spielten eine Rolle. Im Gymnasium war er einer der besten Schüler. Obwohl er viel Zeit mit verschiedensten Beschäftigungen verbrachte, künstlerischen Auftritten, Theaterzirkeln, Konzerten, glänzte er im wissenschaftlichen Unterricht. Er hatte eine Vorliebe für geisteswissenschaftliche Fächer, aber er konnte auf keinen Fall auf Mathematik verzichten. Für seinen Vater, einen studierten Mathematiker, wäre das nicht hinnehmbar gewesen. »Mein Vater hat mir das logische Denken beigebracht«, sagte er später.

Einmal kam es sogar wegen Mathematik zu einem Konflikt, als Wowa ein paar schlechtere Noten nach Hause brachte. Es war das einzige Mal, dass Wolodja von seinem Vater geschlagen wurde. »Das war, als Wolodja sich für das KWN interessierte und in Arithmetik in Rückstand geriet«, erzählte Oleksandr Selenskyj dem ukrainischen Fernsehsender TSN. »Bis heute bereue ich es, dass ich ihn geschlagen habe«, sagte der Vater des späteren Präsidenten der Ukraine beschämt. Nach der väterlichen Zurechtweisung riss sich Wolodja jedoch zusammen und holte den Rückstand in ein paar Tagen auf.

Alle Schulfreunde dachten, dass Wolodymyr ein künstlerisches Studium wählen würde. Er selbst träumte aber von der Diplomatie. »Ich wollte Diplomat werden. Ich hatte die Möglichkeiten und die Fähigkeiten«, wird er später in der Sendung *Das Quartal und sein Team* sagen. Doch die Eltern beunruhigte das. Eine Diplomatenausbildung hätte bedeutet, dass der Sohn fortgehen muss, zum Studium an das Institut für Internationale Angelegenheiten der Universität in Kyjiw oder nach Moskau, wo sich die diplomatische Hochschule MGIMO befand, die noch aus der Zeit der UdSSR berühmt war.

»Aber warum willst du so weit weg, Wowa? Die Zeiten sind schwer.« Die Eltern waren nicht begeistert.

Selenskyj erklärte, dass es ihnen unter anderem um die Korruption ging – es hieß, dass Bestechungsgelder nötig seien, um zu dem prestigeträchtigen Studium zugelassen zu werden. Für ihre Familie kam Bestechung jedoch nicht infrage.

Andererseits spürte Wolodja den Druck der Eltern, besonders des Vaters, seine Ausbildung an einer Hochschule fortzusetzen. »Meinem Vater war es sehr wichtig, dass ich ein Jurastudium absolvierte, um später eigene Erfolge vorweisen zu können«, sagte Selenskyj.

Als er sich darüber Gedanken machte, welches Studium er wählen sollte, rieten ihm die Eltern zu der Universität, an der der Vater arbeitete – dem Technologischen Institut von Krywyj Rih. Zu jener Zeit wurde das Institut gerade zu einer Zweigstelle der Kyjiwer Nationalen Wirtschaftsuniversität, einer prestigeträchtigen Einrichtung. Wolodymyr entschied sich also für die juristische Fakultät an dieser Universität. Wichtig war, dass man die Aufnahmeprüfung nur in Englisch und in Rechtswissenschaften ablegen musste. In den Fächern fühlte er sich sicher und musste sich nicht besonders vorbereiten.

Die Wahl entsprach den Empfehlungen der Eltern, doch führte sie trotzdem zu innerfamiliären Diskussionen. Sein Vater war Hochschullehrer am Lehrstuhl für Kybernetik desselben Instituts. Seine Kompromisslosigkeit und sein Begriff von Anstand kamen zur Sprache. Er hätte es nicht ausgehalten, falls irgendwann mal jemand suggeriert hätte, sein Sohn habe dank der Unterstützung des Vaters den Studienplatz erhalten. Deshalb beschloss er in dem Jahr, in dem Wolodja seine Aufnahmeprüfung machte, ins Ausland zu gehen. Er schloss einen Jahresvertrag in der Mongolei ab, wo er vor Jahren bereits gearbeitet hatte.

»Er wollte überhaupt nicht in die Mongolei gehen«, erzählte Selenskyj Gordon über seinen Vater. »In den Jahren zuvor hatten sie ihn wiederholt angerufen und ihm vorgeschlagen: ›Komm zu uns, Sascha, arbeite bei uns.‹ Er hat immer abgelehnt, was er mit seinem schlechten Gesundheitszustand begründete. Aber in jenem Jahr rief er selbst an und fragte, ob sie nicht Arbeit für ihn hätten. Hauptsache, niemand würde denken, er hätte Einfluss auf meine Aufnahme an die Universität genommen.«

»Ich habe also dieses Studium begonnen und wollte rasch das Fach wechseln, aber es ergab sich so, dass ich schon im ersten Studienjahr zum KWN kam und mich dann nirgendwo mehr hinbewegt habe«, wird er in der Sendung *Das Quartal und sein Team* sagen. Statt einer Diplomatenausbildung oder eines Studiums, das mit dem Theater zu tun hatte, absolvierte der junge Wolodymyr Selenskyj ein Jurastudium. Wie es im Leben so kommt, hat er in seinem erlernten Beruf keinen einzigen Tag gearbeitet. Dafür wurde das Jurastudium für ihn zum Sprungbrett in eine künstlerische Karriere.

2 KABARETT

Von den ersten Erfolgen bis zur ersten Krise

IN DIESEM KAPITEL

WÄHREND SEINES STUDIUMS MUSSTE ER SICH EINE GERICHTS-
VERHANDLUNG ANSEHEN. Er spürte sofort, dass es nicht das
Richtige für ihn war: Diese Bühne sollte ihm zu klein sein. Gerade
mal der Richter, ein Verteidiger, der Angeklagter, ein Zeuge.

SEINE ERSTE KABARETTGRUPPE GING IN DIE BRÜCHE, weil die
Kumpel sich vor einem Zusammenschluss mit einem erfahrene-
ren Ensemble fürchteten. Wolodja riskierte es. Er befreundete
sich damals mit den Schefir-Brüdern, und sie gewannen in Moskau gemeinsam einen Wettbewerb im populärsten Unterhaltungsprogramm.

ANLÄSSLICH DER PRÄSIDENTENWAHLEN IN DER UKRAINE wurde ein Spiel für Studenten veranstaltet. Der Sieger wurde zum
Präsidenten der Fakultät erklärt. Selenskyj besiegte die Gegenkan-
didaten. Wenn er Erster werden wollte, wurde er es.

ALS JUNGER MANN BEKAM ER EIN ARBEITSANGEBOT IN MOS-
KAU von einer Top-Firma des Showbusiness. Von einer solchen
Karriere träumten viele. Er lehnte ab, weil der Preis dafür gewesen
wäre, seine Freunde aus dem Kabarett-Ensemble zu verlassen.

Tut buw Wowa Se (»Hier war Wowa S.«) – das schrieb, kurz nachdem Selenskyj Präsident wurde, jemand auf Ukrainisch mit weißer Kreide neben die Eingangstür zum einstigen Kulturzentrum »Modern« in der Gagarin-Allee 46 in Krywyj Rih. Wowa ist die Verkleinerungsform des Namens Wolodja – Wolodymyr. Se sind die Initialen von Selenskyj. Genau hier war es, wo sich der frisch immatrikulierte Wirtschaftsrechtsstudent Wolodja Selenskyj zusammen mit seinen Freunden die ersten Witze für das Studentenkabarett ausdachte.

Im zweiten Jahrzehnt des jetzigen Jahrhunderts wurde das Zentrum, noch erbaut in der sozialistischen Architektur der Sowjetzeit, geschlossen. Vor der Eingangstür lagen Glasscherben von eingeschlagenen Scheiben. Die Wandmalerei in Umbra und Beige, im Stil der sowjetischen Straßenkunst, zeigt Arbeiter, Männer und Frauen in Kleidung, die an die ukrainische Volkskultur anknüpft. Unter der Wandmalerei wurde ein modernes Graffito aufgesprayt.

Switlana Sowa leitete das dortige Café. Sie erinnert sich, dass Studenten kamen – darunter auch Selenskyj –, aber sie konsumierten fast nichts, weil sie kein Geld hatten. Doch niemand jagte sie fort, sie waren eine nette und fröhliche Gesellschaft. Wenn sie etwas bestellten, nahm Wolodja Selenskyj ein mit Käse überbackenes Brot. Im Gespräch mit dem Fernsehsender TSN erinnert sich Sowa, dass das sein Lieblingsessen war.

Sie erinnert sich auch an einen der ersten Scherze, mit denen er sie hier aufheiterte. Als sie an den Tisch kam, fragte er:

»Wissen Sie, wie man ein Star wird?«

»Keine Ahnung.«

Wowa stand auf, ging in den Spagat, streckte die Hände zur Seite aus und reckte den Kopf in die Höhe.

»Bitte schön, ein Star«, sagte er.

War ihm schon damals klar, dass er im Verlauf weniger Jahre zu der bekanntesten Person im Showbusiness der Ukraine werden und in anderen Ländern der ehemaligen Sowjetunion große Popularität erlangen würde, auch in Russland? Vielleicht träumte er von einer solchen Zukunft. Er konnte nicht wissen, wie seine Karriere verlaufen würde, doch – wie immer – scheute er keine Anstrengung. Eine solche Herausforderung war im ersten Jahr seines Studiums der Beitritt zum Studententheater »Bühnen-Miniaturen« – STEM (Studentskyj Teatr Estradnych Miniatjur).

Wie er später in Interviews sagte, war der Erfolg das Ergebnis seiner Arbeit und seiner Entschlossenheit. Aber es muss noch etwas ergänzt werden – auch seines Mutes, ein Risiko einzugehen, wenn er eine Chance sah, erfolgreich zu sein. Vielleicht ist diese Eigenschaft die wichtigste seiner Karriere – im Showbusiness und später, in der Politik.

Das Studententheater »Bühnen-Miniaturen« war die erste Prüfung seines Talents.

Im STEM traten sie auf, entwickelten ein Programm für Studentenwettbewerbe. Schließlich führte sie das an die Schwelle des richtigen Showbusiness – zum KWN.

Es waren romantische und verrückte Jahre. Die Studenten aus dem Kabarett kamen bei sich zu Hause zusammen, saßen in ihren Zimmern und manchmal auch auf den Balkonen und dachten sich bis in die frühen Morgenstunden Sketche und Lieder aus, stellten ein Programm zusammen. »Ach, seine Freunde waren die ganze Zeit hier! Hier, im Wohnzimmer und in seinem Zimmer fanden die Proben statt. Erst die vom Schul-KWN, dann die vom Institut«, erzählt Rimma Selenska *KP w Ukraine*. »Manchmal griffen sie zur Gitarre und komponierten etwas. Sie saßen ewig hier, aßen, übernachteten bei uns.«

Der Klub der Lustigen und Findigen war schon eine hohe Liga, ein richtiger Test für Selenskyjs Fähigkeiten und den Weg zum Ruhm. Um das zu verstehen, muss man wissen, was dieses Programm für die Fernsehzuschauer in Russland und den nach dem Zerfall der UdSSR entstandenen Ländern bedeutete.

Die TV-Show entstand 1961, noch in der Sowjetunion. Als eine der wenigen Unterhaltungssendungen auf dem Gebiet der UdSSR begann das Programm des KWN schnell viele Zuschauer vor die Bildschirme zu locken. Von Anfang an treten darin jugendliche, meist studentische Amateurgruppen auf, die um den Sieg wetteifern, indem sie lustige Stand-ups zeigen, auf unterhaltsame Fragen antworten, Sketche aufführen und große Spektakel unter Beteiligung von Dutzenden Schauspielern und Tänzern darbieten. Ein Teil des Wettbewerbs beruht darauf, dass ein Team witzig auf Fragen antworten muss, die von einem anderen Team gestellt werden. Und das erfordert außergewöhnliche Intelligenz, bissigen Humor und eine blitzschnelle Reaktion.

Dieses außergewöhnlich populäre Programm wurde 1972 ausgesetzt, als die Witze der Studierenden der Kontrolle der kommunistischen Zensur zu entgleiten begannen und unerwünschte Stimmungen hätten auslösen können. Der KWN kehrte erst 1986 wieder auf Sendung zurück, als Michail Gorbatschow die Perestroika und eine Lockerung der unerbittlichen Unterdrückung durch den Zwangsapparat verkündete.

Die Zuschauer hatten nur darauf gewartet. Die Popularität des KWN erlebte eine gewaltige Renaissance, und das Programm wurde als ein Turnier von Kabarettgruppen angelegt. Teams in verschiedenen Teilen von Russland, aber auch darüber hinaus, wetteifern in Regionalligen um den Aufstieg in die Premier League, und von dort kommen die allerbesten in die höchste Liga, die in allen russischsprachigen postsowjetischen Gebieten ausgestrahlt wird. Das Finale, in dem die besten Teams um die Lorbeeren des Sieges kämpfen, sehen sich etwa fünf Millionen Fernsehzuschauer live an. Das ist beinahe so viel wie bei den Folgen des amerikanischen *Got Talent* von 2020 und 2021.

Der KWN ist nicht nur in Russland sehr beliebt, sondern auch in den Ländern der ehemaligen UdSSR, in denen die russische Sprache noch weit verbreitet ist. Die hohen Einschaltquoten führen dazu, dass sich im KWN auch Politiker lancieren. In den

Neunzigerjahren erschien Boris Jelzin auf der Abschlussgala in Moskau, und 2013 zeigte sich Wladimir Putin mit den Finalisten des Programms auf der Bühne. Unter den ehemaligen Preisträgern wimmelt es von bekannten Bühnen-Persönlichkeiten aus Russland und dessen Nachbarländern. Zu ihnen zählen unter anderem der belarussische Liedermacher Pjotr Jalfimau (Petr Elfimov), der 2009 sein Land beim Eurovision Song Contest in Moskau repräsentierte, der spätere Trainer vieler bekannter Fußballklubs Leonid Sluzki und Gennadi Sjuganow, der in den Neunzigerjahren der Chef der kommunistischen Partei Russlands werden sollte. Kurz gesagt, die Teilnahme an dem Finale des KWN machte einen im gesamten russischsprachigen Gebiet der ehemaligen Sowjetunion schlagartig bekannt.

Wolodymyr Selenskyj kam vor allem deshalb zum KWN, weil er immer mehr wollte. Vielleicht hat ihn gerade diese Eigenschaft später in Richtung des Wettstreits um das höchste Amt im Land geführt. Damals jedoch, Mitte der Neunzigerjahre, träumte er davon, ein Bühnenstar zu werden. Der Traum bekam eine reale Dimension dank eines gewissen Treffens, zu dem es 1995 in Krywyj Rih kam.

Nach einem Auftritt kamen die Brüder Boris und Serhij Schefir auf ihn zu – sie stammten auch aus Krywyj Rih und spielten in dem Kabarett-Ensemble Krywyj Rih Tramps und »Saporischschja–Krywyj Rih-Transit«.

»Lass uns über eine Zusammenarbeit reden«, boten sie an. »Uns hat euer Programm gefallen. Kommt zu uns und lasst uns in einem Ensemble spielen. Wir haben die Chance, die KWN-Liga zu gewinnen«, versuchten sie ihn zu überzeugen.

Die Schefir-Brüder waren deutlich älter als Wolodja, der am Anfang seines Studiums stand – Boris war damals 35 und Serhij 31 Jahre alt. Sie stammten aus einer intellektuellen Familie, so wie Selenskyj. Nachman Schefir, ihr Vater, war Absolvent des Bergbauinstituts in Krywyj Rih und Erfinder. Während des Krieges hatte er in der Roten Armee gekämpft und nach dem Krieg gegen die Bandera-Leute in der Westukraine. Serhij Rudenko schreibt in seinem Buch *Selenskyj bes grimu* (Selenskyj ungeschminkt), Nachman habe – ähnlich wie Oleksandr Selenskyj – davon geträumt, dass seine Söhne eine anständige Ausbildung erhalten und wichtige Posten bekleiden.

Diese träumten jedoch von einer Karriere im Showbusiness. Sie hatten den Ehrgeiz, im Finale des KWN aufzutreten. Die Schefir-Brüder spürten aber, dass in ihrem Ensemble frisches Blut fehlte. Im Jahr 1995 verfolgten sie aufmerksam das Studententheater STEM, in dem Wolodja, der junge Student, auftrat.

»In jener Zeit erkannten die ›Alten‹ aus der Transit-Truppe, dass das Ensemble verjüngt werden musste«, erinnerte sich Serhij Schefir später. Sie spürten, dass ihnen die Kraft, neue Ideen, Kreativität fehlten.

Wolodja Selenskyj, der das Talent hatte, Drehbücher zu schreiben, war ganz aufgeregt von dem Angebot der Schefir-Brüder. Aber seine Kumpel aus der STEM-Gruppe sahen die Sache skeptischer.

»Die Künstler von Transit waren älter und erfahren, sie wollten ihr Ensemble beleben und machten deshalb dieses Angebot«, erinnerte sich Selenskyj. Er sah schon damals, dass ein Zusammenschluss mit einem Risiko verbunden war, aber er war auch eine Chance. Mehr kreative Leute bedeuten potenziell ein reichhaltigeres und abwechslungsreicheres Programm, bessere Einfälle und eine größere Chance auf Erfolg in der ersehnten KWN-Liga. Man kann sich hervortun und sich einem wirklich breiten Publikum zeigen. Unter der Voraussetzung, dass du gut bist. Andernfalls riskierst du, in den Schatten gestellt zu werden.

Wolodja wusste, dass er gut ist. Außerdem hat er noch nie das Risiko gefürchtet. Und so wie in der Schule wollte er auch hier der Erste sein.

Es kam zur Spaltung des STEM-Ensembles. Die Mehrzahl

fürchtete, sie würden zwischen den alten Hasen von Transit untergehen. Schließlich traten nur er und noch eine Person der neuen Gruppe bei.

Von seiner ersten Kabarett-Gruppe – STEM – trennte Wolodja sich unter eher unangenehmen Umständen. Oft erweist sich jedoch das, was im ersten Moment als Fehlschlag erscheint, aus größerer Perspektive als die bessere Lösung. Das war auch hier der Fall. Die Verbindung mit der Transit-Gruppe war folgenreich und entscheidend für die spätere Karriere Wolodymyr Selenskyjs. Aus der Zusammenarbeit mit den Schefir-Brüdern entwickelte sich eine Freundschaft, die die folgenden Jahrzehnte Bestand hatte – bis zum Eintritt in die Politik. Und – worüber Nachman Schefir und Oleksandr Selenskyj sicherlich zufrieden waren – ihre Söhne gelangten schließlich auf wichtige Posten. Wolodymyr Selenskyj wurde knapp 25 Jahre später Präsident der Ukraine, und der jüngere der Schefir-Brüder der erste Berater des Präsidenten.

Damals jedoch, in der zweiten Hälfte der Neunzigerjahre, verschwendete keiner der drei jungen Menschen auch nur einen Gedanken an einen bedeutenden Posten. Sie interessierte ausschließlich der Erfolg in der KWN-Liga. Die neue Truppe mit dem Namen »Saporischschja–Krywyj Rih-Transit«, der der 19-jährige Wowa Selenskyj angehörte, fegte wie ein Wirbelsturm durch die nächsten Runden der höchsten Liga des KWN.

»Wolodja war damals kein bekannter Schauspieler. Anfangs half er dabei, die Choreografie zu erstellen, er erklärte den älteren Kollegen, wie die Jugend tanzt. Letztlich hat er sich aber die Position eines wichtigen Schauspielers im Ensemble erkämpft, und später war er auch der Autor der Drehbücher«, erinnerte sich Serhij Schefir 2014 in der Sendung *Das Quartal und sein Team*, als Selenskyj schon groß im Showbusiness war.

Das Finale in Moskau, in dem sie am 26. Dezember 1997 vor winterlicher Kulisse gegen die Gruppe »Die Neuen Armenier aus Jerewan« antraten, war die Erfüllung seiner Träume.

»Diese beiden Teams werden hier heute ihr eigenes Winter-
märchen schreiben«, sagte der legendäre KWN-Moderator Aleksandr Masljakow zu 2000 im Moskauer Palast der Jugend versammelten Zuschauern und zu mehreren Millionen Menschen vor
dem Fernseher.

Das Publikum im Saal tobte, als beide Gruppen, jede zählte
etwa 20 Teilnehmer, eineinhalb Stunden auf der Bühne miteinander wetteiferten und ein wahres Feuerwerk der Tanz-, Gesangs-
und Kabarettkunst boten. Das Niveau war hoch und gleichrangig.
Das Ergebnis wurde aber als ungerecht empfunden. Die Preisrich-
ter, die für einzelne Elemente der Auftritte von einem bis zu fünf
Punkte vergaben, bewerteten beide Teams gleich. Nach der letzten
Einlage führte das Ensemble aus Krywyj Rih mit einem Punkt.
Doch die Juroren berieten sich lange und verkündeten schließlich
ein Unentschieden. Sie erklärten etwas verworren, dass ein Punkt
Unterschied zu wenig sei, um in einem so wichtigen Wettbewerb
die Entscheidung herbeizuführen.

Auf den Gesichtern der Teilnehmer aus Krywyj Rih sah man
die Enttäuschung. Letztlich akzeptieren sie aber die Begründung.
So oder so wurde das ganze Ensemble »Saporischschja–Krywyj
Rih-Transit«, und mit ihm Wowa Selenskyj, KWN-Meister. Der
Traum ging in Erfüllung.

Selenskyj triumphierte. Der kleine, schwarzhaarige junge
Mann aus dem fernen Krywyj Rih in der Ukraine hatte Ruhm erlangt, der zum Sprungbrett für seine weitere Karriere werden
konnte. Er war glücklich. Und er dankte dem Schicksal für die
Chance, die er bekommen hatte.

»Der KWN war ein sehr starker Entwicklungsimpuls und eine
riesige Chance auf eine bessere Zukunft. Ich kann nicht vergessen,
was mir meine Eltern gegeben haben, was mir Rywyj Rih gegeben
hat, aber auch nicht, was mir der KWN gegeben hat«, sagte er 2018
in jenem denkwürdigen Interview. »Für einen Jungen aus einer
Provinzstadt ist es sehr schwer aufzusteigen. Für ein Ensemble aus

der Ukraine war es geradezu unmöglich, im Finale des KWN zu siegen, und für eine Truppe aus Krywyj Rih schon ganz und gar irreal«, erinnerte er sich.

Nach seiner triumphalen Rückkehr vom KWN-Finale in Moskau traf sich der junge Selenskyj wieder mit seinen alten Kumpels vom STEM-Ensemble, die zuvor das Angebot der Transit-Mitglieder abgelehnt hatten und mit denen er sich damals heftig gestritten hatte. Nun war er für sie ein lebendiges Beispiel dafür, dass es sich lohnt, mutige Entscheidungen zu treffen. Er machte ihnen auch Hoffnung, dass er sie hinaufbefördern könne.

Selenskyj zeigte damals eine seiner charakteristischen Eigenschaften, die ihn in seiner ganzen künstlerischen und politischen Karriere begleitet: Wenn du höhere Ziele hast, hilft es nicht, Groll zu hegen. Und wenn du mit jemandem zusammen etwas Gutes bewirken kannst, dann lohnt es sich, sich einig zu werden, trotz früherer Meinungsverschiedenheiten.

»Lasst uns zusammenkommen und darüber reden«, schlug Wolodja der alten Truppe vor. »Jetzt kenne ich die Kulissen dieses Spiels. Ich habe gesehen, wie es dahinter aussieht: Es gibt verbissene Kämpfe und Reibereien. Aber dadurch weiß ich, wie man Erfolg erlangt«, versuchte er sie umzustimmen. Mit seinen Freunden in dichtem Zigarettendunst sitzend – er rauchte später sehr viel, besonders beim Schreiben der Drehbücher – sagte er voller Überzeugung, dass die Teilnehmer des Klubs der Lustigen und Findigen in einer eigenen Welt der Illusionen leben. Alles außerhalb des KWN erscheint ihnen schlechter und unprofessionell. Aber er gab auch zu, dass der KWN die beste Überlebensschule für Künstler sei. Es ist ein Ort, an dem jeder jedem ein Bein stellt und niemand niemandem hilft.

»Vor der Kamera geben sich die Teams Küsschen, die Teilnehmer klopfen sich auf die Schulter und umarmen sich, aber jenseits der Bühne hassen sie sich von Herzen«, erzählte er in dem Interview für *Bulwar*. »Gute Freunde sind nur die, die nicht gegen dich antreten. Es gibt jede Menge Intrigen untereinander. Ehrgeiz und Verletzungen werden ausgenutzt, es werden Anschuldigungen erhoben, unrühmliche Taten werden publik gemacht«, fügte er hinzu. Warum berührte ihn das damals nicht besonders? Weil er jung und ambitioniert war, er verschwendete keine Kraft mit unnötigen Rangeleien. Er hatte ein klares Ziel: Karriere machen. Bei dem Treffen mit seinen alten Freunden an der Universität versuchte er sie zu überzeugen, dass es keine bessere Schule für Künstler gab als den KWN. Er sei die wahre Feuertaufe.

Es kam zu einer Einigung. Mit den Schefir-Brüdern und der Gruppe seiner alten Freunde gründete Selenskyj ein eigenes Ensemble. Im Januar 1998 fuhren sie auf das Festival der KWN-Teams, das jedes Jahr in dem Kurort Sotschi stattfand.

»Wir hatten kein Geld für Autoren. Die Schefir-Brüder schrieben das Drehbuch selbst. 300 Gruppen gingen an den Start, aber wie durch ein Wunder gelang es uns, ins Finale zu kommen, in dem es zwölf Teams gab«, erzählte Selenskyj.

Sie waren das jüngste Team, außerdem aus der Ukraine, was unter der russischen Konkurrenz keinen großen Erfolg verhieß. Und obwohl Selenskyj sich später darüber beschwerte, dass sie in Sotschi nicht gewannen, weil ganz einfach »eine Gruppe aus Russland gewinnen musste«, so nutzte er dieses Jahr wie die folgenden Jahre zur Perfektionierung des künstlerischen Niveaus, aber auch um zu lernen, wie das Showbusiness funktionierte und erfolgreich betrieben wurde. Und es ging um die Konsolidierung des Ensembles.

Geburt von Kwartal 95

Das Festival in Sotschi war ein Schlüsselmoment in Selenskyjs Karriere. Dort entstand der Name, der sich fortan mit seinem Bühnenleben verband. Für das Festival bestanden die Organisatoren darauf, dass das Ensemble einen originellen Namen hatte.

»Daran hatten wir zuvor nicht gedacht«, erklärte Boris Schefir in dem Film *Das Kwartal und sein Team.*

Die Gruppe traf sich in einem Restaurant in Sotschi und veranstaltete ein Brainstorming. Einer der erfahrenen Kollegen, der Liedermacher und Popmusik-Komponist Igor Nikolajew, erinnerte sich in einem Film zum zehnjährigen Bestehen des Ensembles an die damalige Situation.

»Ich sagte: ›Jungs, denkt euch einen Namen aus, wie es die Beatles getan haben.‹ Sie machten sich Gedanken, diskutierten, versuchten was auf Englisch, aber es gelang nicht.« Schließlich machte jemand den Vorschlag, das Team »Buratiny« (Buratinos) zu nennen [Buratino ist eine Pinocchio nachempfundene Figur aus der russischen Literatur]. Als Nikolajew diesen Vorschlag hörte, erklärte er, man müsse die Welt vor den Buratinos bewahren.

»Ihr lebt doch alle im 95. Bezirk. Dann soll der Name ›Quartier 95‹ [auf Russisch: Kwartal 95] lauten«, schlug er vor.

»Dieser Name kam uns irgendwie komisch vor. Wir sagten, den könne sich niemand merken«, erzählt Wolodymyr Selenskyj in dem Film über das Kwartal 95. Doch Nikolajew überzeugte sie, dass die Zuschauer sich das merken. »Und sie haben es sich gemerkt«, bestätigt Selenskyj.

Mit der Zahl 95 war Wolodja übrigens durch irgendeinen seltsamen Zufall verbunden. Er lebte im 95. Bezirk, besuchte das Gymnasium Nr. 95 in Krywyj Rih und das Studium begann er im Jahr 1995, damals begann auch sein Interesse an der KWN-Liga.

Während er seine ersten Bühnenerfolge feierte, achtete Selenskyj darauf, sein Studium nicht zu vernachlässigen. Anfangs plan er, das Studienfach zu wechseln, als er jedoch in Jura im Wirtschaftsinstitut eine Gruppe von Kabarett-Begeisterten gefunden hatte und das Ensemble Klub der Lustigen und Findigen entstand, verwarf er diese Idee. Er wollte auch seinen Vater nicht enttäuschen, der an der gleichen Universität unterrichtete.

Das dreigeschossige Gebäude aus weißen Ziegelsteinen, das das Wirtschaftsinstitut in Krywyj Rih beherbergt, steht unweit der Straße Nikopolske Schose und des metallurgischen Industriekomplexes, über dem gewaltige Schornsteine aufragen. Hier wurden viele Wirtschaftsexperten ausgebildet, die später in dem nahe gelegenen Kombinat oder in den Erzbergwerken angestellt wurden, deren nächstgelegene gewaltige Abbaubereiche sich nur wenige Kilometer von der Universität entfernt befinden.

Professor Iwan Kopajhora, ein älterer, zierlicher und eleganter Mann in einem gut sitzenden Anzug, Lehrkraft an der juristischen Fakultät, betreute Selenskyjs Jahrgang. Im Gespräch mit den Journalisten von TSN erinnert er sich, dass Wolodja Selenskyj Wirtschaftsrecht besonders mochte. Er wurde auch »Präsident« seiner Fakultät, als anlässlich der Präsidentenwahl in der Ukraine an der Universität ein Spiel für die Studenten organisiert wurde – die Wahl eines Fakultätspräsidenten.

»Von den drei Bewerbern siegte Wolodja Selenskyj«, erinnert sich Professor Kopajhora. Wieder einmal war Wolodja der Erste. Das war einer der interessanten Momente im Studium. Es gab aber auch viele Situationen, die ihn einfach nur langweilten. In seinem studentischen Praktikum wurde er in den Keller des Gerichts geschickt, um Akten von Kriminalfällen zu sortieren.

»Ich habe die Akten in Fächer geräumt: Banditen in eines, Betrüger in ein anderes. Das war eine sinnlose Arbeit«, erinnerte er sich in dem Film über Kwartal 95.

Hoffnung auf etwas Interessanteres zeichnete sich ab, als er eine Gerichtsverhandlung beobachten sollte.

»Ich stellte mir vor, es gäbe dort Reden, Fehden, Aussagen des Angeklagten, die denen der Zeugen widersprechen, leidenschaftliche Plädoyers der Verteidigung und der Anklage. Und dann erschienen da gerade mal der Richter, ein Verteidiger, der Angeklagte und ein Zeuge … Alles in allem kamen sieben Personen. Das war so langweilig. Und wo blieben die Auftritte? Wo die Verteidigung?«, erinnerte sich Selenskyj in dem Dokumentarfilm *Das Kwartal und sein Team*. »Ich verließ dieses Gericht in dem Wissen, dass dies keine Bühne für mich ist und ich mir eine andere suchen werde«, fügte er hinzu. Sein Studium schloss er mit sehr guter Note ab, aber er wollte nie in seinem studierten Beruf arbeiten.

Für die Eltern war das ein Schock. Besonders für den Vater. Rimma Selenska versichert:

»Der Papa war gegen den KWN. Er wollte nicht, dass sich sein Sohn damit beschäftigte.«

Wolodja sagt hingegen, der Vater habe sich nie gegen den KWN ausgesprochen.

»Papa wollte einfach, dass ich das tue, was ich gelernt hatte. Er wollte, dass ich einen akademischen Grad erlange, als Rechtsanwalt erfolgreich bin. ›Du findest auch ein Publikum, die Leute werden dir zuhören, und der Beruf wird interessant sein‹, sagte er zu mir.«

Wowa entgegnete: »Wisst ihr, es wäre sehr schwer für mich, wenn jemand verurteilt werden müsste. Ich könnte keine Verurteilungen mittragen. Das ist nichts für mich.«

So erinnert sich Wolodjas Mutter, die im Interview für *KP w Ukraine* ebenfalls sagte, dass er einfach seinen eigenen Weg fand.

Seine eigene Bühne war damals das Kabarett KWN, und das Publikum waren die Massen von jungen Menschen, die im Zuschauerraum der Konzertsäle und Theater lachten und jubelten. Selenskyj achtete die Meinung seiner Eltern immer sehr – nach einem Streit ging er nie, ohne sich wieder mit ihnen versöhnt zu haben (das sagte er in einem Fernsehinterview) – trotzdem wusste er, dass er sein eigenes Leben leben und sich nach dem richten muss, was ihm sein Verstand und sein Gewissen sagen.

Kwartal 95 kämpfte in den folgenden sechs Jahren als einziges Team aus der Ukraine regelmäßig in den höchsten KWN-Ligen. Obwohl er den Erfolg mit dem Ensemble »Saporischschja–Krywyj Rih-Transit« von 1997 nicht wiederholte, schrieb Wolodymyr Sketche für andere Gruppen, die die Meisterschaft gewannen. Damals feilte Selenskyj an seinem Talent als Drehbuchautor und Autor, das ihm später sowohl bei Filmproduktionen als auch in der Politik zugutekam. So auch während des Krieges, als seine Reden und Videoaufzeichnungen große Emotionen und Rührung auf der ganzen Welt auslösen, auch bei den Abgeordneten in Parlamenten verschiedener Staaten, bei den Simultandolmetschern, in den sozialen Medien.

Selenskyj verstand schon zu KWN-Zeiten, dass er rhetorisches Talent besitzt und er sich dank dieser Gabe mit Leichtigkeit Sketche oder Witze ausdenken kann. Er erklärte, dass es ihm leichtfällt, knapp und logisch zu formulieren und das auszudrücken, was er sagen möchte. Dieses Talent erkannte schon der Vater, als er ihn zu einem Mathematikstudium überreden wollte.

»Meine Logik hat zur Folge, dass ich Worte zu Sätzen zusammenfüge, die lustig sind. Ich verstehe, worum es in einem Sketch geht, also ist es auch leicht für mich, mir diese Sätze zu merken. Ich weiß, warum ein Schauspieler eine bestimmte Frage stellt und wie sie vom Publikum aufgenommen wird«, erinnert sich Wolodymyr 2018 in dem Interview für Dmytro Gordon.

Die Ukraine, insbesondere die in der Provinz gelegene Stadt Krywyj Rih, war zu unbedeutend, um von dort durchzustarten. Das meinten zumindest Selenskyj und die Schefir-Brüder. Um ganz nach oben zu kommen, muss man sich im Zentrum des KWN-Business aufhalten, also in Moskau.

Die Hauptstadt Russlands war für Wolodja Selenskyj, den jungen Mann aus der ukrainischen Provinz, der einst einen Ausflug in die Stadt Dnipro wie eine Auslandsreise empfunden hatte, eine atemberaubende Erfahrung. Und das trotz der Tatsache, dass sie in den Neunzigerjahren noch in weiten Teilen nach dem postkommunistischen Muff roch. Zu jener Zeit entwickelte sich die Stadt aber schon dynamisch dank der Öffnung für Kontakte in den Westen.

Zwischen den großen kommunistischen Plattenbausiedlungen, die im Kontrast standen zum historischen Zentrum und den malerischen Kremltürmen, entwickelte sich blitzschnell der Millionenbesitz der neuen Russen, wie die neue privilegierte Klasse genannt wurde, die sich um den Kreml und das Vermögen der Oligarchen scharte. Vor der Stadt entstanden luxuriöse Datschen, kein Vergleich zu jenen aus der Sowjetzeit. Und in den Medien hieß es, auf den Straßen Moskaus könne man mehr jener sagenhaften Maybachs sehen als in jeder anderen Stadt auf der Welt.

Serhij Rudenko schreibt in seinem Buch *Selenskyj bes grimu*, dass die Schefir-Brüder in der Stadt Mytischtschi am Rande von Moskau eine Wohnung mieteten, in der sie und Selenskyj unterkamen. Dort schrieben sie gemeinsam die Sketche und Drehbücher für Kwartal 95, aber auch für andere Teams der KWN-Liga. Und sie begannen mit dem in Russland legendären TV-Moderator und Produzenten Aleksandr Masljakow zusammenzuarbeiten.

Ihn trafen sie bei ihrem Sieg im KWN-Finale in Moskau 1997 und ein Jahr später in Sotschi. Masljakow moderierte die KWN-Finale seit 1964, als er selbst noch Student war. Nach der Aussetzung des Programms im Jahr 1972 blieb er, Sohn von Wassili Masljakow, einem Piloten und Mitglied des Generalstabs der russischen Luftstreitkräfte, und von Sinaida, geborene Rjabzewa, beim Fernsehen. In über 50 Arbeitsjahren als Showmaster der populärsten Unterhaltungsprogramme wurde er zu einer Legende des russischen Fernsehens. Für die Teilnehmer der KWN-Liga war er der Guru, das Idol.

Ende der Neunzigerjahre, als Selenskyj mit den Schefir-Brüdern nach Moskau kam, leitete Masljakow seine eigene Produktionsfirma AMiK. Er hatte natürlich eine gewaltige Erfahrung und eine Nase für neue Talente, und so beauftragte er die drei jungen, ehrgeizigen Showmen aus Krywyj Rih.

Viel Geld verdienten sie damals noch nicht, erinnerte sich Selenskyj, manchmal hatten sie kaum genug für eine Packung Zigaretten, aber sie machten unentbehrliche Erfahrungen. Sie entwickelten sich von Amateuren zu Profis, hatten Shows, und die

Auftritte von Kwartal 95 in Russland und den Ländern auf dem Gebiet der ehemaligen Sowjetunion zogen allmählich die Menschenmassen an. Bald platzten die Säle aus allen Nähten. Dem Ensemble wurden Programme im Fernsehen, die Teilnahme an Filmen oder Serien angeboten. Doch die Zusammenarbeit mit dem Studio AMiK von Masljakow erlaubte keine eigenen Auftritte. Eine kommerzielle Show auf eigene Rechnung hätte den Ausschluss des Teams aus dem KWN zur Folge gehabt. Und für die Auftritte, zu denen die Massen kamen, erhielt das Ensemble kaum etwas – das Geld verdiente die Produktionsfirma.

Selenskyj und seinen Freunden wurde klar, dass sie ausgenutzt wurden. Es ging nicht nur um das Geld – sie konnten sich nicht so weiterentwickeln, wie sie es wollten. Sie durften nicht einmal ein Programm für das ukrainische Fernsehen aufnehmen.

Im Jahr 2003 musste das Kwartal 95 bei den nächsten Austragungen der KWN-Liga eine Niederlage einstecken, und Serhij Schefir hörte von einem Jurymitglied: »Ihr versteht, dass eine Provinzgruppe nicht Meister werden kann.«

Die Mitglieder von Selenskyjs Ensemble begriffen langsam, dass ihre Zeit im KWN zu Ende ging. Gleichzeitig kam es zu Reibereien mit Masljakow. Der wollte den talentierten Selenskyj nicht verlieren, lud ihn nach Moskau ein und machte ihm 2003 ein interessantes Angebot: eine Anstellung als Redakteur in der Firma AMiK. Die Bedingung war aber, dass er das Ensemble Kwartal 95 aufgab. Er versuchte ihn davon zu überzeugen, dass der Verbleib im Kwartal 95 Stillstand für seine Karriere und fehlende Entwicklungsmöglichkeiten bedeute. Während die Arbeit in Moskau ihm große Perspektiven eröffne.

Für den jungen Selenskyj war es undenkbar, das Ensemble aufzugeben, mit dem er so sehr verbunden war.

»Meiner Meinung nach ist das Verrat. Ich konnte das nicht tun«, erzählte er zum zehnjährigen Bestehen des Ensembles. Masljakow sagte er damals, dass er sein Team nicht verlasse. Er berichtete auch dem Ensemble von dem Angebot. Sie trafen schließlich gemeinsam die Entscheidung, dass sie den KWN hinter sich lassen mussten.

Warum nahm Selenskyj das Angebot von Masljakow nicht an und blieb in Moskau, ging zu AMiK, der führenden Firma im Showbusiness? Hauptsächlich aus Loyalität und wegen der starken Emotionen, die ihn durch das gemeinsame Spielen mit dem Ensemble verbanden. Teamarbeit und das Pflegen enger Freundschaften sind Prinzipien, denen er seit seiner Schulzeit folgt. Vielleicht weil er Einzelkind war und immer ein Bruderherz suchte? Vielleicht ergab es sich aus der Eigenart der Stadt, in der er aufgewachsen war?

»In den Neunzigerjahren war es in Krywyj Rih nicht sicher, es wurde offen von Kämpfen zwischen Gangs aus einzelnen Bezirken berichtet, und obwohl sich Wolodymyr weder daran beteiligte noch einer der Gangs angehörte, wusste er doch von klein auf, dass es sich lohnt, Teil einer Gruppe zu sein. Vielleicht war das für seine Lebensphilosophie von Bedeutung? Tatsache ist, dass er gern im Team arbeitet«, erzählt eine seiner Mitarbeiterinnen.

Sicherlich half ihm auch seine besondere Art: Schon seit seiner Schulzeit bemühte er sich um Gleichaltrige, versuchte sie zu verstehen, ihre Probleme zu ergründen. Nach einigen Jahren sah Selenskyj, dass das Kwartal 95 für ihn zu einer zweiten Familie geworden war. Übrigens behandelten sie einander auch so. In dem Interview berichtete er Gordon von einem Autounfall, bei dem einer der Musiker des Ensembles ums Leben kam. Das ganze Team trifft sich jedes Jahr an seinem Grab in Krywyj Rih. Jeder – auch wer Nichtraucher ist – muss sich dann eine Zigarette anzünden, eine rote Marlboro, und ein Glas »stinkenden billigen Wodka« trinken – um das sie der Freund zu Lebzeiten oft gebeten hatte.

»Ich weiß die Freundschaft mit Leuten zu schätzen, mit denen ich aufgewachsen bin. Ich habe immer für den Zusammenhalt

Wolodymyr Selenskyj nimmt Geburtstagsglückwünsche entgegen, als er die zentrale Wahlkommission verlässt, wo er sich als Kandidat für die Präsidentschaftswahl registriert hat,
Kyjiw, 25. Januar 2019   Foto: Pavlo Bagmut/Ukrinform/East News

»Diener des Oligarchen, Marionette des Oligarchen« – Aufschrift auf einem Plakat mit der
Abbildung von Selenskyj und Kolomojskyj, der hinter seinem Rücken hervorschaut,
Lwiw, Februar 2019   Foto: YURI DYACHYSHYN/AFP/East News

Selenskyj spielt am Tag des ersten Wahlgangs im Büro seines Wahlstabs Tischtennis, 31. März 2019
Foto: Serg Glovny/Zuma Press/ Forum

Wahlkampf: Auf einer Kyjiwer Straße stehen Figuren der Kandidaten: (von re.) Wolodymyr Selenskyj, Julija Tymoschenko, Serhij Taruta und (von li.) Jurij Bojko sowie der russische Präsident Wladimir Putin und der Oligarch Ihor Kolomojskyj, März 2019
Foto: SERGEI GAPON/AFP/East News

Im Büro des Wahlkampfstabs nach Bekanntgabe der Ergebnisse im ersten Wahlgang der Präsidentschaftswahl, 31. März 2019
Foto: Piotr Sivkov/TASS/Forum

Textwiederholung vor dem Auftritt in dem Satireprogramm *Liga des Lachens* (Liga smecha), Kyjiw, 19. März 2019   Foto: Brendan Hoffman/Getty Images

Bei einer Blutuntersuchung auf Alkohol oder Drogen vor einer Debatte mit Petro Poroschenko, Kyjiw, 5. April 2019   Foto: Vatentyn Ogirenko/Reuters/Forum

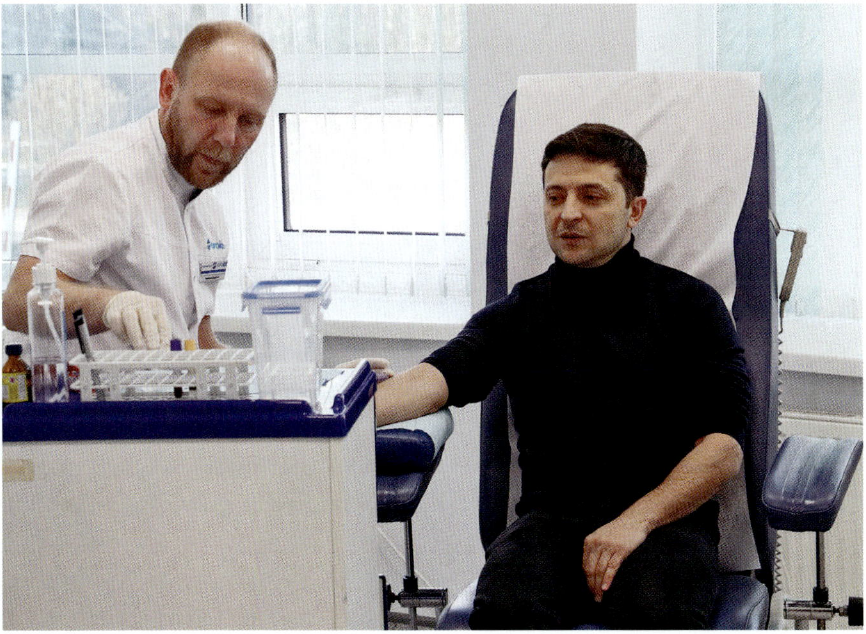

Debatte Poroschenko vs. Selenskyj im Kyjiwer Olympiastadion, 19. April 2019
Foto: home for heroes/Shutterstock.com

Vielsagende Geste bei der Wahlkampfdebatte mit Poroschenko im zweiten Wahlgang der Präsidentschaftswahl, Kyjiw, 19. April 2019   Foto: Sergei Chuzavkov/Shutterstock.com

Bild oben:
Selenskyj nach Bekanntgabe der Umfrageergebnisse im zweiten Wahlgang der Präsidentschaftswahl, im Büro seines Wahlkampfstabs in Kyjiw, 21. April 2019
Foto: Iva Zimova/Panos Pictures/Forum

Mit seiner Frau Olena nach Bekanntgabe der ersten Ergebnisse im zweiten Wahlgang der Präsidentschaftswahl, Kyjiw, 21. April 2019
Foto: Jaap Arriens/NurPhoto/Getty Images

Offizielle Bekanntgabe der Ergebnisse im zweiten Wahlgang der Präsidentschaftswahl durch die zentrale Wahlkommission, Kyjiw, 30. April 2019   Foto: Pavlo Gonchar/Zuma Press/Forum

Während er den Eid leistet, legt er seine rechte Hand auf die Verfassung und das Evangeliar von Peressopnyzja.   Foto: TARASOV/Future Publishing/Getty Images

Vereidigungszeremonie Wolodymyr Selenskyjs zum Präsidenten der Ukraine in der Werchowna Rada, dem ukrainischen Parlament, Kyjiw, 20. Mai 2019. Selenskyj bekommt den Feldherrnstab überreicht, das ukrainische Herrschaftssymbol.   Foto: photowalking/Shutterstock.com

Präsident Wolodymyr Selenskyj verlässt nach seiner Vereidigung das Gebäude der Werchowna Rada, Kyjiw, 20. Mai 2019   Foto: Brendan Hoffman/Getty Images

Der neugewählte Präsident der Ukraine posiert in seinem Arbeitszimmer für ein Foto, Kyjiw, November 2019   Foto: Alexey Furman/Bloomberg/Getty Images

zwischen uns gekämpft«, sagte Selenskyj. Als eine der Künstlerinnen aus dem studentischen KWN-Ensemble in einem neu eröffneten McDonald's-Restaurant zu arbeiten begann, weil sie dort ein richtiges Gehalt bekam – 100 Dollar, was eine enorme Summe in Krywyj Rih war –, ging Selenskyj zum Restaurantleiter und bot ihm an, seine Gruppe für die Restaurantbesucher auftreten zu lassen, wenn er sein Einverständnis dazu gebe, dass die Freundin mit zum KWN nach Moskau fahre.

Als sie sich 2003 von Masljakow und damit auch vom KWN trennten, begannen die Künstler von Kwartal 95, sich Gedanken über ihre Weiterentwicklung und ihre Karrieren zu machen. Selenskyj musste entscheiden, was nun geschehen sollte. Er blieb seinem Prinzip treu und beschloss, sich mit der Gruppe zu beraten. In Krywyj Rih organisierte er ein Treffen der Kwartal-Mitglieder und Freunde, die seine Vision teilten. Er überzeugte die anderen davon, dass sie, wenn sie Karriere machen und wahrgenommen werden wollten, ihnen das nicht in Krywyj Rih, sondern in Kyjiw gelingen würde.

»Er war der Anführer und hatte richtig Charisma. Sie stritten sich oft, zofften sich wegen verschiedener Ideen, aber selbst im größten Streit gelang es Selenskyj, die anderen davon zu überzeugen, dass er recht hatte. Seine Ideen wurden akzeptiert und umgesetzt«, erzählt seine ehemalige Mitarbeiterin.

Wie soll man aber Kyjiw erobern, wenn man weder über Sponsoren noch über Programmschreiber und Drehbuchautoren verfügt? Sie selbst waren in Personalunion zugleich Autoren und Schauspieler. Die einzig sinnvolle Lösung schien zu sein, Shows mit den größten Hits des Ensembles zu geben. Da traf es sich gut, dass sich 2003 die Gründung von Kwartal 95 zum fünften Mal jährte. So entstand die Idee, Jubiläumsshows zu organisieren. Selenskyj und Company dachten noch nicht über das nächste Projekt oder die Gründung einer eigenen Firma nach. Sie wollten zunächst den fünften Jahrestag ihrer Gruppe feiern.

Die Frage lautete: Wird das Fernsehen ihre Idee einkaufen? Als es nach großer Anstrengung gelang, den ersten Auftritt in Kyjiw zu organisieren, und in der Stadt verteilt die Plakate von Kwartal 95 hingen, rief ein Vertreter von Masljakows Firma bei Selenskyj an: »Entweder nimmst du die Plakate ab, oder du und Kwartal 95 sind nie wieder im KWN.«

Wie er später im Interview für *Bulwar* erzählte, reagierte er ruhig: »Die Plakate werde ich nicht abhängen und ich verstehe, dass wir für euch nicht mehr existieren.« So endete nach einem knappen Jahrzehnt die KWN-Ära von Wolodymyr Selenskyj.

Jahre später traf er Masljakow auf einer Veranstaltung. Beide gratulierten sich höflich zu ihren Erfolgen. Aber ihre Wege hatten sich definitiv getrennt. Vielleicht auch deshalb, weil sich Masljakow später aktiv für Wladimir Putins Wahlkampf engagierte.

Die Gruppe trennte sich vom KWN, das ihnen kein Vermögen, aber Bekanntheit, Erfahrung und Schwung für die weitere Karriere gebracht hatte. Und paradoxerweise begann, obwohl es sowohl in Selenskyjs Privatleben als auch in seiner Karriere eine Phase des Umbruchs war, eine Etappe, die ihn ganz nach oben bringen sollte.

3 LACHFABRIK

Vom Hotelzimmer in die Talkshows

IN DIESEM KAPITEL

Nach dem Ausbruch der Orangen Revolution war kein Bedarf mehr an Auftritten von Selenskyjs Gruppe. Da kam vom Fernsehen ein Angebot: Macht eine Show, aber die Witze müssen politisch sein. Das war der Durchbruch.

Die Witze waren brutal und verschonten niemanden. Nach den schärfsten Witzen intervenierte sogar die Mutter und bat, sie sollten wenigstens nicht den Präsidenten verspotten. Er lehnte das ab mit dem Argument, dass eine Abschwächung von Satire nichts anderes sei als Betrug an den Zuschauern.

Die Auftritte waren ein Test, ob das Publikum mitging. Und ein mörderischer Marathon; jede Woche Shows in einer anderen Stadt, dabei musste man frisch bleiben. Dieselbe Ausdauer ist im Wahlkampf von Nutzen.

Manche sehen ihn nur als Komiker. Dabei war er leitender Kopf eines Ensembles und Geschäftsmann, gründete Firmen, beschäftigte Hunderte Menschen, seine Produktionen gewannen bei Festivals auf der ganzen Welt Preise.

Das Kyjiwer Hotel Nika, eines der billigeren in der Hauptstadt, befindet sich in einem hohen Gebäude außerhalb des Stadtzentrums. Im Herbst 2003 mietete sich Wolodymyr Selenskyj, der sich einige Monate zuvor von der KWN-Kabarett-Liga getrennt hatte, dort ein Zimmer. Er bestellte sich ein Faxgerät und ein Telefonbuch mit gelben Seiten, auf denen sich die Adressen und Telefonnummern aller Kyjiwer Firmen und Unternehmen befanden.

Jede Firma rief er an oder schickte eine Nachricht:»Guten Tag, wir sind das Kabarett-Ensemble Kwartal 95, wir benötigen Geld für die Organisation einer Jubiläumsshow. Wir geben das Geld auf jeden Fall zurück oder machen Werbung für Sie bei dem Auftritt, wenn Sie das vorziehen.«

Die Show, die sich aus den besten Sketchen des Ensembles aus den vergangenen Jahren zusammensetzte, sollte unter dem Namen *Opiat 95* (Wieder 95) stattfinden. Auf Russisch reimt sich der Titel der Veranstaltung: *Opiat dewjanosta pjat.*

»Um die Show zu organisieren, benötigten wir die gewaltige Summe von 40 000 Dollar. Heute ist das immer noch viel Geld, aber damals wussten wir nicht einmal, wie der Betrag aussieht«, erinnerte sich Selenskyj zehn Jahre später.

Alle, die Selenskyj anrief oder anschrieb, lehnten ab.

Das Ensemble aus Krywyj Rih war noch kaum bekannt. Die potenziellen Sponsoren wollten ihr Geld nicht in ein Projekt stecken, das – wie sie meinten – keinen Gewinn oder zumindest die Rückzahlung der Summe garantierte. Zu diesem Zeitpunkt stand ein großes Fragezeichen über der weiteren Kabarett-Karriere Selenskyjs, das galt auch für seine Freunde, die einige Jahre zuvor in das Ensemble »Saporischschja–Krywyj Rih-Transit« eingetreten waren, das 1998 in Kwartal 95 umgewandelt wurde. Es war ein schwerer Moment für Selenskyj, der schon seit Jahren die Komikergruppe aus Krywyj Rih leitete und sich verantwortlich fühlte für ihre künstlerische Zukunft. Viele von ihnen hatte er schließlich dazu überredet, sich dem Team anzuschließen. Als er einige Monate zuvor Masljakows Angebot ablehnte, in Moskau zu bleiben und Drehbücher für die Teams aus der KWN-Liga zu schreiben, riskierte er nicht nur seine eigene Zukunft, sondern auch die seines Ensembles. Zwar hatte er damals ein Zeichen der Freundschaft gesetzt, indem er seine Kumpel weder für das KWN noch für eine potenzielle eigene Karriere und Geld verließ, doch er spürte, dass prosaische Alltagszwänge die Freundschaft zerstören konnten.

»Ich befand mich in einem Vakuum«, erinnerte er sich. »Ich hatte das KWN aufgegeben und wusste, dass ich die Freunde verlieren konnte, die sich schon Gedanken zu machen begannen, wie es für sie weitergehen sollte. Das war eine schwierige Phase in meinem Leben und für das Kwartal«, sagte er in dem anlässlich des zehnjährigen Jubiläums des Ensembles entstandenen Film.

Die Mitglieder der Gruppe bestätigten diese Stimmung. Einerseits empfanden sie eine gewisse Freiheit, nicht auf Bestellung, sondern ausschließlich im Einklang mit der eigenen Kreativität zu produzieren. Andererseits gab es nichts, wo sie auftreten konnten.

»Es war schrecklich für uns. Niemand wusste, was man weiter tun konnte, wie man jetzt leben sollte«, erinnerten sie sich.

Deshalb gingen sie in jenem Herbst nach Kyjiw. Und liefen dort gegen Wände. Serhij Schefir erinnerte sich, dass in Kyjiw die Leute aus dem Showbusiness zu ihnen sagten: »Ihr habt keine Chance durchzukommen. Ihr werdet hier nichts erreichen. Die Konkurrenz ist so gewaltig, dass selbst die größten Stars beim Fernsehen Schlange stehen.«

Selenskyj und die Schefir-Brüder, die ebenfalls zur Leitung des Ensembles gehörten, versuchten zu handeln. Wäre er älter gewesen und hätte er gewusst, welche Gesetze im Showbusiness herrschen, dann hätte er sich sicher nicht in diese Eskapade gestürzt. Doch er ließ sich noch immer von der jugendlichen Überzeugung leiten, dass sich alle Hindernisse überwinden lassen.

Das war ein entscheidender Moment. Wäre es ihnen damals nicht gelungen, einen Sponsor für den Auftritt zu finden, hätte es wahrscheinlich die große Karriere von Wolodymyr Selenskyj und seinem Kwartal 95 nie gegeben. Laut den ukrainischen Medien kam für die Miete des Saales im Oktober-Palast – dem prestigeträchtigen Kultur- und Unterhaltungszentrum der ukrainischen Hauptstadt, errichtet noch im 19. Jahrhundert – sowie für die Organisation der Show der Geschäftsmann Andrij Charlamow aus Krywyj Rih auf, der das Kabarett-Ensemble aus seiner Heimatstadt kannte. Dem Portal Mind.ua zufolge verfügte Charlamow, der unter anderem mit Autos handelte, über das nötige Geld und wollte in das vielversprechende Showbusiness investieren.

Nachdem es gelungen war, einen Sponsor zu gewinnen, tauchte das nächste Problem auf: Kein Fernsehsender wollte die Show übertragen, aber ohne Übertragung wäre es nicht nur schwierig geworden, etwas zu verdienen, sondern auch, Werbung für das Ensemble zu machen. Schließlich konnten sie den Chef von Kanal 1+1 von sich überzeugen. »Na gut, was soll's, wir zeigen es. Und falls wir Erfolg haben, oder auch nicht, machen wir uns Gedanken, wie es weitergeht.«

Der Auftritt, bei dem Kwartal 95 seine besten Nummern zeigte und an dem auch eingeladene Stars des ukrainischen Showbusiness teilnahmen, begeisterte das Publikum. Am nächsten Morgen warteten die Chefs von Kanal 1+1 auf die Ergebnisse der Einschaltquoten. Davon hing es ab, ob die Zusammenarbeit mit dem Ensemble fortgesetzt werden sollte. Die Quoten für die Sendung waren mehr als vielversprechend. Noch am gleichen Tag riefen sie bei Selenskyj und den Schefir-Brüdern an und luden sie zu einem Gespräch ein.

»Wie viele solcher Shows könnt ihr in einem Jahr machen? Vielleicht zwölf?«

»Nein. In der Show steckten unsere besten Nummern der letzten fünf Jahre«, antworteten sie. »Wir können höchstens zwei machen.«

»Gut, dann sollen es zwei sein.«

Letztlich gab das Kwartal im darauffolgenden Jahr vier Auftritte, die zum Auftakt des *Kwartal am Abend* (Wetschernyj Kwartal) wurden, einem Fernsehprogramm, das von Anfang an alle Popularitätsrekorde brach.

Wolodymyr Selenskyj konnte aufatmen. Die Entscheidung, den KWN aufzugeben, hatte sich als richtig erwiesen. Er hatte seine Freunde nicht enttäuscht. Auch wenn – wie die Medien berichteten – die Einnahmen aus der Show gerade mal die entstandenen Kosten deckten, so hatte doch das Ensemble, für das er sich verantwortlich fühlte, eine Zukunft. Selenskyj erinnerte sich so an jene schwierigen Momente: »Am Anfang standen Schmerz und Wehmut. Es war zum Heulen. Aber mit der Zeit sahen wir Licht am Ende des Tunnels.«

Inter TV

Die ersten Triumphe von *Kwartal am Abend* sicherten dem Ensemble das Fortbestehen und den Lebensunterhalt, von einem finanziellen Erfolg konnte allerdings noch keine Rede sein. Wie Wolodymyr Selenskyj erzählte, teilte er sich während des ersten Jahres in Kyjiw mit seiner Frau und mehreren Mitgliedern der Gruppe eine Wohnung, wobei sie sich ein wenig wie in einer Kommune fühlten.

Sie gründeten die Firma Studio Kwartal 95 mit Sitz in Kyjiw, für die sie dank Sponsorengeldern ein Büro anmieten konnten. Die Teammitglieder traten auf und schrieben zudem noch die Texte. Zum Kreis der Drehbuchautoren gehörte auch Selenskyjs Frau Olena, sie hatten gerade erst geheiratet. »Diese erste Phase von Kwartal 95 war eine verrückte Zeit«, erinnerte sie sich Jahre später. Sie arbeiteten bis spät in die Nacht, dann ein paar Stunden Schlaf und am Morgen wieder Proben. Wolodymyr Selenskyj weiß noch, dass er so müde war, dass er augenblicklich einschlief, wenn er sich hinlegte.

Nach der Aufnahme von vier Shows des *Kwartal am Abend* endete der Kontakt zum Sender 1+1 abrupt. Es wurden keine weiteren Folgen bestellt. Die Telefone blieben stumm. Der Grund war die politische Situation im Land.

Im Herbst 2004 brach in Kyjiw die Orange Revolution aus, die Proteste der Einwohner gegen die Fälschung der Wahlergebnisse bei der Präsidentschaftswahl. Der Nachwahlbefragung zufolge gewann der vom Westen unterstützte Reformator Wiktor Juschtschenko. Die staatliche Wahlkommission verkündete jedoch, dass der Favorit des Kreml, Wiktor Janukowytsch, der Wahlsieger sei. Die Medien schrieben, dass fast drei Millionen Stimmen gefälscht worden seien.

Auf den zentralen Platz Kyjiws – den Majdan Nesaleschnosti (Unabhängigkeitsplatz) – kamen massenhaft Protestierende zusammen. Von November 2004 bis Januar 2005 versammelten sich die Menschen dort täglich. An manchen Tagen betrug die Zahl der Protestierenden Hunderttausende, sogar bis zu einer halben Million Menschen. Die Demonstrationen wurden Majdan genannt (nach dem Platz) oder Orange Revolution – nach der Parteifarbe Wiktor Juschtschenkos und den von den Demonstranten getragenen Fahnen in dieser Farbe. Infolge des Drucks von der Straße wurde das Ergebnis des zweiten Wahlgangs für ungültig erklärt und eine erneute Abstimmung durchgeführt, in der der prowestliche Wiktor Juschtschenko gewann.

Die Fernsehsender, darunter auch 1+1, der die Folgen von *Wetschernyj Kwartal* ausgestrahlt hatte, berichteten praktisch nonstop vom Majdan. In dieser Zeit wechselten ein paar Personen von 1+1 zum Fernsehsender Inter. Sie erinnerten sich an den Erfolg, den die Programme des Kwartal 95 hatten, und sie waren es, die die rettende Hand ausstreckten und Selenskyjs Ensemble einluden. »Macht eine Show für uns, aber unter einer Bedingung: Es müssen politische Witze sein«, boten sie an.

Für Studio Kwartal 95 war das der Durchbruch. Vorher hatten

sie sich eher über die Absurditäten des Alltagslebens lustig gemacht. Jetzt sollten sie auf satirische Weise die Politiker und Personen von den Titelseiten der Zeitungen aufs Korn nehmen. Und das in einer aufgeladenen politischen Zeit. Möglicherweise war diese Wendung in ihrem künstlerischen Schaffen der Ursprung von Wolodymyr Selenskyjs späterem Interesse an einer politischen Karriere. Selenskyj verstand, dass es nun eine ganz neue Form des Kabaretts brauchte: »Politischer Humor ist intellektueller Humor. Die Autoren machen ihre Vorschläge, aber über die endgültige Fassung entscheidet ein Redakteur, der die verschiedenen Ansichten eines großen Personenkreises einbezieht. Das ist sehr wichtig, denn die Meinungen sind unterschiedlich. Und diese ganze Bandbreite in Witzen zu erfassen macht später die Show aus«, beschrieb er die Funktionsweise eines politischen Kabaretts.

Wenn sie also eine politische Show machen sollten, mussten sie sich auf die Akteure der aktuellen Ereignisse im Land beziehen. So kam es, dass sie schon in den ersten Nummern über die Protagonisten der Orangen Revolution scherzten – Wiktor Juschtschenko, der demokratisch gewählte Präsident, und seine Verbündete Julija Tymoschenko. In einem der Sketche forderte Julija Tymoschenko (gespielt von Selenskyj) als römische Kaiserin von Wiktor Juschtschenko (Kaiser Wiktor II.) Zepter und Staat. »Nimm das Zepter«, sagt Wiktor, »aber den Staat gebe ich dir nicht«, so nahmen sie Bezug auf die Rivalität der beiden führenden Köpfe der Orangen Revolution. Die Zuschauer bogen sich vor Lachen, dabei war das noch einer der freundlicheren Witze des Kwartal 95.

Die Mitglieder erinnern sich, dass sich zu jener Zeit auch das Publikum ihrer Shows wandelte. Hatten früher Leute im Zuschauerraum gesessen, die sie noch aus KWN-Zeiten kannten und diese Art von Witzen mochten, waren es nun Politiker, Parlamentarier und Regierungsbeamte. Sie konnten nicht nur über bekannte Personen lachen, sondern bekamen auch zu hören, was die Menschen von den Ereignissen hielten, die im Staat vor sich gingen.

Im Jahr 2006 kaufte der Sender 1+1 die ukrainischen Rechte an der Show *Let's Dance*. Dem 28-jährigen Wolodymyr Selenskyj, der für den Sender Inter arbeitete, bot man an, sich an dem Programm zu beteiligen, das auf Ukrainisch *Tanzi s Sirkami* hieß. Er wäre nicht er gewesen, wenn er diese Gelegenheit nicht ergriffen hätte – so wie einst in der Schule, wenn sich neue Projekte ergaben.

Als Partnerin bekam er die 18-jährige Olena Schoptenko zugewiesen, die Jugend-Weltmeisterin im Tanzen. Selenskyj war absoluter Anfänger, deshalb war Schoptenko der Idee gegenüber anfangs skeptisch eingestellt. Die Medien schrieben, sie sei überzeugt, dass man einer Person, die keine Ahnung hat vom professionellen Tanzen, in kurzer Zeit keine Choreografie beibringen könne. Sie kannte aber Selenskyj nicht – seinen Willen zu gewinnen, seinen Fleiß, der an Workaholismus grenzt, und sein Engagement für Projekte, zu denen er sich entschlossen hat. Als sie mit ihm zu trainieren begann, änderte sie schnell ihre Meinung.

Die einzelnen Etappen ließen Schoptenko und Selenskyj wie im Flug hinter sich. Nicht nur die Tänze, auch ihre Leidenschaft und die in den Auftritten eingeflochtenen schauspielerischen Elemente bewirkten, dass sie die Herzen der Fernsehzuschauer im Sturm eroberten. Im Finale traten sie gegen die Sängerin Natalja Mogilewskaja und den Tänzer Wlad Jama an. Unter technischen Gesichtspunkten bewerteten die Juroren dieses Paar besser, aber in der Zuschauerabstimmung schlugen Olena Schoptenko und Wolodymyr Selenskyj ihre Rivalen: 728 000 Zuschauer stimmten für sie, für die Konkurrenten nur 381 000. Der Chef des Kwartal 95 konnte einen weiteren Erfolg verbuchen, und er wurde noch populärer.

Gerüchte über Selenskyj und Schoptenko machten die Runde. Der Schauspieler gestand, dass seine Frau Olena ein wenig eifersüchtig war. »Wenn sie versucht hätte, nicht eifersüchtig zu sein. Was hätte das bedeutet? Dass die Liebe dahin ist!«, scherzte Selenskyj. Er fügte jedoch hinzu, dass die Gerüchte haltlos waren.

Die Tanzshow *Tanzi s Sirkami* (Dancing with the Stars) war aber nur ein Pausenfüller. Die Hauptrolle in Selenskyjs Leben spielte nach wie vor das Kwartal 95.

Mit der Zeit wurden die Witze immer bissiger. Das Kwartal machte sich über Politiker, Stars, die nächsten Präsidenten oder Premierminister lustig. In einem Sketch aus dem Jahr 2010, der sich auf eine Kranzniederlegung am Tschechow-Denkmal durch die damaligen Präsidenten der Ukraine (Janukowytsch, der 2010 die Wahl gewonnen hatte und auf Wiktor Juschtschenko als Staatsoberhaupt folgte) und Russlands (Dmitrij Medwedew) bezog, verspottete es das ukrainische Staatsoberhaupt. Den von ihm niedergelegten Kranz wehte der Wind auf seinen Kopf. Trotz vieler Versuche, einer Beschwörung durch einen Schamanen und vieler anderer Kunststückchen kehrte der Kranz immer wieder auf Janukowytschs Kopf zurück, was wie ein politisches Memento für den ruhmlosen Präsidenten aussah.

Die bissige Satire lockte das Publikum an, aber sie wurde nicht von allen akzeptiert. Auch Verwandte der Autoren des Kwartal hatten Zweifel, zu ihnen zählten die Eltern Wolodymyr Selenskyjs. Während Rimma Selenska sich die früheren Scherze aus der Zeit des KWN gerne angesehen hatte und stolz auf die Auftritte ihres Sohnes gewesen war, war sie jetzt beunruhigt.

»Schrecklich«, sagte sie in dem aus Anlass des zehnjährigen Bestehens von Kwartal ausgestrahlten Film. »Der Vater war sehr dagegen«, ergänzte sie. Rimma Selenska hat die Angewohnheit, ihren Sohn fast täglich anzurufen. Einmal sprach Oleksandr in den Hörer:

»Wowa, ändert das. Wowa, hört auf, Witze über den Präsidenten zu machen, lasst ihn in Ruhe!«

Die Eltern anderer Schauspieler riefen ebenfalls an. Jewgenij Koschewoj, einem Schauspieler des Kwartal, empfahl seine Mutter: »Mildert das etwas ab.«

Menschen, die den Großteil ihres Lebens in der Sowjetunion

und unter deren repressivem Regime verbracht hatten, war es nicht geheuer, Witze über den Präsidenten zu machen, selbst wenn sie mittlerweile in einem demokratischen Land lebten. Die Eltern schämten sich für die bitterbösen Witze ihrer Kinder.

Selenskyj lehnte es ab, den Ton zu mildern. Als Chef der Gruppe war er der Meinung, sie könnten nicht damit aufhören, sich über die Laster der Politiker lustig zu machen, denn das würde ihre bisherige Arbeit infrage stellen. »Wir hätten all diejenigen betrogen, die ihre Zeit dafür hergegeben haben, uns anzusehen, die uns unterstützt haben, indem sie Eintrittskarten für Shows kauften, die Autogramme haben, sich mit uns fotografieren lassen wollten, die uns zulächeln, wenn wir die Straße entlanggehen. Wir hätten sie alle betrogen«, erklärte er in dem Film über sein Ensemble. »Wenn du Gelächter auslöst, heißt das, dass du frei spielst. Man hätte auch auf politische Witze verzichten können, denn sie können das Publikum auch langweilen. Man kann damit aufhören, aber dann aus innerer Überzeugung, nicht wegen Drohungen oder einem Zwiespalt der Eltern. Das hätte unsere eigene Entscheidung sein müssen.«

In einem Interview sagte ein anderer Star des Kwartal 95, Jelena Krawez, ihre Generation von Künstlern des Kwartal sei zum Teil in der UdSSR, zum Teil schon in einem freien Land aufgewachsen. Deshalb könnten sie Verantwortung für sich übernehmen und seien eine – vielleicht die letzte – Generation, die verstehe, dass man gewisse Dinge einfach tun müsse.

Das Ensemble spürte, dass sein Publikum eine bissige Satire und Ironie forderte, die sich mit wachsender Zuschauerzahl auf das Verhalten der Politiker im Land konzentrierte, das von Korruption und Krisen gezeichnet war und vom Einfluss der Oligarchen gelenkt wurde. Die Politiker brauchten dieses Korrektiv. Das Kwartal trat auch auf geschlossenen Veranstaltungen auf, eingeladen von Politikern, die der kleinen Elite der Regierung angehörten. Selenskyj spielte wohl vor allen Präsidenten der

Ukraine und vor vielen der Nachbarländer. Ebenfalls vor Wladimir Putin und dem ehemaligen russischen Präsidenten Medwedew. Auf die Frage nach Putins Reaktion auf Selenskyjs Witze antwortet er, er glaube nicht, dass der russische Präsident gelacht habe.

Einmal wurde das Kwartal zu einem Auftritt vor Medwedew eingeladen, übrigens von Präsident Janukowytsch.

»Man sagte uns: Es werden Präsidenten da sein. Als wir ankamen, erwies sich, dass nur die Präsidenten Medwedew und Janukowytsch da waren«, erzählte Selenskyj in dem Interview mit Dmytro Gordon.

»Nach dem Programm ging Medwedew zu den Künstlern und sagte: ›Jungs, Wladimir, natürlich sind die Witze bitterböse, sie haben mir sehr gefallen, aber bei uns ist das nicht nötig.‹«

Selenskyj, der zugibt, dass er nie eine Möglichkeit auslässt, Paroli zu bieten, antwortete: »Aber in unserem Ensemble haben wir Walerij Schydkow. Wissen Sie, dass er russischer Staatsbürger ist? Er hat einen russischen Pass.«

Medwedew blickte Walerij an und entgegnete: »Ja? Es ist gut, dass du hier bist.«

Das Kwartal machte natürlich auch Witze über russische Spitzenpolitiker. In einem der Sketche steht eine Gruppe ukrainischer Politiker vor Petrus und möchte durch die Tür mit der Aufschrift »Himmel« gelassen werden, anstatt den Eingang mit der Überschrift »Hölle« zu nehmen. Auf einmal gehen beide Türen auf, Putin und Medwedew kommen heraus. Putin kommt aus der Hölle und geht in den Himmel, Medwedew andersherum.

»Und warum dürfen die da durchgehen?«, fragen die Politiker Petrus.

»Die wechseln sich alle vier Jahre ab«, antwortet der Heilige. Das war eine Anspielung auf den Postentausch der beiden Spitzenpolitiker als Präsident und Premierminister.

Das Ensemble wurde für einen Auftritt in der Ortschaft Horliwka im Jahr 2014 scharf kritisiert, den sie hatten, als ein Teil der Stadt schon von prorussischen Separatisten aus Donezk eingenommen worden war, aber auch für homophobe Witze. Für Letztere entschuldigte sich das Ensemble öffentlich auf Facebook und erklärte, es sei nicht seine Absicht gewesen, sich über LGBT-Gruppen lustig zu machen. Was Horliwka betraf – berichteten die Medien –, soll Selenskyj argumentiert haben, dass das Kwartal nicht die Politiker repräsentiere, und in so schwierigen Zeiten müssten die Menschen auch mal lachen dürfen. Die Zuschauer in der Ukraine überzeugte das eher nicht. In den sozialen Medien gab es harte Kommentare. Manche schrieben sehr deutlich: »Ich fand euch mal gut, aber jetzt werde ich euch nicht mehr angucken.«

Auch sein Widerspruch gegen den Boykott russischer Künstler in der Ukraine und gegen Aufrufe, sie nicht ins Land zu lassen, brachte Selenskyj in vielen Regionen des Landes keine Sympathien ein.

Das Kwartal machte sich nicht nur über Politiker lustig, sondern auch über bekannte Persönlichkeiten, Stars, Künstler und berühmte Sportler. Zum beliebten Objekt ihrer Parodien avancierte der Bürgermeister von Kyjiw Witalij Klytschko. Er wurde als ungebildete und begriffsstutzige Person dargestellt, gespielt von Ewgenij Koschewoj, der als Attribut den Boxweltmeister-Gürtel um die Hüfte trug. In einem der Sketche wird Klytschko dem Publikum vorgestellt, als er die Bühne betritt: »Witalij Klytschko, der Bürgermeister von Kyjiw.«

»Und warum sagst du nicht, dass ich mal Boxer war?«, fragt Klytschko.

»Weil das Publikum das von selbst versteht, sobald du den Mund aufmachst.«

In einem anderen Sketch geht Klytschko/Koschewoj mit einer Affenmaske ins Kino und setzt sich neben den damaligen Ministerpräsidenten der Ukraine, Wolodymyr Hrojsman.

»Was hast du dir denn übergezogen?«, fragt der überraschte Ministerpräsident.

»Du hast doch gesagt, ich soll kingkongnito kommen«, antwortet Klytschko.

Das Kwartal war auch – und im Grunde besonders – erbarmungslos mit Präsident Petro Poroschenko, der nach dem zweiten Majdan (dem sogenannten Euromajdan) und dem Angriff Russlands auf die Krim und die Ostukraine im Jahr 2014 gewählt wurde. In verschiedenen Interviews sagten die Vertreter des Kabaretts damals übrigens, dass sie am liebsten Witze über Poroschenko, die ehemalige Ministerpräsidentin Julija Tymoschenko und den Bürgermeister von Kyjiw Witalij Klytschko machen. Poroschenko ist einer der reichsten Geschäftsleute der Ukraine und Besitzer des Süßwarenkonzerns Roshen. Selenskyj und seine Truppe machten sich immer wieder über seine geschäftlichen Verflechtungen und seine Regierungsunfähigkeit lustig. Die Handlung des folgenden Sketches spielt in einem Kino, wo sich Präsident Poroschenko gemeinsam mit dem Ministerpräsidenten die Serie *Diener des Volkes* ansieht. An einer bestimmten Stelle sagt der Präsident: »Ich habe mich im Saal umgesehen und festgestellt, dass sehr viele Leute im Kino sind, und wisst ihr, was ich mich gefragt habe?«

»Ob es Zeit ist, gegen die Korruption vorzugehen?«, fragt eine hinter ihm sitzende Schauspielerin, die Julija Tymoschenko darstellt.

»Nein, nicht das.«

»Ob endlich Reformen durchgeführt werden müssen, damit es den Leuten besser geht?«, fragt der neben ihm sitzende Ministerpräsident.

»Nein. Ich habe mich gefragt, warum Roshen noch kein Popcorn produziert.«

Als Selenskyj vorgeworfen wurde, er würde sich erbarmungslos über die Regierenden lustig machen, antwortete seine Frau

Olena, eine der Drehbuchautorinnen für Kwartal 95, dass ein Satireprogramm nun mal so funktioniere. »Das ist Humor, Ironie, eine bestimmte Kunstgattung. Sie hat ihre eigenen Regeln. Das ist keine Beleidigung.«

Die Öffentlichkeit war 2016 jedoch anderer Meinung, als die Mitglieder des Kwartal bei einem Auftritt in dem lettischen Badeort Jūrmala – wie die Medien meinten – eine Grenze überschritten. Selenskyj parodierte Präsident Poroschenko und kritisierte dessen Regierung, die damals seit zwei Jahren bestand. Der Auftritt wurde nicht nur als Angriff auf den Präsidenten, sondern gar als einer auf die Ukraine gewertet.

»Die Ukraine hat ein neues Wirtschaftssystem erarbeitet: das ›Bettlertum‹«, sagte Selenskyj auf der Bühne. »Gebt uns Geld, und wir garantieren, dass wir es euch nicht zurückgeben. Und ein zweites System: ›Geld – Ware – Geld‹. Ihr gebt uns Geld, dann Ware, dann Geld.«

Das ausländische Publikum bog sich vor Lachen, und Selenskyj ging zu noch schärferen Anspielungen über, die die öffentliche Meinung in der Ukraine noch mehr empörten.

»Wenn es um die Frage der Kreditierung geht, erinnert die Ukraine an eine Schauspielerin aus deutschen Filmen für Erwachsene. Das heißt, sie ist bereit, beliebig viele und von jeder Seite zu nehmen«, sagte Selenskyj vor dem lettischen Publikum. In der Ukraine wurde dieser Witz als skandalös empfunden, als Demütigung des eigenen Landes. Selenskyj erklärte später, das sei kein Spott über das Land gewesen, sondern über die unfähige Regierung. Das Kwartal 95 verlor daraufhin eine millionenschwere Förderung der Regierung für eines seiner Projekte.

Das Team des Kwartal hielt sich nicht einmal dann zurück, wenn diejenigen im Publikum saßen, denen ihre Witze galten. Aleksander Kwaśniewski erinnert sich, dass er einmal selbst die Gelegenheit hatte, zu Selenskyj auf die Bühne zu kommen. »Das war der achtzigste Geburtstag von Präsident Kutschma. Das Kwartal wurde eingeladen, für die Anwesenden zu spielen, das war etwas Großartiges, weil unter den Gästen viele Leute waren, die sie auf der Bühne dargestellt und über die sie sich lustig gemacht haben«, berichtet der ehemalige polnische Präsident. »Die Witze waren recht bissig, heftig, aber noch im Rahmen. Die Künstler des Kwartal parodierten damals den Bürgermeister von Kyjiw Witalij Klytschko, die ehemalige Ministerpräsidentin Julija Tymoschenko, den Präsidenten Petro Poroschenko, aber auch andere Politiker. Eine Attraktion bei diesem Auftritt war, dass Politiker auf die Bühne gebeten wurden. Ich wurde auf das Podium gerufen, und es wurde ein Interview in einer wunderlichen Sprache geführt. Das machte Selenskyj nicht selbst, sondern einer seiner Schauspieler. Ich musste an einem Sketch teilnehmen und habe mich wohl ganz gut angestellt, der Saal war sehr belustigt«, schmunzelt Kwaśniewski. »Später habe ich mich mit Selenskyj unterhalten. Ich sagte zu ihm: ›Hör mal, wenn ich als Präsident schon bei dir in der Show aufgetreten bin, vielleicht trittst du als Showman mal als Präsident auf?‹« Aleksander Kwaśniewski ergänzte: »Das war aber noch lang, bevor er beschloss zu kandidieren. Auf jeden Fall hatten wir die Gelegenheit, uns kennenzulernen, und ich sah, dass er ein außergewöhnlich talentierter Mensch ist.«

Film

Als das Ensemble schon viele Auftritte und Fernsehproduktionen hinter sich hatte, beschloss es, etwas Neues zu wagen – Kino. Der führende Kopf des Kwartal 95 hatte sich von Anfang seiner Karriere an nur talentierte Mitarbeiter gesucht. Das liegt auf der Hand, gerade in einem künstlerischen Beruf. Selenskyj betonte jedoch, dass die Arbeit mit solchen Menschen schöpferischer und faszinierender sei. Bei der Planung neuer Projekte, auf der Suche nach Ideen, traf er sich meist mit seinen Mitarbeitern und veranstaltete ein Brainstorming. Er sagte immer wieder: »Ein Mensch ist nicht das Alpha und das Omega. Ich habe nicht von allem Ahnung. Wenn man um sich Personen hat, die in einem Bereich über ein größeres Wissen verfügen, dann lohnt es sich, ihre Ideen zu nutzen.«

Selenskyjs Mitarbeiter aus der Zeit des Kwartal bestätigten, dass er sich gern mit talentierten Menschen umgab, weil er wusste, dass er von ihnen Neues erfährt und sie ihn inspirieren.

Deshalb suchte Selenskyj, nachdem das Team des Kwartal beschlossen hatte, sich stärker für Filmproduktionen zu engagieren, einen alten Bekannten auf, einen begabten Regisseur. Und zwar Andrij Jakowlew, der früher einmal im KWN-Ensemble »Saporischschja–Krywyj Rih-Transit« aufgetreten war und nun ein geschätzter Filmemacher war. Zugleich war er ein Bekannter der Leute vom Kwartal. Jakowlew war einverstanden und stellte selbst eine Gruppe von Drehbuchautoren zusammen. Diese Gruppe saß in einer Mietwohnung und schrieb in einem Monat die Drehbücher für zwei Filme. Einer davon war eine romantische Komödie im amerikanischen Stil, die 2009 gedreht wurde: *Ljubow w bolschom gorode* (Liebe in der großen Stadt). Der Film wurde auch finanziell zu einem Erfolg.

Für den dritten Teil von *Ljubow w bolschom* gorode fanden Filmaufnahmen in den USA statt, und im Film taucht ein Hollywood-Star auf.

»Als wir uns überlegten, wer dieser Star sein sollte, wussten wir sofort, das kann nur Sharon Stone sein, der Inbegriff unserer jugendlichen Träume und Begeisterung«, erzählte Selenskyj über die Entstehung des Films.

Sharon Stone stellte während des Drehs Forderungen. Sie hörte nicht wirklich auf den Regisseur und meinte, die Szene müsse so gedreht werden, wie sie es wolle.

»Was soll's, die Schöne kam, wir drehten die Szene, es wurde hervorragend«, sagte Selenskyj. Allein in Russland und der Ukraine sahen sich mehr als 10 Millionen Zuschauer den Film im Kino an.

Ein richtiger Hit wurde aber die Serie *Swaty* (Schwiegerväter). Die Idee dazu stammte von Selenskyj.

»Einmal hörte Wowa den Gesprächen seiner Eltern mit den Schwiegereltern über die Kinder und Enkel zu. Er machte den Vorschlag, eine Comedy-Serie über eine gewöhnliche Familie zu drehen, über einfache, menschliche Angelegenheiten«, sagte Boris Schefir in dem Film anlässlich des zehnjährigen Bestehens von Kwartal 95.

Boris Schefir, einer der Gründer von Kwartal 95, erzählte später, dass das Studio einen Sponsor suchte, aber niemand das Projekt finanzieren wollte. Also drehten sie die erste Folge von ihrem eigenen Geld. »Das waren keine geringen Summen. Wir wussten aber, dass es funktionieren würde. Alles beruhte auf unserem Enthusiasmus.«

Die Serie, deren erste Staffel 2008 erschien, eroberte die Herzen von Millionen Zuschauern in mehr als zehn Ländern. Sie hatten eine Marktlücke entdeckt.

»Es erwies sich, dass man einen Filmhit landen kann ohne Blut und Spezialeffekte, in dem man gewöhnliche Menschen zeigt«, sagte Jakowlew, als er einen der vielen ukrainischen Filmkunstpreise entgegennahm.

Nach diesem Erfolg eröffnete Selenskyj ein Firmenbüro in Moskau. Mit den Russen koproduzierte er weitere Filme. Die Firma war bis 2014 in Moskau aktiv, also bis zum russischen Angriff auf die Krim in der Ostukraine.

»Wir haben ein bis zwei Spielfilme im Jahr produziert, die Investoren gaben uns das Geld, wir haben es immer zurückgezahlt«, sagte Selenskyj in dem Interview mit Dmytro Gordon.

Im Jahr 2012, nach dem Erfolg der nächsten Staffeln der Serie *Swaty*, wurde das Kwartal zum Erstaunen des Ensembles zum Fernsehfestival nach Monte Carlo eingeladen. Die Einladung war verbunden mit einer Nominierung in der Kategorie »Komödie« für die Serie, die weltweit mit die höchsten Einschaltquoten erreichte. *Swaty* befand sich unter den drei besten Filmen zusammen mit den amerikanischen Produktionen *The Big Bang Theory* und *Modern Family* der Unternehmen Warner Bros. und 20th Century Fox.

Während des Festivals, an dem Hollywood-Stars wie Eva Longoria teilnahmen und bei dem der Fürst von Monaco im Publikum in der ersten Reihe saß, kam es zu einem lustigen Missverständnis. Als die in der Filmwelt unbekannten Mitglieder des Kwartal 95 über den roten Teppich gingen, um ihre Plätze einzunehmen, versuchte das Personal sie von dort zu vertreiben, da sie nicht wussten, dass es sich um Nominierte handelte. *Swaty* wurde 2014 und 2015 erneut für einen Preis in Monte Carlo nominiert.

Mit seiner Geschäftstätigkeit in Moskau ist auch ein für den Chef von Kwartal wichtiges Familienkapitel verbunden, das ihn später dazu bringen wird, seine Einstellung als Vater zu überdenken. Selenskyj erinnerte sich daran, dass er in jener Phase seiner Karriere fast nur mit Arbeit befasst war. Er kam gegen 21 Uhr nach Hause, fiel ins Bett und schlief sofort ein. In der Früh ging er wieder zur Arbeit. Viele Monate hatte er praktisch überhaupt keine Zeit für seine Tochter Sascha, die 2004 zur Welt kam. Er wiederholte ein Muster aus seiner eigenen Kindheit, als er ohne Vater aufwuchs, weil der 20 Jahre lang in der Mongolei Fabriken baute.

Diese Abwesenheit ließ sich wohl kaum dadurch wiedergutmachen, dass sich Selenskyj trotz allem bemühte, an wichtigen Ereignissen im Leben seiner Tochter wie Feiern in der Schule teilzunehmen. Einmal, als das Schuljahr für Sascha begann, war Selenskyj gerade in Moskau. Am 1. September stieg er am frühen Morgen in ein Flugzeug und kam nur, um an diesem für die Tochter wichtigen Tag mit ihr in der Schule zu sein. Nach der Festveranstaltung flog er wieder nach Moskau zurück.

Als 2013 sein Sohn Kyryl auf die Welt kam, sagte er in einem Interview, er habe durch die Arbeit viele wichtige Momente in der Kindheit seiner Tochter verpasst. Bei seinem Sohn wolle er diesen

Fehler nicht noch einmal machen. »Ich werde nicht zweimal in denselben Fluss steigen«, erklärte er in dem Film zum zehnjährigen Bestehen des Ensembles.

Größte Firma

Das Studio Kwartal 95 wuchs zu einem großen Unterhaltungsunternehmen heran, zu dessen Produktionen nicht nur das *Kwartal am Abend* gehörte, sondern auch zahlreiche andere Programme.

Die Firma hatte Einnahmen von Millionen Dollar, sie eröffnete die Niederlassung in Moskau, und ihre Produktionen verkauften sich in vielen Ländern. In großem Maße war das das Verdienst der unermüdlichen Arbeit und der Kreativität des Ensemblechefs Wolodymyr Selenskyj.

Die Autoren arbeiteten damals zehn Stunden am Tag und dachten sich die nächsten Witze und Drehbücher aus, sie waren nicht mehr zu siebt wie anfangs in Kyjiw, sondern mehrere Dutzend Personen, im Jahr 2014 waren es dann schon 50. Dazu kam die Verwaltung, die Szenografen, das technische Personal – alles zusammen mehrere Hundert Menschen.

Das Ensemble war die ganze Zeit mit seiner Show auf Tour. Eine Tournee umfasste beispielsweise 20 Städte. Das Kwartal setzte auf Professionalität. Die Proben für jeden Auftritt dauerten mindestens zwei Wochen, und jeder Sketch wurde viele Male geübt. Wenn die Freunde auftraten, hörte Selenskyj ihnen hinter der Bühne zu, sprach die Texte der Schauspieler und machte dieselben Gesten.

»So eine Tournee ist ein erschöpfender Marathon. Bis zum letzten Auftritt musst du Energie haben, Kraft«, erzählte Selenskyj. Er selbst eröffnete jeden Auftritt des Kwartal. Zu Beginn nahm er Kontakt mit dem Publikum auf, oft machte er halbimprovisierte Äußerungen, um die Reaktionen des Publikums zu testen. Dann lief alles wie am Schnürchen, drei Stunden Unterhaltung auf Hochtouren.

In dem Film anlässlich des Gruppenjubiläums gestand er, dass er Lampenfieber hat, bis er die Bühne betritt.

»Vor einem Auftritt sage ich mir immer wieder: ›Hilf mir, lieber Gott … Hilf mir, lieber Gott …‹ Erst auf der Bühne versetzt es mir einen Kick, komme ich in Schwung, sodass es mich trägt.« Für Selenskyj sind Liveauftritte vor Publikum wie eine Prüfung. »Du erfährst nirgendwo so viel darüber, was das Publikum über dich und die Auftritte denkt, wie bei einer Show. Weder das Fernsehen noch das Kino kann dir die wahre Reaktion auf deine Arbeit zeigen.«

Bald gab es im Studio Kwartal 95 ein neues Projekt. Den sogenannten *Bijziwskij Klub* (Fight Club), also so etwas wie einen Amateurkomiker-Wettbewerb, dafür kam man aus der ganzen Ukraine zusammen und trug einen Sketch-Wettstreit aus. Alles in allem wurden 100 Folgen dieser Show aufgenommen. Selenskyj wird später darüber sagen, das Programm habe unter anderem der Suche nach neuen Talenten gegolten. »Ich wünschte mir Konkurrenz, denn sie ist notwendig.«

Selenskyj wusste, dass seine Unterhaltungsfirma nur mit talentierten Leute erfolgreich sein konnte. Er suchte nach ihnen, wo auch immer, sogar jenseits der Grenze. Für das Kwartal schrieben unter anderem Autoren aus Belarus. Wenn sie zum Ensemble dazustießen, waren ihnen nicht immer die Regeln vertraut, die für das Kwartal galten.

»Die Erfolge unseres Teams resultieren meiner Meinung nach daraus, dass es uns gelungen ist, talentierte Leute zusammenzubringen und ihnen klarzumachen, dass sie ihre Begabungen nicht für sich einsetzen, für ihr künstlerisches Ego, sondern für die gemeinsame Sache«, erzählte er.

Die Gemeinschaft im Kwartal war etwas Besonderes. Das heben alle Künstler hervor, die, und sei es auch nur für kurze Zeit, mit dem Ensemble in Berührung kamen. Eine Person, die eine Zeit lang in Selenskyjs Gruppe gearbeitet hat, erzählte mir, dass es – natürlich – auch zu Spannungen, heftigen Wortwechseln gekommen sei, Selenskyj aber immer einen Kompromiss angestrebt habe. »Er hat so ein Charisma, dass er, selbst wenn jemand anfangs nicht einverstanden mit ihm ist, selbst wenn es Streit gibt, die Menschen für sich zu öffnen versteht, mit ihnen redet und sie schließlich von seinem Standpunkt überzeugt. Nach dem Gespräch sind sie absolut überzeugt von seiner Vision.«

Die Mitglieder des Ensembles nannten sich selbst Selenskyjs Team. Ihre Beziehungen gingen über das rein Berufliche hinaus. Sie kamen zu Geselligkeiten zusammen, feierten gemeinsam, und wenn es Nachwuchs gab, machten sie sich untereinander zu Taufpaten. »Das Kwartal ist nicht Leidenschaft. Das Kwartal ist eine Familie«, sagten sie. Übrigens, wie Rimma Selenska *KP w Ukraine* erzählte, selbst als sie dann als berühmte Gruppe für Shows nach Krywyj Rih kamen, war es wie zu alten Zeiten, sie trafen sich bei Wolodja zu Hause, aßen gemeinsam das von ihr zubereitete Abendessen, manche übernachteten sogar dort.

Die künstlerischen und geschäftlichen Erfolge bewiesen dem Team, dass Selenskyj die richtige Richtung für die Gruppe eingeschlagen hatte. Als der Sender Inter ihm 2010 den Posten des Haupt-Programmdirektors anbot, begann das ganze Team neue Projekte für den Sender auszuarbeiten. Selenskyj wurde damals als Hauptproduzent de facto der leitende Manager von sechs Kanälen, die Inter TV betrieb.

Weitere Unterhaltungsprogramme liefen an, unter anderem *Liga smecha* (Liga des Lachens), *Lehenda* (Legende), *Ukrajino wstawaj!* (Ukraine, erhebe dich!), *Rankowa poschta* (Morgenpost) oder *Nedilja s Kwartalom* (Sonntag mit dem Kwartal), ein neues Familienprogramm, das einige Jahre lang produziert wurde. Darin traten bekannte Künstler und Stars auf, um in familiärer Atmosphäre mit den Leuten von Kwartal 95 zu scherzen.

»Das war ein gewaltiges Tempo bei den Aufnahmen, Arbeit von sieben Uhr früh bis elf Uhr nachts«, erinnerten sich die Mitglieder der Gruppe. »Allein für *Sonntag mit dem Kwartal* musste jeder Schauspieler 50 Seiten Text lernen. Und für die Vorbereitung blieben ihnen gerade mal ein paar Stunden. Aber sie sagten trotzdem, dass sie kommen wollten. Das gab eine Ladung positiver Energie.«

Das Geschäft von Selenskyj und der Gesellschaft entwickelte sich zu einer regelrechten Lachfabrik. Diesen Titel wählte auch die Redaktion des ukrainischen *Forbes*-Magazins, die gegen Ende 2011 Wolodymyr Selenskyj auf dem Cover abbildete und ihn zum reichsten Showman der Ukraine erklärte.

Die Redaktion hatte ausgerechnet, dass die Einnahmen des Studios Kwartal 95 jährlich in die Millionen Dollar gingen. Für jede der im Jahresverlauf produzierten vier Shows des Kwartal 95 bekam die Firma 250 000 Dollar. Diese Auftritte wurden wiederum in zehn bis zwölf Fernsehfolgen von *Kwartal am Abend* aufgeteilt. Für jede davon erhielt das Kwartal 175 000 Dollar. Die Shows einer Tournee oder Auftritte auf besonderen Veranstaltungen brachten rund 20 000 Euro pro Show.

Die Zeitung *Ukrajinska Prawda* (Ukrainische Wahrheit) schrieb, die Eintrittskarten für die ersten Reihen bei den Shows von Kwartal in Kyjiw kosteten 2000 Hrywnja, also etwa 150 Dollar.

Forbes zufolge verdiente Selenskyjs Firma an dem Film *Sluschebnyi roman. Nasche wremja* (Liebe im Büro. Heute) zwei Millionen Dollar. Die Filme und Serien wie die populären *Swaty* machten ungefähr 40 Prozent der Einnahmen aus. Hinzu kamen weitere zwei bis drei Millionen aus Fernsehproduktionen.

»Ich wurde aufs Cover gesetzt, aber nicht ich habe so viel verdient, sondern die Firma«, protestierte Selenskyj. Und er versicherte, er sei nicht der reichste Showman der Ukraine. Nur weil das Kwartal seine Steuererklärung veröffentlichte, habe *Forbes* konkrete Zahlen nennen können.

Einige Jahre später, als sich Selenskyj entschied, in die Politik zu gehen, warfen ihm Journalisten vor, er sei bedeutend reicher, als es aus seinen Vermögensaufstellungen hervorgehe, und ein großer Teil seiner Einnahmen fließe in Beteiligungen auf Zypern. Es wurde auch geschrieben, dass viele Vermögenswerte von Selenskyj wie die Villa im italienischen Forte dei Marmi in Offshore-Gesellschaften registriert seien. In den Medien hieß es, dass Selenskyj, als er Präsident wurde, Anteile seiner Geschäftsbeteiligungen verkauft und seiner Frau überschrieben habe.

Mit Sicherheit war das ganze Team des Kwartal 95 nicht nur in künstlerischer, sondern auch in finanzieller Hinsicht erfolgreich. Selenskyjs Ensemble hatte Jahre zuvor von einer solchen Karriere und solchen Einnahmen nicht einmal zu träumen gewagt. Abgesehen von einem guten Dutzend Oligarchen, deren Vermögen auf Milliarden Dollar geschätzt wird, verfügt in der Ukraine nur eine kleine Gruppe von Menschen über einen hohen materiellen Status und kann sich ein Apartment im Zentrum von Kyjiw für mehrere Tausend Dollar pro Quadratmeter leisten, wo die Selenskyjs wohnten. Die überwältigende Mehrheit der Gesellschaft verdient nicht viel. Der Durchschnittsverdienst vor dem Krieg im Jahr 2022 betrug umgerechnet etwa 500 Dollar, der geringste etwa 150 Dollar. Renten fallen noch bescheidener aus.

Aufgrund der Einnahmen des Kwartal waren die Mitarbeiter jener kleinen Gruppe zuzurechnen, der es finanziell sehr gut ging. Es gelang Selenskyj, seinem Team diesen Status zu garantieren. Bei Einkünften dieser Höhe lassen Zwist und Meinungsverschiedenheiten gewöhnlich nicht lange auf sich warten, jedoch war – zumindest in der Öffentlichkeit – von derlei Dingen bei Kwartal 95 nichts zu hören.

»Es ist sehr schwer, sich gleichzeitig um schöpferische, künstlerische und finanzielle Angelegenheiten zu kümmern«, sagte Selenskyj in dem Film zum zehnjährigen Jubiläum des Ensembles, und er fügte hinzu, man müsse viel Zeit psychologischen Dingen und der Lösung von Problemen widmen, um sie möglichst erst gar nicht entstehen zu lassen.

Der Komponist Konstantin Meladze, der bei verschiedenen Produktionen mit dem Kwartal zusammenarbeitete, sagte in diesem Film:»Wolodja Selenskyj ist ein wahrer Anführer, der jedes Mitglied der Gruppe einzuschätzen weiß. Er erhebt nie die Stimme. Er tut alles, damit sich jeder im Team als gleichberechtigtes Mitglied fühlt.«

Doch wie wurde das Geld aufgeteilt, damit es nicht zu Reibereien kam? Im Gespräch mit Dmytro Gordon erklärte Selenskyj, dass das System für die Aufteilung des Geldes von der Gruppe noch zu KWN-Zeiten vor dem Jahr 2000 festgelegt worden und es dabei geblieben sei:»Die Einnahmen teilen wir ehrlich auf, der Einsatz ist jedoch nicht gleich«, erklärte er.»Wenn wir für einen Auftritt 20 000 Euro bekommen, dann erhalten die Schauspieler die Hälfte dieser Summe. Alle gleich viel. Einen anderen Teil erhalten die Autoren der Texte. Und einer der Autoren des Studio Kwartal 95, der Hauptautor, das bin ich. Wenn also drei von uns auf der Bühne stehen, dann bekomme ich doppelt so viel wie die anderen Schauspieler«, führte Selenskyj aus, der gemeinsam mit den Schefir-Brüdern auch Mitgesellschafter von Studio Kwartal 95 war, also an den Gewinnen der Firma partizipierte.

Selenskyjs gewaltige Popularität und ein gewisser Einfluss seines Kabaretts auf die Meinungsbildung des Publikums bewirkten, dass er finanzielle Angebote bekam, von denen einem schwindlig werden konnte.

Als er Chef von Inter TV war, gab es ein Angebot, das zum Zerwürfnis der Gruppe hätte führen können. Wie Selenskyj erzählte, habe ihn der damalige Präsident der Ukraine Wiktor Janukowytsch auf sein vor Luxus, Gold und Kitsch strotzendes Anwesen Meschyhirja eingeladen. Janukowytsch zeigte ihm alle Attraktionen seines Palastes, samt einem Schießplatz, um ihm schließlich ein Angebot zu unterbreiten:»Komm zu einem anderen Sender. Warum das Budget vom Fernsehen, wenn ich dir eine viel höhere Summe gebe und du machst, was du willst.«

Selenskyj zufolge betrug die Summe, die Janukowytsch ihm für den Weggang vom Sender Inter anbot, 100 Millionen Dollar. »Und du hast nicht zugestimmt?«, fragte Dmytro Gordon nach. »Natürlich nicht. Wenn ich diese Summe auf eine Waagschale lege und auf die andere alles, was ich in meinem Leben habe, dann wiegen mein Ansehen und meine Familie schwerer«, antwortete Selenskyj.

Wahrscheinlich haben seine Erziehung und besonders die vom Vater übernommenen Prinzipien bewirkt, dass es ihm gelang, der Magie der Zahlen nicht zu erliegen. Wie viele seiner Bekannten sagen, stand Selenskyj immer mit beiden Beinen auf dem Boden, er war immer einer von ihnen. Das half, das Ensemble zusammenzuhalten, und es hatte zur Folge, dass sie sich – wie sie selbst sagten – wie eine Familie fühlten.

In dieser Zeit arbeitete die »Lachfabrik« des Kwartal 95 mit einem unglaublichen Tempo. Das Fernsehen meldete Bedarf an einem Unterhaltungsprogramm samstags vor den Abendnachrichten. Selenskyj war der Meinung, das müsse ein Programm sein, in dem die Schauspieler des Kwartal den Hintergrund bilden für die Darsteller. Und das wiederum sollten Personen sein, die ihre eigenen Witze erzählen, aber so, um damit die professionellen Komiker des Kwartal zum Lachen zu bringen. Der Name des Programms, *Rossmisch komika* (Bring den Komiker zum Lachen), beruhte auf dieser Idee. In dem Programm bekam der Teilnehmer für jeden Witz, der die Schauspieler des Kwartal, die als Juroren hinter einem Schreibtisch saßen, zum Lachen brachte, einen bestimmten Betrag. Der Maximalgewinn betrug 50 000 Hrywnja.

Mit Genugtuung überreichte er dieses Geld den Gewinnern. »Ich bedaure es nie, talentierten Leuten Geld zu geben. Ich weiß noch, wie schwer es für uns am Anfang war. Wir wussten, dass wir gut waren, aber nicht alle verstanden uns«, berichtete er über die Idee für diese Sendung.

Das Format kauften viele Länder, Sender in Belarus, Kasachstan, den baltischen Ländern, ja sogar in China gibt es eine eigene Version von *Bring den Komiker zum Lachen.* »Das ist ein wundervolles Gefühl, wenn im Abspann von irgendwelchen ausländischen Programmen in kleinen Buchstaben steht: ›Kwartal 95‹«, sagt Selenskyj. Im Interview fügte er hinzu, für diese Sendungen erhalte er als Urheber Tantiemen aus 21 Ländern.

Sowohl Selenskyj als auch sein Ensemble konnten sich nicht nur über Bühnenauftritte freuen, sondern auch zufrieden sein, dass sie nach dem kläglichen Anfang in einem Kyjiwer Hotelzimmer zu einer der größten Unterhaltungsfirmen in den Ländern der ehemaligen UdSSR geworden waren.

Oleksandr Pikalow, Selenskyjs Jugendfreund und eine der Hauptfiguren des Kwartal 95, wird, zehn Jahre nachdem die Gruppe in Kyjiw ihre Karriere gestartet hat, sagen: »Gott sei Dank haben wir 2003 die KWN-Liga hinter uns gelassen. Sonst wären wir, wie man weiß, bestimmt noch eine Zeit lang aufgetreten, hätten uns dann getrennt, und das wär's gewesen.«

Es schien, als hätte das Kwartal 95 den Zenit seines Erfolges erreicht. Wer weiß, ob sich Selenskyjs Ensemble ohne die große Beliebtheit der Serie *Swaty* einige Jahre später für ein neues Projekt entschieden hätte: die Serie *Diener des Volkes.* Diese politische Satire wird alles in Selenskyjs Leben, in der Produktion des Kwartal 95 und in der Geschichte der Ukraine verändern.

4 DIENER DES VOLKES

Von der Idee für die Serie bis zur Idee für die Kandidatur

IN DIESEM KAPITEL

OHNE DIE SERIE *DIENER DES VOLKES* WÄRE DIE GESCHICHTE DER UKRAINE ANDERS VERLAUFEN. Der von Selenskyj gespielte Held rächt sich an der politischen Klasse, und dann wird er Präsident. Die Leute mochten diese Figur. Sie träumten von einer Wiederholung in der realen Welt.

ER WAR IMMER EIN UNERMÜDLICHER ARBEITER. Bei allem, was er tat, war er mit hundert Prozent dabei. Oft hat er um vier Uhr früh mit dem Dreh begonnen und um 23 Uhr aufgehört. Anders hätte er seine meisten Erfolge auch nicht erzielt.

ÜBER DIE JAHRE ERWARB ER EIN GROSSES VERMÖGEN. Ein Haus und mehrere Wohnungen in der Ukraine, ein Haus in Italien, ein Apartment in London. Außerdem Firmenbeteiligungen. Und mehr als eine Million Dollar auf dem Konto. Aber er betonte, dass er alles mit eigener Arbeit erworben habe.

WÄHREND EINES AUFTRITTS, SCHON NACH DER ANNEXION DER KRIM, verhielt sich ein Zuschauer provozierend. Selenskyj bat ihn, den Saal zu verlassen. Als sich der Störenfried weigerte und die Ukraine beleidigte, gab er ihm einfach eine Ohrfeige.

Die Werchowna Rada ist das Parlament der Ukraine. Den aus allen Nähten platzenden Plenarsaal betritt Wasyl Holoborodko, der noch bis vor Kurzem Geschichtslehrer in Kyjiw war. Nun ist er, voller Tatendrang und Veränderungswillen, der neue Präsident der Ukraine. Er bringt Beschlussvorlagen ein, die helfen, das Land zu reformieren, das seit Jahren in einer Krise steckt, von Stagnation und Korruption gezeichnet ist. Die Abgeordneten lassen ihn nicht zu Wort kommen, sie beginnen sich zu streiten, einander zu überschreien, es kommt zu Tumult. Niemand ist der Lage Herr. Von normalen Debatten kann keine Rede sein. Außer sich vor Wut, entreißt Holoborodko dem neben ihm stehenden Wachmann zwei Maschinenpistolen. Schreiend ballert er blindlings mit den automatischen Waffen um sich und schießt wie Rambo alle Abgeordneten der Werchowna Rada über den Haufen.

Das ist nicht die Realität, sondern eine der markantesten Szenen aus der Serie *Diener des Volkes,* die 2015 im ukrainischen Fernsehen anlief. Wasyl Holoborodko, den Reformpräsidenten und Liebling des Volkes, spielt Wolodymyr Selenskyj. Und die geschilderte Szene gibt – wenn auch in groben Zügen – die damals in der ukrainischen Gesellschaft vorherrschende Stimmung wieder. Eine Gesellschaft, die die Nase voll hatte von der alten politischen Klasse: zerstritten, korrumpiert, erfolglos und unfähig, das Land vom Abgrund fortzuziehen. Am liebsten würde sie diese loswerden.

»Das ist eine verrückte Geschichte voller komplett irrealer Ereignisse. Weil ein einfacher Geschichtslehrer nicht Präsident der Ukraine werden kann. Wie schade«, sagte Galina Besruk, eine der Schauspielerinnen aus der Serie.

Doch die Serie, angelegt als Politsatire – teils lustig, teils bitter – und als Alternative zur zeitgenössischen Ukraine, zeigte den Zuschauern, wie das Leben in ihrem Land aussehen könnte, wenn es von anderen Menschen regiert werden würde. Jede Woche schauten sich viele Millionen Zuschauer die Serie an. Sie nahm Einfluss auf ihre Meinungen zur aktuellen Politik, und man kann die Behauptung riskieren, dass die jüngste Geschichte der Ukraine anders verlaufen wäre, wenn es *Diener des Volkes* nicht gegeben hätte.

Ganz anders hätte wohl auch Wolodymyr Selenskyjs Schicksal ausgesehen. Höchstwahrscheinlich wäre er nicht Präsident geworden, denn 2015 ahnte nicht einmal er, wohin ihn *Diener des Volkes* führen würde.

Veränderungen

Es scheint so, als hätten diese Serie niemand anders drehen können als Selenskyj und sein Team, die sich seit Jahren auf der Bühne über die Praktiken der politischen Klasse der Ukraine lustig machten. Bevor es jedoch zur Entstehung von *Diener des Volkes* kam, gab es im Leben des Chefs von Kwartal 95 entscheidende Veränderungen. Im Herbst 2012 verließ Selenskyj den Fernsehsender Inter, wo er Programmdirektor war und viele populäre und sehr erfolgreiche Kabarett-, Unterhaltungsprogramme und Filme schuf. Selenskyj selbst verlautbarte, der Grund für seinen Abschied sei politischer Druck auf den Sender gewesen. Wobei er deutlich machte, dass es nichts mit den Angestellten zu tun hatte.

»Das ist die allgemeine Situation im Land, der politische Druck auf die Nachrichtenredaktionen. Ich denke, dass nicht einmal die Nachrichtensprecher etwas damit zu tun haben«, deutete er später in dem mit Dmytro Gordon geführten Interview an. Von Inter wechselt er zum Kanal 1+1, bei dem er viele Jahre zuvor seine Karriere in Kyjiw begonnen hatte, als er das erste Kwartal am Abend produzierte. Dieser Sender hat eher ein Unterhaltungs- als ein politisches Programm, und auch die Zuschauer sind weniger an harten politischen Fakten interessiert.

Der Sender 1+1 gehört dem Oligarchen Ihor Kolomojskyj, und die Medien schrieben, er habe Kwartal 95 ein finanziell gutes Angebot gemacht. Übrigens lag das Angebot schon seit längerer Zeit auf dem Tisch. Als der politische Druck auf Inter TV zunahm, war Selenskyj bereit, den Sender zu wechseln. Zugleich widersprach er, dass es ihm um das Geld gegangen sei.

Worum ging es also? Vielleicht um Interventionen von ganz oben. In der Ukraine sind alle Fernsehsender in der Hand von Oligarchen, und Inter TV gehörte jenen, die dem damaligen Präsidenten Wiktor Janukowytsch verbunden waren. Sollte aus dem Umfeld des Präsidenten Druck auf den Sender ausgeübt worden sein, damit er die scharfe Kritik abmilderte? Oder wollte Selenskyj einfach nicht mit ihm in Verbindung gebracht werden? Das ist nicht bekannt, hingegen sagte Selenskyj später, dass der Besitzer des Senders 1+1 ihm freie Hand bei der Programmgestaltung garantiert habe.

»Als wir zu 1+1 gewechselt sind, haben wir mit Kolomojskyj vereinbart: keine aufgezwungene Redaktionspolitik. Das war meine Hauptbedingung, und ich habe angekündigt, dass wir den Sender umgehend verlassen, wenn das nicht eingehalten wird. Es wird auch keine Diskussionen darüber geben, warum das Kwartal über diesen oder jenen Politiker Witze macht«, sagte Selenskyj in dem erwähnten Interview. Er erzählte, dass Kolomojskyj nur einmal angerufen habe: »Warum bist du mir gegenüber so hart?«, fragte er nach einer Sendung, in der Selenskyj seinen Arbeitgeber kritisierte. Und Kolomojskyj bekam zu hören: »Lieber Ihor Walerijowytsch, war es lustig? War es. Und wenn es lustig ist, kann man sich nicht beklagen.«

Der Einfluss der Oligarchen ist in der Ukraine ein zentrales und heikles Thema. Nach dem Zusammenbruch der UdSSR und in der Zeit danach, als die unabhängige Ukraine entstand, häufte eine Gruppe von gut einem Dutzend Personen ein Vermögen an, das in Zehn-Milliarden-Dollar-Schritten bemessen wurde. Größtenteils handelte es sich um Staatsbetriebe, die oft unter unklaren Umständen übernommen wurden. Dazu zählten zum Beispiel riesige metallurgische Kombinate, Energieversorgungsunternehmen und andere Firmen von grundlegender Bedeutung für die Wirtschaft. Jedwede Verbindung zu den Magnaten wird in der Gesellschaft als negativ angesehen.

Die Fernsehkanäle in der Ukraine befanden sich ebenfalls in der Hand von Oligarchen. Wenn jemand im Fernsehen präsent sein wollte, arbeitete er de facto für die Firma eines Oligarchen. Das bedeutete jedoch noch nicht, dass er seine Autonomie aufgeben musste. So versicherte es zumindest Selenskyj, der oftmals wiederholte, dass er bei seiner Arbeit für verschiedene Fernsehsender dem Druck nicht nachgegeben habe.

»Ich bin ein ganz und gar unabhängiger Mensch. Ich möchte niemanden verletzen, aber derjenige, der mich kontrollieren könnte, ist noch nicht geboren«, sagte er im Gespräch mit Dmytro Gordon. Er gibt auch zu, dass er bereits viele Oligarchen getroffen hat.

Natürlich sind nicht nur die Fernsehsender in der Hand der Oligarchen, sie haben auch willfährige Politiker und Parlamentarier für sich eingenommen. Auf diese Weise nehmen die Potentaten einen gewaltigen Einfluss auf die Legislative des Landes. Wie mir Michał Kacewicz erzählte, der langjährige Korrespondent von *Newsweek Polska* in der Ukraine und Belarus, aktuell arbeitet er für Belsat TV, kam es vor, dass Vertreter der Oligarchen, während im Parlament debattiert wurde, den Abgeordneten über soziale Netzwerke sehr hohe Summen anboten, wenn sie für bestimmte Gesetze stimmten.

Auch aus Informationen, die in den Medien auftauchten, ging hervor, dass Parlamentariern für eine entsprechende Stimmabgabe Umschläge mit fünfstelligen Summen in Dollar übergeben worden waren. Dieses Thema, das bei den Menschen in der Ukraine große Empörung auslöste, ist einer der Hauptgründe für die Entstehung der Serie *Diener des Volkes* und wird darin stark behandelt.

Russland und der Euromajdan

Beim Fernsehen lief es wie im Gymnasium in Krywyj Rih: Wowa wollte überall dabei sein und bei allem mitmachen. Seine Einstellung aus der Schulzeit setzte er in seiner beruflichen Karriere fort. Nach seinem Wechsel zum Kanal 1+1 arbeitete er weiterhin auf Hochtouren und baute die Firma kontinuierlich aus. »Er ist ein Workaholic, keine Ahnung, wann er sich ausruht«, sagte eine der Schauspielerinnen. »Er arbeitet vermutlich 24 Stunden am Tag.«

Das Kwartal 95 schuf immer neue Projekte, und Selenskyj war an vielen sowohl als Initiator, Drehbuchautor oder Schauspieler beteiligt. Er arbeitete auch bei anderen Aufträgen mit, beispielsweise als Synchronsprecher. Im Jahr 2014 war er die Stimme von Paddington in der ukrainischen Kinofassung der britischen Komödie *Paddington* – und 2017 in *Paddington 2*. Auch war er eine der Stimmen der Helden von *Angry Birds*.

Studio Kwartal 95 wuchs: Im Jahr 2014 arbeiteten in der Showabteilung und dem neu gegründeten Zeichentrickstudio fast 500 Angestellte. Hunderte weitere freie Mitarbeiter kamen hinzu.

In jenen Jahren betätigte sich Selenskyj neben seiner Arbeit in der Ukraine beruflich auch in Russland. Für das dortige öffentlich-rechtliche Fernsehen Rossija 1 leitete er Kabarett- und Unterhaltungsprogramme, unter anderem das berühmte *Bring den Komiker zum Lachen*. Er machte auch ukrainisch-russische Co-Produktionen von Filmen unter Beteiligung russischer Schauspieler, unter anderem die Serie *Swaty* oder die romantische Komödie *8 erste Dates* (8 perwych swidanij).

Das Kwartal war eine der wenigen kommerziellen Firmen mit einer Niederlassung in Russland, die Kino- und Fernsehfilme produzierte. Das Büro in Moskau wurde 2008 nach dem Erfolg des Spielfilms eingerichtet und bestand bis 2014. Viele Male versuchten russische Firmen, Anteile an der Firma zu erwerben, doch vergebens.

Die Arbeit in Russland war weit einträglicher als die in der Ukraine. Für eine Stunde Programm, die sie produzierten, verdiente die Firma 150 000 bis 200 000 Dollar, in der Ukraine waren es rund 30 000. In dieser Zeit entstand die Serie *Swaty*, die sich zum TV-Hit entwickelte.

Man kann deshalb durchaus feststellen, dass Selenskyj damals im Showbusiness nicht mehr nur Schauspieler, Drehbuchautor oder Komiker war – wie ihn seine Kritiker gern bezeichnen –, sondern ein erfahrener Produzent und Unternehmer. Er leitete ein Team von mehreren Hundert Angestellten, war Teilhaber mehrerer Firmen, machte Erfahrungen in der Verwaltung und darin, sich auf einem schwierigen Markt in der Ukraine und in Russland durchzuschlagen.

Sein Vermögen belief sich laut ukrainischen Medien auf etwa eine Million Dollar, dazu kamen Immobilienbesitz und Anteile an fast zehn Unternehmen, nicht nur in der Unterhaltungsbranche. Selenskyj selbst hat das in Interviews nie abgestritten. Und das ist nicht verwunderlich, denn im Gegensatz zu vielen, deren Besitz stark zugenommen hat, kann er darlegen, dass er durch eigene Arbeit reich geworden ist.

Wie seine Mitarbeiter meinten, ist ihm sein Erfolg nicht zu Kopf gestiegen. Er blieb immer in der Gruppe aktiv. Die Entscheidungen für nächste Projekte oder Drehbücher wurden bei Treffen, Brainstormings und Diskussionen innerhalb des Teams getroffen.

Selbst als er schon mit dem Sender 1+1 des Oligarchen Ihor Kolomojskyj zusammenarbeitete, ging das Kwartal 95 immer noch auf Tournee und produzierte Satireprogramme. Es erschienen auch weitere Filme, unter anderem der zweite Teil der erfolgreichen Komödie *8 neue Dates*. Zur selben Zeit kam es in der Ukraine zu Ereignissen, die die weitere Karriere des Kwartal 95 wie die ganze Situation im Land veränderten.

»Die Politik ist eine gute Bekannte, die du aber nicht leiden kannst und die dir jeden Tag zusetzt«, hat Selenskyj einmal gesagt. Damals setzte sie schmerzhaft seinem Land zu.

Im Herbst 2013 brach in Kyjiw der Euromajdan aus. Auf dem zentralen Platz der ukrainischen Hauptstadt versammelten sich Hunderttausende, um gegen die antieuropäische und prorussische Politik von Präsident Wiktor Janukowytsch zu protestieren. Seine Regierung verzichtete unter Putins Druck auf die Unterzeichnung des Assoziierungsabkommens mit der EU. Dabei war der europäische Lebensstandard, der mit der EU assoziiert wird, für die Ukrainer ein Traum, den sie Realität werden lassen wollten. Die Proteste dauerten an bis Ende Februar 2014. Jeden Tag kam es zu Zusammenstößen zwischen der Spezialeinheit Berkut, also dem Sicherheitsdienst, und den Demonstranten. Barrikaden wurden errichtet, Reifen brannten, es fielen Schüsse. Insgesamt starben in der Zeit der Revolution der Würde – wie der gesellschaftliche Protest genannt wurde – auf dem Majdan mehr als 100 Menschen, und mehrere Hundert wurden verwundet. Präsident Janukowytsch floh nach Russland, wurde abgesetzt, und nur wenige Tage später marschierte die russische Armee in Gestalt der berühmt gewordenen »grünen Männchen« – Soldaten in Uniformen ohne Hoheitsabzeichen – auf der Krim ein und besetzten einen Teil der ukrainischen Oblaste Donezk und Luhansk.

Bis Ende März vollzog Russland die rechtswidrige Annexion der Krim. Auf den von Russland besetzten Gebieten gründeten die Separatisten die von der Welt nicht anerkannten Republiken Donezk und Luhansk. Gleichzeitig wurden die Kämpfe zwischen ihnen und der ukrainischen Armee ohne Unterlass fortgesetzt. In den Jahren, seit denen dieser Konflikt besteht, starben dort weit über 10 000 Menschen, viele Ukrainer gerieten in Gefangenschaft, andere waren gezwungen, ihre Häuser zu verlassen, die in den umkämpften Gebieten liegen.

Nach diesen Ereignissen stellten Selenskyj und das Kwartal die Zusammenarbeit mit Russland ein und schlossen das Büro ihrer

Firma in Moskau. Bevor es dazu kam, machte er auf dem Roten Platz in Moskau die Aufnahmen für seine Programme, in denen er die Annexion der Krim durch Russland verurteilte. »Wir haben dort einen Monat lang Aufnahmen gemacht. Die Milizionäre kamen, hörten zu und waren schockiert. Bis man uns schließlich mit dem Besen verjagte«, erzählte er in dem Interview mit Dmytro Gordon. Und er fügte hinzu, er habe sich mit einigen Freunden gestritten, obwohl viele russische Bekannte Putins Vorgehen nicht unterstützten.

Obwohl Selenskyj und der Kern seines Teams aus Krywyj Rih stammten, also aus der Ostukraine, und trotz der Tatsache, dass sie Russisch sprachen und viele Freunde in Russland hatten, erklärten sie sich nach dem Euromajdan entschieden für die Ukraine. Im Jahr 2012 drehte das Kwartal seinen letzten Film in einer Co-Produktion mit Russen. Er sollte 2014 in die Kinos kommen, aber aufgrund des russischen Überfalls auf die Ukraine wurde die Premiere abgesagt. Zwar kam es unterdessen zu ungeschickten Zwischenfällen wie dem Auftritt in dem von den Separatisten besetzten Horliwka, doch kurz darauf begann Kwartal 95 Shows zugunsten der im Donbass kämpfenden ukrainischen Soldaten zu geben.

Im August 2014 tauchte auf dem Flugplatz eines ukrainischen Militärstützpunktes unweit von Mariupol im Osten der Ukraine der Bus von Kwartal 95 auf. Aus dem Fahrzeug stiegen die bekannten Komiker, allen voran Selenskyj.

»Wir wollen euch ein wenig aufheitern«, sagte Selenskyj.

Sofort waren sie von Soldaten umringt.

»Slawa Ukrajini! [Hoch lebe die Ukraine!]«, riefen sie gemeinsam.

Auf der Feldbühne hatte Kwartal 95 einen mehr als zweistündigen Auftritt vor einer Einheit von 1500 Soldaten.

»Gut, dass sie gekommen sind. Wir konnten lachen, hier denkt man die ganze Zeit nur an schwierige Dinge«, sagte einer von ihnen.

Selenskyj und seine Kollegen vom Ensemble legten zusammen und übergaben den Soldaten eine Million Hywnja, also etwa 40 000 Dollar, für Medikamente und notwendige Sachen, auch für einen Krankenwagen. Das war nicht ihre einzige Sammelaktion für die kämpfenden Soldaten.

»Später, als ich in Moskau war, gab es Leute mit Plakaten, auf denen stand, dass ich ein Bandera-Anhänger sei, ein Faschist, dass ich diejenigen durchfüttere, die im Donbass Zivilisten ermordeten. Eine ekelhafte, schrecklich verdrehte Geschichte«, sagte Selenskyj in dem Interview mit Dmytro Gordon. Er gab zu, dass er, als ihm wieder ein Auftritt in Russland und dafür 250 000 Dollar angeboten wurden, ablehnte. »Ich erziehe Kinder, ich muss ein Vorbild sein«, sagte er.

Er war jedoch gegen ein Einreiseverbot für russische Künstler in die Ukraine, das nach der Annexion der Krim gefordert wurde. Er kannte viele persönlich, die gegen den russischen Angriff protestierten. Er war der Meinung, dass oppositionelle russische Künstler hinsichtlich der ukrainischen Interessen Verbündete sein könnten und man sie nicht vor den Kopf stoßen dürfe. Es sei denn, sie hätten sich für das Regime Putin ausgesprochen wie der Regisseur Nikita Michalkow, der Macher von *Die Sonne, die uns täuscht*.

»Er ist ein Politiker«, sagte Selenskyj über Michalkow in einem Interview, das er ausländischen Medien gab. »Niemand diskutiert über seine Leistungen in *Zwischenlandung in Moskau* oder *Fremd unter seinesgleichen*, aber heute ist er ein Politiker, dessen Ansichten zur Ukraine sich nicht mit den Meinungen der Menschen in unserem Land decken.«

Mit seiner großen Popularität und Erfahrung sowohl in der Leitung von Fernsehsparten als auch von großen Unternehmen spürte Selenskyj, dass seine eigene Position an Bedeutung gewann, er spürte aber auch den Druck von außen. Das zeigte sich bei einem Auslandsauftritt von Kwartal 95. In Berlin, nach der Annexion der Krim im Jahr 2014, bauten die Künstler des Kwartal patriotische

Elemente in das Programm ein, die die Tatsache unterstrichen, dass die Krim zur Ukraine gehört. Der Saal platzte aus allen Nähten, es kamen etwa 3000 Zuschauer. Selenskyj wusste, dass es in Deutschland, wo es eine beträchtliche Zahl von Russen gibt und wo die russischen Fernsehsender die Staatspropaganda verbreiten, zu Provokationen kommen konnte.

»Wir haben das Lied *Vaterland* aufgeführt. Ich erinnere mich nicht mehr, was ich genau sagte, denn ich lerne die Rolle nicht auswendig, aber mit Sicherheit habe ich gesagt, dass die Krim uns gehört. Jemand aus dem Zuschauerraum rief jedenfalls: ›Von wegen euer Land!‹, und hielt eine russische Fahne hoch«, erzählte Selenskyj in dem denkwürdigen Interview. Er spürte, dass das eine Provokation war, und bat den Unruhestifter zu gehen, die Organisatoren würden ihm das Geld für die Eintrittskarte erstatten. Der Störenfried begann zu protestieren. »Ich bin nicht allein!«, schrie er.

»Gut, in dem Fall erstatten wir allen in deiner Reihe das Geld. Geh, ich bringe dich selbst raus«, antwortete Selenskyj.

»Da gab der etwas Beleidigendes über die Ukraine von sich, also ging ich hin und habe ihm eine Ohrfeige verpasst. Und andere haben ihn rausgetragen«, erzählte Selenskyj.

Er schwamm oft gegen den Strom, auch mit seinen bitterbösen Witzen. Er spürte die Stimmung der Menschen. Aufgewachsen in der Ostukraine, betrachtete er die Vielfalt als einen Trumpf seines Landes und wollte sich nicht in ideologische Rahmen pressen lassen. Er bemerkte in dieser Hinsicht Nuancen, die andere übergingen, deshalb gelang es ihm übrigens, so treffsichere Programme zu erstellen.

Nicht immer gefielen die Auftritte den Behörden. Insbesondere nach dem russischen Überfall im Jahr 2014 begann man in der Ukraine Künstler und ihre Werke aufmerksam zu beobachten. Denn viele waren zuvor auch in Russland aufgetreten, ähnlich wie das Studio Kwartal 95. Der Ablehnung von allem, was russisch ist, fiel auch die Serie *Swaty* zum Opfer, die mit russischen Mitarbeitern gedreht wurde. Das staatliche Institut für den Filmverleih zog die Lizenz für die Vorführung des Films in der Ukraine zurück. Selenskyj war wütend. Er gab eine scharfe Tirade von sich: »Falls jemandem das Wort *swat* [russisch für Schwiegervater] nicht gefällt, und ihm das Wort *kum* [ukrainisch/russisch für Gevatter, hier: Vetter] näher ist, dann soll er gefälligst erst Vetternwirtschaft und Nepotismus beseitigen, bevor er gegen unsere *Swaty* kämpft. [...] Was zum Teufel unterstellt ihr? Wer seid ihr und was habt ihr getan? Wenn ihr der Sicherheitsdienst der Ukraine seid, dann sorgt für Sicherheit in diesem Land, damit die Kinder ohne Angst auf die Straße gehen können«, donnerte er in den Medien.

Stimme des Volkes

Genau das war die Art von Politik, die – wie er zuvor erwähnte – in das Alltagsleben eindrang. Die ukrainische Gesellschaft war des Krieges im Osten müde, der 2015 noch mehr Opfer forderte. Gleichzeitig entwickelte sich die Wirtschaft im Land nicht in die richtige Richtung. Millionen Ukrainer gingen zum Arbeiten nach Polen, Deutschland und in andere Länder Europas, um ein zufriedenes Leben führen und einen Teil des Geldes den Familien in der Heimat schicken zu können.

Die wirtschaftliche Situation im Land, nach dem durch den russischen Angriff im Jahr 2014 ausgelösten Zusammenbruch, verbesserte sich zwar langsam. Doch dieses Tempo beim Wirtschaftswachstum reichte der Gesellschaft nicht. Die Inflation war zweistellig – sie schwankte zwischen 46 Prozent im Jahr 2015 und etwa 11 Prozent 2018. Die Preise in den Geschäften gingen nach oben, auch der Dollar verteuerte sich, während die Gehälter und Renten gleich blieben.

»Viele Menschen geben ihr Gehalt in zwei Tagen aus. Die Rente kommt, im Gegenwert von 60 Dollar, sie bezahlen die Rechnungen, und dann bleibt ihnen nichts anderes, als die nächsten 28 Tage dahinzuvegetieren«, erzählte Andrij Zaslawski aus Krywyj Rih. »Die Ukrainer sind Weltmeister darin, wie man vom Ersten eines Monats bis zum nächsten Ersten überlebt«, spottete er bitter.

Aus Perspektivmangel verließen in jenen Jahren Millionen Ukrainer das Land. Wie aus den Statistiken hervorgeht, waren das vor allem junge, gebildete Menschen, für die es ganz einfach keine Aussicht auf einen befriedigenden Karriereweg im Land gab. Gleichzeitig sahen alle den gigantischen Reichtum der Oligarchen, die sich am übernommenen Staatseigentum bereichert hatten, und daneben die Politiker mit ihren hohen Lebensstandards, die in den Behörden ihre Verwandten und Bekannten beschäftigten. Viele Dinge ließen sich nur mit Schmiergeld erledigen. Der Korruption begegnete man auf Schritt und Tritt.

»Um etwas auf einem Amt oder in einem Gericht zu erledigen, ins Krankenhaus zu gelangen, ja sogar an die Universität, musste man oft jemandem Geld geben. Die Menschen hatten das Gefühl, der Staat würde nicht funktionieren. Ach was, selbst wenn man sein Auto in eine private Werkstatt brachte, bezahlte man dem Mechaniker zusätzlich etwas dafür, dass er nicht irgendwelche gefälschten, minderwertigen Ersatzteile einbaute«, sagt Michał Kacewicz. »Das alles begann sich nach den von Poroschenko eingeführten Reformen zu ändern, aber zu langsam.«

In diesem Einfluss der Politik auf den Lebensalltag kann man schon den Ursprung von Selenskyjs Drift in Richtung Staatsmacht erkennen, nicht in dem Sinne, dass er sich bloß über die Zustände lustig machte, sondern als persönliches Engagement. Die seit 2015 ausgestrahlte Serie *Diener des Volkes* war trotz ihrer satirischen Anlage eine starke Forderung nach politischen Veränderungen in der Ukraine.

Auf die Idee zu einer Serie über eine alternative Regierungsweise im Land kamen Selenskyj und die Firma, nachdem sie Erfahrungen gesammelt hatten mit den Erfolgen der Serie *Swaty* und anderen abendfüllenden Programmen. Nach ihrer Vision verändert sich das Land in einen modernen Staat, ohne allgegenwärtige Korruption und Vetternwirtschaft, ohne Oligarchen, ohne Krieg und die Notwendigkeit einer Erwerbsmigration.

Im November 2015, als auf dem Kanal 1+1 täglich zur besten Sendezeit die Serie *Diener des Volkes* zu sehen war, begannen Millionen Ukrainer Zeilen des heiteren Liedes vor sich hin zu singen, das jede Folge eröffnete:»Ich liebe mein Land, ich liebe meine Frau, ich liebe meinen Hund ...« Einfache Zeilen, leicht zu wiederholen. Die Erzählung von dem Helden aus dem Volk, dem bescheidenen Geschichtslehrer Wasyl Holoborodko, der in einem Wohnblock zusammen mit seinen Eltern, seiner Schwester und seiner Nichte wohnt, der Präsident wird und das Land verändern möchte, sahen sich Massen von Ukrainern an.

Und sie beginnt so: In den Geschichtsunterricht von Holoborodko platzt ein anderer Lehrer herein und befiehlt den Schülern, Wahlprogramme zu verteilen. Holoborodko packt die Wut und er lässt eine Tirade los:»In diesem Land wird es immer so weitergehen, weil Politiker gewählt werden, die nur eine Art der Mathematik beherrschen: wie man das eigene Geld vermehrt!«

Die wütende Beschimpfung, die mehr vulgäre Ausdrücke enthält als andere Worte, beendet er mit der Forderung, in einem Staat solle es so sein, dass ein Lehrer lebe wie der Präsident und der Präsident wie ein Lehrer.

Einer der Schüler von Holoborodko filmt mit dem Handy die Schimpftirade und postet sie in den sozialen Medien. In der Schule kommt es zum Skandal, der Lehrer fürchtet, entlassen zu werden, aber das Video wird im Netz x-fach geteilt und erreicht ein Publikum von vielen Millionen, es gibt viele unterstützende Kommentare. Jemand bringt Holoborodko als potenziellen Präsidentschaftskandidaten ins Spiel, und die Schüler sammeln mittels eines Crowdfundings zwei Millionen Hrywnja, die man benötigt, um einen Kandidaten bei der Wahlkommission zu registrieren. Ohne einen blassen Schimmer davon zu haben, wird Holoborodko zum Präsidenten gewählt.

»Über die Szene in der Schule hat sich das ganze Team der Drehbuchautoren den Kopf zerbrochen«, berichtete später Andrij Jakowlew, einer der Manager von Kwartal 95. »Und alle kamen zu einem ähnlichen Schluss. Diese Szene war notwendig, weil ohne sie niemand geglaubt hätte, dass man Holoborodko wählen kann.« Die Episode in der Schule brachte all das zum Ausdruck, was die gewöhnlichen Ukrainer dachten. Selenskyj und seine Mitarbeiter sagten, die Idee zu der Serie stamme nicht allein von ihm: In jener Zeit hätten alle gespürt, dass man die Stimme erheben müsse für das Land.

»Wir haben eine Serie gemacht über das, was im Prinzip täglich an jedem Küchentisch besprochen wurde. Aber diese Stimmen hört man nicht. Wir haben diese Küchengespräche auf den Bildschirm geholt. Möge Gott dafür sorgen, dass die Politiker die Worte von *Diener des Volkes* hören«, sagte Stepan Kasanin, einer der Schauspieler, nach den Aufnahmen für die erste Staffel. Selenskyj gestand, dass er das, was Holoborodko über jene Menschen denkt, die die Macht haben, oft selbst zu verschiedenen Anlässen geäußert habe.

Die Serie macht sich insbesondere über die Verbindungen zwischen den Regierenden und den Oligarchen, über Vetternwirtschaft und Korruption lustig. Auf einer Schautafel, die die wichtigsten Minister und Beamten zeigt, zeichnen Holoborodkos Leute die Linien der familiären, geschäftlichen, gesellschaftlichen und bestechungsmäßigen Verbindungen nach. Es entsteht so ein wahres Spinnennetz.

In einer anderen Szene – in der zweiten Staffel der Serie – entledigt sich Holoborodko aller korrupten alten Minister und trifft sich mit den neuen, die ihm die Verwaltung zugeteilt hat. Auf der Kabinettssitzung sind nur junge Leute anwesend. Präsident Holoborodko ist zunächst zufrieden, dass er so junge Minister hat, mit denen er einen modernen Staat errichten kann, aber dann bemerkt er, dass auf den Tafeln vor ihnen die alten Nachnamen stehen.

»Warum?«, fragt er seinen Berater.

»Das sind die Kinder der Vorgänger«, antwortet der Beamte.

»Und ihre Berater?«, möchte der Präsident wissen.

»Das sind Cousins.«

»Und die Berater der Berater sind auch Verwandte?«, versucht er zunehmend irritiert zu begreifen.

»Nein, das sind Schulfreunde.«

Selenskyj sagte in einem von Studio Kwartal 95 aufgenommenen Programm, die Serie *Diener des Volkes* sei das wahre Leben in eine Komödie gepackt. Wobei die Ukrainer sie anders empfänden als Menschen von außerhalb. Das, was Fremde lustig fänden, löse bei einem Zuschauer in der Ukraine eher bittere Tränen aus.

Diener des Volkes ist schwungvoll aufgezogen und sicherlich mit einem großen Budget produziert. Für den Film wurden die besten Komödien- und Theaterschauspieler aus der ganzen Ukraine engagiert. Solche, die einen großen Sinn für Humor haben, Szenen in Komödien zu spielen verstehen und in ihre Darbietungen eigene Überlegungen zu ihren Figuren einfließen lassen.

Die Macher der Serie waren der Meinung, das Drehbuch für die nächsten Folgen müsse fortlaufend geschrieben werden. Die Handlung stand in groben Zügen fest, aber sie wollten auch auf aktuelle Ereignisse reagieren. Und während in einer Halle die Szenen für den Film gedreht wurden, schrieb in der Nachbarhalle eine Gruppe von Autoren das Drehbuch für den nächsten Drehtag.

Selenskyj tauchte oft schon bei Tagesanbruch am Set auf. Manchmal begannen die Aufnahmen um vier Uhr früh und dauerten bis 23 Uhr. Die Kollegen nannten ihn ein »Arbeitstier« oder »Selenij«, den »Grünen«, abgeleitet von seinem Namen.

»Wenn der Grüne auf den Plan tritt, springen alle an ihren Platz«, sagten sie.

Selenskyj erzählte selbst einmal, es sei ihm wichtig, dass die Rollen von den Schauspielern nicht gespielt wurden, sondern gelebt. »Man muss sich mit seiner Figur identifizieren. Manche sagen, dass sie auch dann spielen können, wenn sie den Helden nicht mögen. Von wegen.«

Oleksij Kiriuschtschenko, der Regisseur von *Diener des Volkes*, war beeindruckt davon, wie Selenskyj spielte. »Wolodja ist ein Workaholic. Und er hat außergewöhnliches Talent. Im Prinzip beginnt er sofort zu spielen. Ab einem gewissen Punkt schaltet er einfach um, und alles gelingt ihm.«

So wie in der berühmten Szene aus der ersten Staffel der Serie, als Holoborodko/Selenskyj als neu gewählter Präsident zum ersten Mal zu den Abgeordneten im Parlament spricht. Bei dieser Szene ist es schwierig zu unterscheiden, ob sie ein Schauspieler spielt oder ein richtiger Politiker eine Rede hält.

»Ihr, Diener des Volkes, wisst bestens, was Demokratie ist. Aus dem Griechischen stammend, bedeutet dieses Wort demos-kratos – Volks-Herrschaft. Nicht andersrum, nicht kratos-demos, nicht die Herrschaft steht über dem Volk, sondern das Volk über der Herrschaft«, beginnt Holoborodko und knüpft damit an seinen Beruf als Geschichtslehrer an, während die Abgeordneten wie gebannt dasitzen. »Die Herrschaft in unserm Land gebührt also dem Volk. Und das Volk hat euch und mich zur Arbeit angestellt. Sagt mir also, warum ich es mir als einfacher Geschichtslehrer nicht einmal leisten kann, mir eine Chruschtschowka zu kaufen [eine Wohnung in einem billigen Wohnblock aus der Chruschtschow-Ära], aber ihr, meine Untergebenen, lebt in wunderschönen Residenzen? Kommt euch das nicht komisch vor? Bin nur ich der Meinung, dass da etwas nicht in Ordnung ist? Ist das denn normal? Schließlich seid ihr doch die Diener des Volkes! Hat jemand schon irgendwo gesehen, dass die Diener besser leben als ihre Herren? Oder dient ihr vielleicht nicht den richtigen Herren? Dient ihr statt dem Volke vielleicht den Oligarchen? Wollt ihr wirklich nichts Gutes für dieses Land tun?«, fragt Holoborodko leidenschaftlich und vorwurfsvoll zugleich. Er schließt seine Ansprache mit Gesetzesvorschlägen, die zu Einsparungen im Staatshaushalt führen und ermöglichen sollen, Geld für die ausstehenden Gehaltszahlungen der Lehrer bereitzustellen. Am Schluss fügt er etwas hinzu, das er an die gesamte politische Klasse adressiert: »Und jetzt könnt ihr euch weiter streiten. Falls ihr nichts Besseres zu tun habt.«

Diese Rede musste von den Zuschauern als politisches Programm aufgefasst werden. Mit Sicherheit identifizierte sich die Mehrzahl mit seinen Worten.

Der Regisseur Oleksij Kiriuschtschenko erzählte, dass für die Aufnahme dieser Szene 250 Schauspieler aus der Ukraine eingestellt wurden, die als Abgeordnete im Saal der Werchowna Rada saßen. »Ich bat sie darum, ihm nicht während der Szene zu applaudieren. Ich musste fünf Aufnahmen machen. Nach der fünften hielten sie es nicht mehr aus, Selenskyj nicht Beifall zu klatschen«, erzählte er in einem Film, der nach Ausstrahlung der ersten Staffel von *Diener des Volkes* aufgenommen wurde. Und er ergänzte, Selenskyjs Monolog hätte geradezu wie die Verkündung eines politischen Programms geklungen.

»Er kam zu den Aufnahmen, übte seine Rolle. Ich verstehe, dass er seine eigenen Überlegungen zur Situation im Land hatte, er liebte dieses Land und sprach offen aus sich heraus. Das war mehr als Schauspielerei. Er ist einfach ein geborener Redner. Nicht nur Künstler, sondern auch ein Redner. Das ist uns gut gelungen, dass die Hauptrolle in dieser Serie von einer Persönlichkeit dargestellt wird, die mehr ist als ein Schauspieler«, sagte der Regisseur in dem Film über das Studio Kwartal 95.

Schon nach der ersten Staffel von *Diener des Volkes* war klar, dass das keine gewöhnliche Unterhaltungsserie ist, keine Sitcom, sondern eine wichtige Stimme zu den Dingen, die im Land vor sich gingen.

»*Diener des Volkes* ist für diejenigen, denen nicht alles egal ist«, sagte die Schauspielerin Olena Krawez nach den Aufnahmen zur ersten Staffel. Und der Regisseur Oleksij Kiriuschtschenko ergänzte:»Das Sprichwort, jedes Volk habe die Regierung, die es verdiene, ist wahr. Und dass die Leute jetzt – dank dem Film – beginnen, ihre Stimme zu erheben, ist gut. Es ist besser, sich zu unterhalten, als zu schweigen. Man muss sprechen. Und wir sprechen.«

Selenskyj selbst fügte später hinzu, dass all das, was in der Serie *Diener des Volkes* zum Ausdruck komme, jene Prinzipien und moralischen Werte widerspiegele, die ihm selbst wichtig seien.

Die Ukrainer fühlten das. Sie sahen sich die Serie an und träumten davon, es würde Wirklichkeit werden. Sie sahen, dass der Film ihre Bedürfnisse, ihre Gedanken ausdrückte.

»Wir wollten so einen Präsidenten haben wie in der Serie«, sagt Andrij Zaslawski.»In dem Film wurde ein einfacher Lehrer gezeigt, dem es gelang, das Land zu reformieren. Ich würde das wirklich gern in echt sehen! Ich möchte immer noch so einen Präsidenten. So eine Regierung, solche Abgeordnete und Beamte auf allen möglichen Ebenen. Man kann sagen, das ist mein Wunschtraum. Und nicht nur meiner, sondern der von der entschiedenen Mehrheit in der Ukraine. Davon bin ich fest überzeugt!«

Politik

In den nächsten Staffeln von *Diener des Volkes* – es gab drei – ist die Message an die Gesellschaft noch deutlicher.

Die zweite Staffel der Serie wurde gegen Ende 2017 ausgestrahlt, also zwei Jahre nach der ersten. Und sie lief ebenfalls täglich zur besten Sendezeit bei dem Sender 1+1 um 21 Uhr.

Dort sieht man den Widerstand der alten politischen Klasse und der Oligarchen gegen den Reformpräsidenten, man sieht die Schwäche der Politiker und die Anfälligkeit für Korruption. Man sieht auch direkte Appelle, ein politisches Programm.

Die dritte Staffel, die 2019 erschien, direkt vor den Präsidentschaftswahlen, ist im Prinzip ein politisches Manifest. Selenskyjs
Konkurrenten bei der Wahl forderten damals erfolglos, die Ausstrahlung von *Diener des Volkes* als Teil des Wahlkampfes auszu-
setzen. Die unabhängige Organisation »Wählerkomitee der Ukraine« erklärte, für die Ausstrahlung dieses Teils der Serie während
des Wahlkampfes sollte Selenskyjs Stab bezahlen wie für Wahlwer-
bung. Und vielleicht hatte sie recht. Der Filmpräsident Holoborodko verkündete Parolen, die die Wähler als Programm des Präsidentschaftskandidaten Selenskyj auffassten: »Wir dürfen keine
talentierten jungen Menschen verlieren. Sie sind unser größter
Nationalschatz. Ich möchte ein Innovationsjahr in der Ukraine
verkünden, ein Jahr der neuen Technologien und Start-ups. Nicht
die Talentierten sollen das Geld suchen müssen, sondern das Geld
die Talente. In unserem Land muss alles gemacht werden, um ideale Bedingungen zur Realisierung ihrer Ideen und Projekte zu
schaffen«, sagt Holoborodko in der dritten Staffel der Serie.

Er spielt auch auf überkommene Spaltungen innerhalb der
ukrainischen Gesellschaft in Bezug auf Herkunft oder Sprache an:
»Es ist nicht von Bedeutung, woher wir kommen oder welche
Sprache wir sprechen. Osten, Westen. Wir sind ein Land. Wir alle
sind Ukrainer. Und wenn wir ein Land sein wollen, müssen wir
lernen, gemeinsam zu leben.«

Ist das noch Film oder schon politisches Programm? Die
Schauspieler der Serie sagten, es wäre gut, wenn die Message des
Films bei den ukrainischen Politikern ankäme. Und zweifellos ist
sie dort angekommen. Übrigens nicht nur bei ihnen. Wenn viele
Ukrainer gern einen Präsidenten hätten wie Holoborodko, ge-
spielt von Selenskyj, kann dann Selenskyj diese Träume nicht auch
Wirklichkeit werden lassen?

Die Serie *Diener des Volkes* markiert ohne Zweifel eine Zäsur
im Leben und in der Karriere von Wolodymyr Selenskyj. Auch
wenn er sich weiterhin künstlerisch und in seinem Unterhaltungs-

business betätigte, begann Selenskyj sich in einen Player auf der politischen Bühne der Ukraine zu verwandeln.

Er selbst hat immer wieder bestritten, dass die Serie mit dem Gedanken an eine künftige Kandidatur bei der Präsidentschaftswahl oder überhaupt an einen Eintritt in die Politik verbunden war. Doch schon wenn man sich die ersten Folgen ansieht, gewinnt man stark den Eindruck, dass es sich nicht nur um Satire über Politiker und das Aufzeigen einer alternativen Realität handelt – wie die Ukraine aussehen könnte, wenn sie von einem guten Präsidenten regiert würde –, sondern ebenfalls um die Vorstellung eines politischen Programms. Den Medien zufolge soll Selenskyj im Jahr 2016 ein erstes politisches Angebot erhalten haben – eine Kandidatur als Bürgermeister der Stadt Dnipro, die zu jener Zeit noch Dnipropetrowsk hieß. Damals lehnte er ab.

»Er sagte, er wolle kein Schaf aus dieser alten Herde sein«, erinnerte sich Kolomojskyj in einem Interview für den russischen Fernsehsender RBK.

Mit der Zeit wurde sein Wechsel in die Politik jedoch immer realer. Ihor Kolomojskyj meinte, es sei möglich, dass Selenskyj an ein politisches Projekt gedacht habe, als er das Drehbuch für die erste Staffel von *Diener des Volkes* entwickelte. »Ich vermute, dass er schon die Idee hatte zu kandidieren, als er die Aufnahmen für die Serie und das Drehbuch plante. Das war 2013 oder 2014, denn die Serie kam 2015 heraus«, sagte Kolomojskyj in dem Interview für RBK, als Selenskyj Präsident wurde.

Ob das tatsächlich so war, lässt sich schwer feststellen. Mit großer Sicherheit machte sich Selenskyj jedoch in jenen Jahren Gedanken über die politische Situation. Als *Diener des Volkes* erschien, war das Land immer noch nicht über den russischen Angriff hinweg; er hatte gezeigt, wie schwach der ukrainische Staat damals war: nicht nur politisch, sondern auch militärisch. Selenskyj dachte bestimmt über die Zukunft nach, darüber, in was für einem Land seine Kinder leben werden. Davon hat er selbst in Interviews gesprochen. Er wünschte sich für sie ein modernes Land nach westlichem Vorbild, das jungen Menschen eine Chance bietet und nicht nur Pässe, damit sie fortgehen, um im Ausland Geld zu verdienen.

In einer der Schlussszenen der letzten Staffel von *Diener des Volkes* sehen wir eine Ansprache von Präsident Holoborodko: »Wir können dieses Land verändern, unsere Unabhängigkeit bewahren, seine Schulden begleichen, damit wir niemals eine zweitrangige Nation sein werden. Im Namen der Zukunft unserer Kinder und Enkel. Falls uns das nicht gelingt, werden wir dennoch ein reines Gewissen haben: Denn wir haben es zumindest versucht.« Klingt das nicht nach Wahlprogramm?

5 »ICH KANDIDIERE ALS PRÄSIDENT«

Von der Silvesternacht bis zum Tag des Wahlsiegs

IN DIESEM KAPITEL

Es gab wohl nicht den einen entscheidenden Moment, in dem er beschloss zu kandidieren. Es war eher ein Prozess und die Überzeugung, dass er der Herausforderung gewachsen ist. So wie der von ihm gespielte, anfangs verlorene Lehrer, der sich in einen Staatsmann verwandelt.

Wann er seine Entscheidung zur Kandidatur bekannt gibt, wurde von ihm sorgfältig geplant und in Szene gesetzt, genau wie seine Filmarbeit. Die Bekanntgabe wurde zu Silvester im Fernsehen übertragen, wenige Minuten vor Mitternacht. Am darauffolgenden Tag haben alle nur noch darüber gesprochen.

Im Wahlkampf präsentierte er sich als einer aus dem Volk, in Opposition zur ungeliebten politischen Klasse. Er vermied Äußerungen in den Medien, kontrollierte die Kommunikation. Er war Debütant in der Politik, aber er kannte die Regeln des Spiels.

Das finale Duell fand im Olympiastadion statt. Die Wahl des Ortes hatte Selenskyjs Stab getroffen. Für den Kandidaten, den das Publikum ansporte und der *Gladiator* als einen seiner Lieblingsfilme bezeichnete, war das der richtige Schauplatz.

Es ist der Silvesterabend 2018. Die Leute vergnügen sich auf Partys oder verbringen den Abend zu Hause und sehen sich Unterhaltungsprogramme im Fernsehen an. Nur noch wenige Minuten sind es bis Mitternacht, bis zum Beginn des neuen Jahres 2019, in dem die Präsidentschaftswahlen stattfinden sollen. Alle ukrainischen Fernsehsender unterbrechen das Programm, um die kurzen, gewöhnlich stereotypen Neujahrsglückwünsche des Staatsoberhauptes auszustrahlen.

Der Kanal 1+1 unterbricht ebenfalls das Programm – die Kabarettsendung *Kwartal am Abend*. Hier wartet jedoch eine gewaltige Überraschung. Zur Verblüffung der Zuschauer erscheint anstelle des Präsidenten Wolodymyr Selenskyj auf dem Bildschirm. Und er ist es auch, der eine kurze Ansprache an die Fernsehzuschauer hält. Er spricht nicht wie ein großer Würdenträger, sondern wie ein guter Bekannter, er trägt keinen Anzug, sondern ein weißes Hemd mit hochgekrempelten Ärmeln:

»Liebe Freunde, in wenigen Minuten begrüßen wir das neue Jahr, und ihr seht die Fortsetzung des *Kwartals am Abend*. Aber jetzt möchte ich euch ganz aufrichtig etwas von mir sagen, als Wolodymyr Selenskyj. Heute hat jeder von uns in der Ukraine drei Wege zur Auswahl. Der erste: so leben, wie du lebst, sich um die Alltagsdinge kümmern – und das ist normal. Der zweite: den Koffer packen und ins Ausland gehen, um Geld zu verdienen und es den Lieben zu schicken. Das ist auch normal. Es gibt aber auch einen dritten Weg: selbst versuchen in der Ukraine etwas zu verändern. Und genau diesen Weg habe ich für mich gewählt. Seit Langem werde ich gefragt: ›Kandidierst du? Du kandidierst nicht?‹ Ich wollte nicht sein wie unsere Politiker, etwas versprechen und nicht Wort halten. Deshalb verspreche ich euch jetzt etwas, wenige Minuten vor dem neuen Jahr, und setze es sofort in die Tat um. Liebe Ukrainer, ich verspreche euch, dass ich als Präsident der Ukraine kandidiere. Und ich erfülle sofort mein Versprechen: Ich kandidiere als Präsident der Ukraine. Ich stelle mich zur Wahl.

Kommt, lasst uns das gemeinsam machen! Auf das neue Jahr. Auf den neuen Diener des Volkes.«

Für die gewöhnlichen Ukrainer war das eine gewaltige Überraschung, und die politische Klasse war konsterniert. Ein Teil nahm es als weiteren Scherz des bekannten Kabarettisten auf. Seit die Serie *Diener des Volkes* lief, wurde gemunkelt, dass Selenskyj – der Holoborodko aus dem Film – Ambitionen auf das Präsidentenamt haben könnte. In den Umfragen, in denen er als potenzieller Kandidat auftauchte, schnitt er nicht schlecht ab, doch damals gab man ihm keine Chance zu gewinnen. Die alten Hasen der Politik meinten, die Kandidatur Selenskyjs – eines Schauspielers und Clowns, wie er verächtlich genannt wurde – sei ein absolutes Missverständnis.

Ähnlich dachten viele Ukrainer.

»Als bekannt wurde, dass Selenskyj kandidieren wird, wurde das bei mir – im Westen der Ukraine, wo der konservativere Teil der Gesellschaft mit stark ukrainisch-patriotischen Einstellungen lebt – sogar mit Hohn aufgenommen, mit dem Gefühl, da sei etwas durcheinandergeraten. Die Leute hatten den Eindruck, da habe sich jemand geirrt, möchte in einer anderen Kategorie antreten als der, zu der er gehört«, erzählte Wojciech Jankowski, der Chefredakteur des *Nowy Kurier Galicyjski* (Neuer Galizischer Kurier) aus Lwiw.

Doch vom Morgen des 1. Januar 2019 an, als die Menschen nach den nächtlichen Partys erwachten, machte die Nachricht des Tages in der Ukraine die Runde. Und Selenskyj hatte es nie ernster gemeint als an jenem Silvesterabend.

Vor der Entscheidung

Bevor er aber beschloss zu verkünden, dass er bei der Wahl an den Start geht, legte er einen weiten Weg zurück und hatte manchen Zwiespalt zu überwinden.

Im Jahr 2016, also ungefähr ein Jahr nachdem die erste Staffel von *Diener des Volkes* angelaufen war, hielt sich Selenskyj in Odessa auf. Abends schwimmen die historischen Gebäude und Paläste der Stadt am Meer in grünem Licht, die Straßenlaternen erzeugen eine magische Stimmung. In der Gegend vom Hafen und der Altstadt, nahe der berühmten Potemkinschen Treppe, gibt es viele nette Restaurants. In einem davon kam es zu einer Begegnung, die für die Zukunft Wolodymyr Selenskyjs richtungsweisend werden sollte.

Andrij Bohdan rief ihn an, der Rechtsanwalt und Vertreter des Oligarchen Ihor Kolomojskyj, dem der Fernsehsender 1+1 gehörte. Seit vielen Jahren produzierte Studio Kwartal 95 für den Sender Programme und Filme, unter anderem *Diener des Volkes*. Als Selenskyj mit Kolomojskyj Vertragliches und die Grundlagen der Zusammenarbeit mit dem Sender besprach, muss Bohdan zumindest bei manchen Gesprächen dabei gewesen sein. Er war es, der Selenskyj ein Jahr zuvor zur Kandidatur in der Stadt Dnipropetrowsk überreden wollte. Er hatte auch Erfahrung aufgrund seiner Arbeit für viele frühere Staatsoberhäupter der Ukraine. Bei vorhergehenden Präsidentschafts- und Parlamentswahlkämpfen hatte er bereits für verschiedene Kandidaten gearbeitet. Nun versuchte er Selenskyj zu einer vollkommen neuen Rolle zu bewegen, nicht auf dem Bildschirm, sondern im Leben.

Den Verlauf jenes Gesprächs in Odessa hat Andrij Bohdan im Gespräch mit Dmytro Gordon geschildert.

»Ich rief Selenskyj an: ›Ich habe ein Anliegen.‹«

»Ich bin in Odessa. Komm her, dann unterhalten wir uns«, antwortete der.

Sie gingen in ein Restaurant. Bohdan, ein alter Hase, der die ukrainische Politik in- und auswendig kennt, schlug vor, Selenskyj solle bei der Präsidentschaftswahl antreten.

»Mit der Serie *Diener des Volkes* hast du den Menschen Hoffnung gegeben. Wenn du es jetzt nicht einmal versuchst, werden sie enttäuscht sein: Sie müssen noch eine Enttäuschung hinnehmen. Falls du nicht gewinnst, wird dir niemand die Schuld dafür geben, aber wenn du es nicht einmal probierst, dann schon. Ich selbst werde enttäuscht sein«, versuchte Bohdan ihn zu überzeugen. Selenskyj hörte ernst zu. »Ich glaube, dass ihn meine Worte beeinflusst haben«, sagte Bohdan später.

Sie sprachen lange. Bohdan erklärte Selenskyj, falls er sich dazu entschließen würde, sich um das Amt des Präsidenten zu bewerben, brauche er eine Basis, eine politische Plattform, in deren Namen er kandidiere. Selenskyj sagte damals weder Ja noch Nein. Er musste das alles erst bedenken, vor allem aber für sich entscheiden, ob er das wirklich machen wolle. Ob er dem gewachsen war. Er war kein Politiker, und ihm fehlte die entsprechende Erfahrung. Er musste die Sache auch zuerst mit seiner Frau diskutieren, mit der Familie – mit ihr besprechen, wie ihr weiteres Leben aussehen sollte. Was war mit den Kindern? Es erwarteten ihn auch viele Gespräche mit den Mitarbeitern und Freunden vom Kwartal 95. Schließlich war die Firma sein Werk, und er war nicht nur deren Mitinhaber, sondern ihr Gesicht und befreundet mit vielen Schauspielern des Ensembles. Falls er antrat, was wurde dann aus Kwartal? Damals, im Jahr 2016, entschied er sich noch gegen eine Kandidatur.

Nichtsdestotrotz war nach dem Gespräch mit Bohdan klar, dass das Angebot ernst gemeint war und sich bei Bedarf das Geld für den Wahlkampf finden lassen würde.

Selenskyj erzählte seiner Frau Olena von dem Gespräch. Ihr Sohn Kyrylo war damals fast drei Jahre, und die Tochter Oleksandra kam gerade in die Pubertät.

»Ich war kategorisch dagegen«, sagte Olena Selenska später. »Alles hätte sich geändert, das wäre sehr schwierig für uns geworden.« Ihr ging es vor allem um die Familie. Ihr Mann, der im Showbusiness arbeitete, hatte nicht viel Zeit für sie. Die Proben, Aufnahmen, Beratungen, Tourneen – die Kinder sahen ihn nur selten. Während des Wahlkampfes und nach einem eventuellen Wahlsieg wäre es noch komplizierter geworden. Olena meinte auch, dass Wolodymyr, der keine politische Erfahrung hatte, zu einer leichten Beute für die Berufspolitiker und während des brutalen Wahlkampfes auch die ganze Familie in den Dreck gezogen werden würde. Selenskyj, der immer wieder betonte, dass er bei den wichtigsten Entscheidungen auf seine Frau höre, sagte diesmal weder, dass er antritt, noch, dass er darauf verzichtet. Aber er holte sich auch Rat bei seinen Eltern.

Im Gespräch mit dem Fernsehsender Hromadske erzählte Selenskyjs Mutter, dass sie ihren Sohn von der Idee abbrachten, zu kandidieren.

»Wowa, das brauchst du überhaupt nicht«, sagten sie. »Du musst dich da nicht reinstürzen, in diesen Sumpf. Im Fernsehen sieht man, wie sie mit Dreck um sich werfen. Dann wird es nur ständig Angriffe geben.«

Wolodymyr beherzigte die Ratschläge, aber im drauffolgenden Jahr, 2017, war er immer noch unentschlossen, ob er antritt. Er sagte das niemandem. Doch er verhielt sich so, dass er sich die Möglichkeit einer Kandidatur zumindest offenhielt.

Selenskyj hat das nie bestätigt, aber ukrainische Journalisten und Politiker waren davon überzeugt, dass hinter dem Angebot der Kandidatur zum Präsidenten der Oligarch Ihor Kolomojskyj steckte. Allein die Tatsache, dass sein Rechtsanwalt – Andrij Bohdan – ihm diese Idee in Odessa unterbreitete, schien alles zu erklären. Auch Kolomojskyj wird später in Interviews andeuten, dass er Selenskyj zur Teilnahme am Wettkampf um die Präsidentschaft überreden wollte. So sagte er es unter anderem dem russischen Infokanal RBK.

»Darüber habe ich mit Selenskyj 2017 gesprochen, als die zweite Staffel der Serie *Diener des Volkes* anlief«, sagte Kolomojskyj. »Aber damals zögerte er immer noch.« Der Oligarch war auch überzeugt, dass Selenskyj schon während der Aufnahmen für die erste Staffel von *Diener des Volkes*, also im Jahr 2014, die Vision einer Präsidentschaft in den Sinn gekommen ist. Selenskyj hat das nie bestätigt.

Am 2. Dezember 2017 gründete Selenskyj eine Partei mit demselben Namen wie der Titel der Serie: *Diener des Volkes*. Der erste Vorsitzende der Partei wurde Selenskyjs Freund Iwan Bakanow, damals Chef von Studio Kwartal 95. Offiziell hieß es, die Partei sei gegründet worden, damit sich keine politische Kraft diese Bezeichnung aneignet und politisch instrumentalisiert, doch in Wirklichkeit war es eine der Bedingungen, die Andrij Bohdan Selenskyj in Odessa genannt hatte, um für die Präsidentenwahl an den Start gehen zu können: die Schaffung einer politischen Basis. Ein Jahr vor der Wahl, im Frühling 2018, hatte Selenskyj seine Entscheidung bezüglich einer Kandidatur immer noch nicht mitgeteilt – weder seiner Familie noch öffentlich. Doch er war damals schon geneigter denn je.

Genau zu dieser Zeit entstand die dritte Staffel von *Diener des Volkes*. Sie sollte Anfang 2019 anlaufen, also auf der Zielgeraden des Präsidentschaftswahlkampfes. Vorab gab es sehr vielsagende Trailer dieser Staffel. Ein Trailer spielte auf einer Beerdigung und zeigte eine Ansprache des Film-Präsidenten Holoborodko am Sarg eines Politikers, der die politische Klasse der Ukraine symbolisierte. Holoborodko erwähnt die »Leistungen« des Verstorbenen, dazu zählten unter anderem das Abzweigen von Geldern aus der Staatskasse oder das »Aushandeln« so hoher Gaspreise, dass das Geld nicht ausreichte, um seine Leiche im Krematorium einzuäschern. »Du bist gestorben, damit wir leben können«, bedankt er sich am Schluss, und das Orchester beginnt einen fröhlichen Marsch zu spielen.

Die Aussage war deutlich: Die alte Politik stirbt, um einer neuen, von Selenskyj symbolisierten Platz zu machen. Die Fehler der alten politischen Klasse hatten zur Folge, dass – sozusagen »dank« ihnen – jemand ganz Neues ohne schmutzige Hände auftauchen musste, jemand wie Selenskyj. Und auf diese Signale – der Opposition zum System und der alten, korrupten politischen Klasse – baute Selenskyj seine Wahlkampagne auf.

Mitte 2018 wussten die Familie – seine Frau, die Kinder und Eltern – sowie die Freunde vom Kwartal 95 schon, dass Wolodymyr Selenskyj höchstwahrscheinlich bei der Wahl antreten würde. Anstatt sich zu widersetzen, unterstützten sie den Wahlkampf, während Wolodymyrs endgültige Entscheidung immer noch ausstand. Sie glaubten nicht daran, dass er gewinnen könnte, aber sie kannten seine Entschlossenheit. Die zeigte sich nun unter anderem darin, dass Selenskyj begann, sein Ukrainisch zu perfektionieren.

Nachhilfeunterricht erteilte ihm auch seine Frau. In der Schule hatte er nicht die besten Noten in diesem Fach. Es war ihm jedoch klar, dass nach dem russischen Angriff ein russisch sprechender Kandidat bei der Wahl nur geringe Chancen haben würde. Davon, wie wichtig die Frage der Sprache für die Ukrainer ist, zeugt, dass die Verabschiedung eines Gesetzes zur Förderung der ukrainischen Sprache und die schrittweise Zurückdrängung des Russischen seit der Zeit des Euromajdan, der Revolution der Würde im Jahr 2014, intensiv diskutiert wurde. Im April 2019, noch während der Präsidentschaft von Petro Poroschenko, verabschiedete das Parlament das Gesetz »Über die Gewährleistung der ukrainischen Sprache als Staatssprache«, um die Verwendung der ukrainischen Sprache gegenüber der russischen zu stärken, die von einem bedeutenden Teil der Bevölkerung gesprochen wird. Insbesondere von denen, die aus dem Osten stammen wie Selenskyj.

Gab es einen entscheidenden Faktor, der ihn dazu getrieben hat, bei der Wahl anzutreten? Es scheint, als habe Selenskyj gespürt, dass er sich in all den Jahren, in denen er sein Business aufbaute, als Mensch verändert hatte und reifer geworden war.

»Im Film verwandelt sich Holoborodko von einem desorientierten Menschen in einen harten Präsidenten. In mir ist auch so eine Veränderung vor sich gegangen. Ich kann hart sein«, sagte er in einem Interview.

Als er die Unterstützung seines engsten Kreises spürte, begann er sich ernsthaft auf den Wahlkampf vorzubereiten. Gleichzeitig arbeitete er ohne Unterlass und ging mit auf Tournee. Bei einer seiner Reisen, am 14. Dezember 2018, spielte er den berühmten kurzen Film ein, der zwei Wochen später zur Überraschung des ganzen Landes ausgestrahlt wurde.

»Er hat sehr lange gezögert. Ich glaube, dass er die endgültige Entscheidung für die Kandidatur erst an jenem Tag, dem 31. Dezember, getroffen hat«, wird Andrij Bohdan später sagen.

Wahlkampf

Als das ganze Land noch über den neuen Kandidaten diskutierte, der den bisherigen Präsidenten Petro Poroschenko und die andere starke Kandidatin – die Heldin der Orangen Revolution Julija Tymoschenko – herausforderte, hatte Selenskyjs Team schon einen fertigen Plan für den Wahlkampf. Es sollte eine ganz andere Wahlkampagne werden als die seiner Rivalen. Sie sollte hauptsächlich im Internet, in den sozialen Medien stattfinden und Selenskyjs Vorteile ausschöpfen – sein schauspielerisches Talent und seine Fähigkeit, ein Narrativ zu erschaffen.

»Selenskyj stellte sich vor allem als einer aus dem Volk dar, als jemand wie seine Wähler, das Gegenteil der ungeliebten politischen Klasse. Er gab sich natürlich, da waren keine Barrieren zwischen ihm und den Menschen«, sagte Michał Kacewicz, der den Wahlkampf in der Ukraine beobachtet hat. »Er vermied auch unmittelbare Äußerungen in den Medien, es gab nicht viele Auftritte und Interviews. Er griff die von den Konkurrenten forcierten Themen nicht auf, sondern hatte seine eigene Botschaft.«

Wolodymyr Selenskyjs Lager war bewusst, dass ihm die politische Erfahrung fehlte und dass das im Kampf mit den anderen

Kandidaten ein Nachteil sein konnte. Der Plan berücksichtigte das, ein großer Teil des Wahlkampfes fand deshalb auf Social-Media-Portalen statt. In Selenskyjs Stab arbeiteten 500 Personen – darunter viele junge Freiwillige. Sie brachten Energie mit und waren mit den digitalen Medien vertraut. Es entstanden spezielle Abteilungen für den Kontakt zu den ukrainischen und ausländischen Journalisten und für die Betreuung der sozialen Medien. Gleichzeitig richtete sich Selenskyj mit seinen Botschaften an die jungen Menschen. Er versicherte, dass er in der Ukraine den Sektor der neuen Technologien entwickeln werde, damit die jungen und begabten Menschen im Land bleiben und angemessen verdienen können, anstatt Arbeit im Ausland zu suchen, für die sie oft überqualifiziert sind.

Der Mangel an politischer Erfahrung und dass er nicht in die Geschäfte der alten politischen Klasse verwickelt war, waren einerseits Selenskyjs Stärke, andererseits seine Schwäche. Die Freunde vom Kwartal 95 konnten ihm helfen, Filmdrehbücher und die Texte seines Helden zu schreiben – das machten sie hervorragend, schließlich waren sie Profis –, aber mit Politik waren sie ebenfalls nicht vertraut.

Andrij Bohdan, der Selenskyj 2016 in Odessa eine Kandidatur vorgeschlagen hatte und der nun in seinem Stab war, kannte die ukrainische Politik in- und auswendig. Er sah, dass Selenskyjs Leute vom Kwartal 95 keinen blassen Schimmer davon hatten.

»Als wir im Frühjahr 2019 begannen, uns ernsthaft zu unterhalten, da waren ihre Kenntnisse in diesem Bereich … nun, noch nicht mal bei null, sondern darunter. Sie drehten Filme zu dem Thema, aber hatten absolut keine Ahnung, wie das in Wirklichkeit vor sich geht«, erzählte er Dmytro Gordon. »Sie versuchten Helfer anzustellen, aber viele redeten Unsinn. Manchmal konnte ich das nicht mehr ertragen. Ich bin sehr emotional. Wenn Leute dasitzen und Blödsinn reden, stehe ich auf und erkläre: ›Jungs, das ist Murks. Ich habe Energie, Kreativität und auch Zeit investiert. Was tue ich hier?‹«

Deutlich später warnte auch Aleksander Kwaśniewski, der im Rahmen der Initiative YES – Yalta European Strategy –, die ehemaligen Staatsmänner aus Europa zusammenbrachte, Selenskyj vor der Welt der Politik, als er sich im Frühjahr 2019 mit ihm in Kyjiw traf: »Hör mal, du musst dir merken, dass es viel leichter ist, Witze über Politik zu machen, als selbst Politik zu machen.«

»Und ich denke, dass er das sehr schnell verstanden hat«, ergänzte Kwaśniewski.

Es scheint, als habe Wolodymyr Selenskyj das bereits früher begriffen. Im Herbst 2018 begann er ein Team zusammenzustellen, in das er unter anderem einen der vielversprechendsten jungen Politiker der Ukraine aus einer angesehenen Familie mit politischer Erfahrung einlud: Dmytro Rasumkow. Rasumkow nahm die Einladung an und traf sich im Oktober 2018 mit ihm. Er sagte mir, das war zu einer Zeit, als die Ukrainer schon der Regierung Poroschenko überdrüssig waren. Die Erwartung von etwas Neuem lag in der Luft, aber ringsum sah man nur dieselben abgenutzten Gesichter.

Als Politologe und Stratege fürchtete Rasumkow, dass ihn das Treffen mit Selenskyj eher enttäuschen würde. Er hatte schon viele gesehen, die in der Politik eine Rolle spielen wollten. Sie versuchten die Hoffnung zu wecken, dass sie als der »Neue« etwas Neues einbrachten, allein weil sie bisher nicht im Parlament oder in einer Partei waren. Meist hatten sie außer Banalitäten nichts von sich zu geben.

»Selenskyj überraschte mich«, berichtete Rasumkow. »Er erzählte, welche Vision er vom Staat hat. Überraschend neu und voller Optimismus. Er meinte, man könne schrittweise das oligarchische System abbauen. Das erstaunte mich, weil ich wusste, wie nahe er Kolomojskyj stand. Er sagte, die Ukraine müsse sich in Richtung einer modernen, ökologischen Wirtschaft bewegen. Dass er eine Aktivierung der bürgerschaftlichen Gesellschaft wolle und dass man die Spaltung der Ukrainer in Osten und Westen, in

Russisch- und Ukrainisch-Sprachige überwinden müsse.« Und er fügte hinzu: »Nach dem zweistündigen Gespräch hatte Selenskyj mich für sich gewonnen. Ich erkannte in ihm nicht den Schauspieler, sondern einen Menschen, der tatsächlich etwas für das Land tun wollte und außerdem die Fähigkeiten dazu hatte. Denn zweifellos ist es in der Politik nützlich, wenn man Rollen spielen, sich Texte einprägen und frei sprechen kann.«

In Selenskyjs Wahlkampfstab arbeitete auch Mykyta Poturajew, ein späterer Funktionär der Partei Diener des Volkes. Während des Wahlkampfes war er unter anderem für die Ausgestaltung der Hauptthemen und Pläne für die Ukraine verantwortlich, wie für die internationale Politik des Kandidaten und die Schaffung der programmatischen Voraussetzungen. Er sagte, dass Selenskyj ein Mensch sei, der das Kollektiv sucht. Wenn eine Strategie durchdacht werden musste, rief er die Mitarbeiter zusammen, und sie diskutierten, wie ein Problem zu lösen sei oder wie eine Rede vorbereitet werden müsse und welche Themen anzusprechen seien.

Rasumkow erzählte, dass im Wahlkampfstab ein Enthusiasmus herrschte wie bei den Pionieren, die unbekannte Länder entdecken wollen und voller Euphorie an die Errichtung einer neuen Welt gehen, in der kindlichen Zuversicht, dass alles klappt.

»Von Anfang an habe ich mich in Selenskyj verliebt, in politischem Sinne«, sagte Poturajew. »Ich denke, dass wir so jemanden gebraucht haben. Das ist eine neue Generation von Politikern. Unser Kennedy, Trudeau, Obama, Macron. Übrigens haben sie ihn immer inspiriert.«

Dass Wolodymyr Selenskyj andere bezaubern kann, haben viele bemerkt, die mit ihm in Kontakt kamen. Von seinem Charisma sprach auch Bohdan in dem Interview mit Dmytro Gordon: »Er zieht die Menschen einfach an. Ich sah die Begeisterung von Persönlichkeiten der Weltpolitik, wenn er sich mit ihnen unterhielt. Er schafft es, dass du nicht feindlich gesinnt sein kannst. Das ist seine große Gabe. Aber zugleich muss man wissen, dass er ein professioneller Schauspieler ist. Er ist in der Lage, mit seinem Charisma auch Leute für sich einzunehmen, die ihm unangenehm sind. Das ist eine sehr starke Seite von Wolodymyr Selenskyj. Und er weiß das.«

Das war auch seine Stärke bei der beginnenden politischen Karriere. Früher, bei den Diskussionen über die nächsten Projekte, konnte er die Mitarbeiter des Kwartal von seinen Visionen überzeugen. Nun nutzte er diese Fähigkeit in Gesprächen mit potenziellen Verbündeten in der Politik.

»Im Wahlkampf war das sehr nützlich. Selenskyj hatte noch eine wichtige Eigenschaft. Er konnte auf seine Berater hören. Wenn er von etwas keine Ahnung hatte, dann konnte er das zugeben. Er versuchte nicht, seinen Willen durchzudrücken. Er war sich bewusst, dass er zum Beispiel wenig Ahnung hatte von Internationalem Recht, von Makroökonomie, den Staatsfinanzen oder von Energiewirtschaft und Sicherheitsfragen«, sagte Dmytro Rasumkow.

Duell und Urteil

Alle Beobachter von Selenskyjs Wahlkampagne, die im Januar 2019 begann, betonen, dass sie gänzlich anders verlief als alle bisherigen Kampagnen. Sein Stab setzte auf die sozialen Medien. Selenskyj veröffentlichte Aufnahmen, in denen er sich direkt an die Wähler wandte. Das war ein hervorragendes Mittel, denn er hatte große Erfahrung als Schauspieler und Filmemacher. Die Texte waren sorgfältig vorbereitet, sicherlich mithilfe von Spezialisten aus dem Kwartal 95.

»Seine Videos kamen vor allem bei der jüngeren Generation an, aber nicht nur. Die Mehrheit der Gesellschaft wollte eine Veränderung«, sagte Michał Kacewicz.

Wojciech Jankowski vom *Neuen Galizischen Kurier* in Lwiw

sagte, die Ukrainer seien in jener Zeit auch sehr enttäuscht gewesen von den Resultaten der Revolution 2013 und 2014.

»Der Majdan im Jahr 2013 hatte nicht nur die Aufnahme in die Europäische Union zum Ziel, es ging um eine ganze Reihe von Problemen wie Korruption und die Macht der Oligarchen. Die Regierung stand mit ihnen in irgendwelchen Verbindungen, und der Majdan erhielt ein wenig Beistand von Oligarchen kleineren Zuschnitts, zum Beispiel von Petro Poroschenko [dem späteren Präsidenten der Ukraine].«

Im Verlauf des Wahlkampfes vermied Selenskyj auf Anraten seines Stabs in offenen Diskussionen Themen, bei denen er sich nicht sicher fühlte. Er sprach mit klaren Worten: Die Oligarchen müssen vom politischen Leben abgetrennt werden, Ärzten, Krankenschwestern, Lehrern muss eine angemessene Entlohnung garantiert werden, die Staatsschulden müssen beglichen und ausländische Investoren angelockt werden. Er kündigte auch an, dass er den Krieg im Donbass beendet, obwohl er dafür keine konkreten Vorschläge machte, außer dass er sich mit Putin hinsetzen, ihm eine Liste mit Bedingungen vorlegen und einen Kompromiss finden wolle. Dabei verlor er nicht seinen Sinn für Humor. Als er von einem Journalisten gefragt wurde, was er tun wird, wenn er sich mit Putin trifft, entgegnete er: »Zumindest werde ich ihm direkt in die Augen sehen können.« Damit spielte er auf die Körpergröße sowohl von Putin als auch von sich selbst an.

Auch später, in der Pause zwischen dem ersten und dem zweiten Wahlgang, trat er weiterhin mit dem Kwartal 95 auf der Bühne auf. Als würde die Wahl irgendwo anders stattfinden.

Als Selenskyj den ersten Wahlgang gewann und in den zweiten kam, in dem er den amtierenden Präsidenten Petro Poroschenko zum Konkurrenten hatte, begannen die Medien auf der ganzen Welt ernsthaft danach zu fragen, was sein würde, »wenn der Komiker Präsident wird«. Selenskyj wurde als ein zweiter Emmanuel Macron bezeichnet: wohl, weil sie gleichaltrig waren. Allerdings hatte Macron sich zuvor schon in politischen Kreisen bewegt, Selenskyj nicht. Selenskyj hatte jedoch die Stärke, Angriffe seines Widersachers ruhig abwehren zu können und ihn dabei nach Punkten zu bewerten. Man muss zugeben, dass Selenskyjs Stab reibungslos funktionierte.

Noch vor dem zweiten Wahlgang traf sich Selenskyj mit dem Vorstand von YES, Yalta European Strategy. An diesem Treffen nahmen teil: der ehemalige polnische Präsident Aleksander Kwaśniewski, der ehemalige Ministerpräsident Dänemarks und Generalsekretär der NATO Anders Fogh Rasmussen, der ehemalige Ministerpräsident von Schweden Carl Bildt, der ehemalige Präsident des Europäischen Parlaments Pat Cox und der Vorsitzende der Münchener Sicherheitskonferenz Wolfgang Ischinger.

»Diejenigen, die Selenskyj trafen, waren beeindruckt von seiner Persönlichkeit. Das war kein Mensch, der sich erlaubt hätte, anderen den Willen einer kleinen, aber einflussreichen Gruppe aufzuzwingen«, erinnerte sich Aleksander Kwaśniewski. »Wir gingen in der Überzeugung, dass erstens: er die Wahl gewinnt, und zweitens: dass er eine interessante Person ist und mit ihm eine spannende Zeit beginnt. Natürlich wussten wir auch um seine fehlende Erfahrung, die fehlende Basis, die Fehler, die ihm unterlaufen, die Konfrontation mit der realen Politik, die dazu führen kann, dass sogar sehr populäre Personen schnell ihre Popularität verlieren.«

Vor dem zweiten Wahlgang versuchte das Lager von Petro Poroschenko Selenskyj zu diskreditieren, indem es ihm Verschiedenes nachsagte. »Clown, Schauspieler, Hologramm, Marionette von Kolomojskyj und Putin, Junkie, Gartenzwerg«, diese Beschimpfungen kamen vonseiten der Anhänger des amtierenden Präsidenten in Richtung des Konkurrenten aus dem Kabarett Kwartal 95.

Selenskyjs Familie litt darunter. Seine Frau Olena versuchte die Kinder vor solchen Äußerungen zu schützen, insbesondere die Tochter, die älter war und die Situation besser einschätzen konnte.

Den Eltern, die davor gewarnt hatten, dass es so kommen würde, setzte das Ganze ebenfalls stark zu.

»Sie sagen, er sei eine Marionette von Kolomojskyj? Wolodja macht die Programme und bekommt dafür Geld, das ist alles«, sagte die Mutter Rimma Selenska in einem Interview für Hromadske.com. »Sie haben ihn schon Drecksack, Junkie und was sonst noch alles genannt. Dabei raucht er nicht mal Zigaretten. Wie kann man einen Menschen so vernichten? Ich weiß nicht«, fügte sie missbilligend hinzu. »Was soll's, wir haben ihm geraten, nicht zu kandidieren, aber schließlich ist er ein erwachsener Mensch, das ist seine Entscheidung. Wir werden sehen, was geschieht. Er hat den Film *Diener des Volkes* gemacht, aber er dachte nicht, dass er Präsident werden würde. Doch er sah, was in der Ukraine geschieht, und sagte: ›Man muss es versuchen. Vielleicht gelingt es mir ja, etwas zu verändern, damit es den Menschen besser geht.‹ Eins weiß ich, er wird nicht stehlen und niemandem das Stehlen erlauben. So haben wir ihn erzogen, er hat sich nicht verändert und wird sich nicht verändern.«

Selenskyj kam mit den Attacken zurecht. Er war nicht gekränkt, wenn man ihn einen Clown nannte. »Chaplin war ein genialer Clown. Und nebenbei war er in der Lage, gegen die Nazis zu kämpfen«, sagte er in einem Interview.

Er ging auch zum Gegenangriff über, wenn ihm Verbindungen zum Oligarchen Ihor Kolomojskyj nachgesagt wurden. In der Ukraine waren die Beobachter des politischen Lebens davon überzeugt, dass der Oligarch Selenskyjs Wahlkampagne finanzierte, obwohl sich weder Kolomojskyj noch dessen damaliger Mitarbeiter Andrij Bohdan dazu bekannten. Die Kosten einer solchen Kampagne werden auf mindestens 50 Millionen Dollar geschätzt. In den Medien gab es Informationen, Selenskyjs Kampagne habe nur ein Fünftel davon gekostet – wegen der großen Zahl an jungen Freiwilligen. Mit Sicherheit war sie eine der günstigsten, die es je gab.

Ein Kandidat, der in seinem Programm den Kampf gegen die

Oligarchie ankündigt, muss den Vorwurf, Verbindungen zu einem Oligarchen zu haben, ernst nehmen. Selenskyj gab Präsident Poroschenko deftig Kontra, der als Inhaber des Konzerns Roshen selbst zum Kreis der Oligarchen gezählt werden konnte.

Der Kampf sollte sich im Olympiastadion von Kyjiw entscheiden. Wenige Tage vor dem zweiten Wahlgang, im April 2019, forderte Selenskyj, der bisher jedes Kandidatenduell vermieden hatte, Poroschenko heraus.

»Ich warte auf Sie. Hier, im Olympiastadion«, sagte er in einem Wahlkampffilm. Darin geht er zu dynamischer Musik hinaus auf das Spielfeld des Stadions, die Aufnahme zeigt ihn von hinten, im Hintergrund die Krone des Stadions. Das Ganze erinnert an eine Szene aus seinem Lieblingsfilm *Gladiator*, in der Russell Crowe langsam in die Arena des Kolosseums tritt.

Das Kolosseum der ukrainischen Wahlen sollte das Kyjiwer Stadion sein.

»Das Duell wird vor dem ukrainischen Volk ausgetragen. Die Kandidaten müssen sich zuvor testen lassen, um klarzustellen, dass sie weder Alkoholiker noch drogensüchtig sind«, sagte Selenskyj in die Kamera, während er über das Spielfeld lief. Und in Bezug auf Poroschenkos Äußerungen fügte er hinzu: »Sie sollten öffentlich sagen, dass Sie dieses Duell nicht mit einer Marionette des Kreml oder Kolomojskyjs, nicht mit einem Gartenzwerg, nicht mit einem Drecksack und nicht mit einem Clown führen, sondern mit dem Präsidentschaftskandidaten Wolodymyr Selenskyj. Ich gebe Ihnen 24 Stunden. Überlegen Sie es sich.«

Das war ein genialer Schachzug seines Stabes. Selenskyj, der Bühnenerfahrung hatte und dessen Auftritte große Säle füllten, war der Umgang mit einem lebhaft reagierenden Publikum vertraut. Er sagte selbst, das Publikum würde ihn tragen und ihm Energie geben. Sein Rivale Petro Poroschenko konnte diese Herausforderung nicht ignorieren, hatte er doch zuvor selbst zu einem öffentlichen Schlagabtausch aufgerufen.

»Es kann von mir aus auch das Stadion sein, Hauptsache, du kommst, Wolodymyr«, antwortete er.

Der Tag des Duells war der 19. April. 22 000 in den ukrainischen Farben Blau und Gelb geschminkte Zuschauer verteilten sich auf den Tribünen und dem Spielfeld. Während er auf seinen Konkurrenten wartete, nahm Selenskyj bereits Kontakt zum Publikum auf. Das jubelte nach jedem Satz von ihm. Poroschenko hatte ihn augenscheinlich unterschätzt.

»Ich stehe auf dieser Bühne, ein einfacher Junge aus Krywyj Rih, neben dem Präsidenten, den wir 2014 gewählt haben. Ich selbst habe für ihn gestimmt. Aber ich habe mich geirrt«, rief Selenskyj.

Als ihm sein Rivale vorwarf, zu wenig Erfahrung zu haben, antwortete Selenskyj: »Ich bin kein Politiker. Ich bin ein einfacher Mensch, der gekommen ist, um dieses System zu zerschlagen. Ich bin das Resultat von Ihren, Petro Poroschenko, Fehlern und leeren Versprechungen. Nicht ich bin es, der von sich aus Präsident sein möchte. Sie zwingen mich dazu, Präsident zu werden. Ich bin nicht Ihr Widersacher, ich bin Ihr Urteil.«

Er hatte den Dreh gefunden, um die Mehrheit für sich zu gewinnen. Wie Michał Kacewicz sagte, waren die Ukrainer der Regierung und Rhetorik von Poroschenko längst überdrüssig. Der Krieg im Donbass schwelte, auch wenn er gewissermaßen eingefroren war. Poroschenko bediente sich einer scharfen antirussischen Rhetorik, aber die Leute wollten Ruhe haben.

Der amtierende Präsident argumentierte, ein Schauspieler könne keinen Krieg gegen Russland führen, aber die Menschen wollten gar keinen Krieg mehr. Selenskyj versprach hingegen, dass er Frieden schaffen werde, und obwohl er dafür nichts Konkretes anführte, glaubten die Menschen ihm. Der Chef des Kwartal 95 sprach während des Duells von ausstehenden und angemessenen Gehältern für Lehrer, Krankenschwestern, Ärzte. Er gab keine hochfliegenden Parolen von sich.

»Sie sind, mein lieber Wolodymyr, weniger eine Katze im Sack als ein Sack, von dem man gar nicht weiß, was sich darin befindet. Sie haben überhaupt keine Erfahrung und kein Programm«, griff Poroschenko ihn direkt an.

»Lieber die Katze im Sack sein als der Wolf im Schafspelz«, entgegnete Selenskyj. Er wusste, dass Poroschenko sich irrte. Für die Menschen war das, was Wasyl Holoborodko in der Serie *Diener des Volkes* von sich gab, Selenskyjs Programm. Selenskyj und *Diener des Volkes* waren eins.

Zum Abschluss des Duells sollten sich die Kandidaten jeweils eine Frage stellen, die nur mit »Ja« oder »Nein« zu beantworten war. Selenskyj fragte: »Ist es Ihnen peinlich?«

Poroschenko antwortete natürlich mit Nein, und, vom Sockel gestoßen, gelang es ihm nicht, mit einer annähernd treffsicheren Frage zu reagieren. Die Beobachter waren der Meinung, dass Selenskyj gewonnen hatte, der das Duell vom Anfang bis zum Ende nach seinen Spielregeln gestaltet hatte.

Das endgültige Urteil fiel am Abend des 21. April 2019. Zu dem allseits bekannten Lied aus dem Film *Diener des Volkes* – »Ich liebe mein Land, ich liebe meine Frau, ich liebe meinen Hund ...« – betrat Wolodymyr Selenskyj zusammen mit seinen engsten Mitarbeitern die Bühne, um zu erfahren, dass er 73 Prozent der Stimmen erhalten hatte und zum sechsten Präsident der Ukraine gewählt geworden war.

Es regnete Konfetti, Selenskyj drehte sich zu seiner Frau Olena, die anfangs gegen seine Kandidatur gewesen war und ihn später unterstützte. Er küsste sie überschwänglich auf den Mund. Die Stabsmitarbeiter, darunter die Freunde vom Kwartal 95, fielen sich in die Arme.

»Das haben wir gemeinsam getan«, begann Selenskyj seine kurze Ansprache, mit der er an seine Fernseh-Neujahrsbotschaft anknüpfte. »Ganz ohne Pathos. Ich will euch einfach danken. Und ich verspreche, dass ich euch nie enttäuschen werde«, fügte der neue Diener des Volkes hinzu.

Die Ukrainer wollten – wie in vielen vorhergehenden Wahlen – für einen Erlöser stimmen, der ihr Land von aller Not und allen Problemen befreite, und sie meinten, ihn in Wolodymyr Selenskyj gefunden zu haben. Der Alltag des Regierungsgeschäfts begann danach.

6 IHR WERDET NICHT WEINEN

Von der Amtseinführung bis zum Kriegsgrollen

IN DIESEM KAPITEL

In der ersten Rede im Parlament nach der Wahl appellierte Selenskyj an seine Landsleute, ins Land zurückzukommen, er verkündete vorgezogene Wahlen und die Entlassung von drei Ministern. Für politische Maßstäbe war das ein starker Auftakt.

Das Team für seine Partei stellte er bei einem Casting zusammen. Darunter waren Lehrer und Arbeitslose, Staatsanwälte und Künstler. Als sie Abgeordnete wurden, mussten sie geschult werden. Aber dank ihnen gewann er die Wahl und gelangte an die Macht.

Anfangs kamen die neuen Minister in Jacke und Sportschuhen. Die Sitzungen der Regierung zogen sich, so wie in den Neunzigerjahren in Polen, bis in die Nacht hinein. Selenskyj und seine Leute zeigten revolutionäre Begeisterung, sie wollten alles ändern, sofort.

Er versprach eine Verständigung mit Russland, ohne Erfolg. Die Reformen erreichten nicht die Ärmsten. Selbst der Schlag gegen die Oligarchen konnte den Trend nicht umkehren. Nach zwei Jahren fiel die Unterstützung für Selenskyj um mehr als die Hälfte. Er war nun in der Defensive.

Am 20. Mai 2019 schien in Kyjiw die Sonne. Im Marienpark, vor dem Gebäude der Werchowna Rada – dem Parlament der Ukraine – hatte sich seit dem Morgen eine Menschenmasse mit blau-gelben Fahnen versammelt. Als gegen 10 Uhr Wolodymyr Selenskyj vor dem Gebäude erschien, gerieten die Versammelten in Euphorie.

Der 41-jährige Selenskyj fuhr zu seiner Vereidigung als Präsident nicht mit der Limousine vor, wie seine Vorgänger in diesem Amt, sondern er kam zu Fuß aus dem nahe gelegenen Marienpalast, wo er sich zuvor mit den Ministern getroffen hatte. Lachend schritt er an den Menschen vorbei, die hinter blau-gelb geschmückten Barrieren standen, strahlte Kraft und Freude aus. In der Menge entdeckte er Freunde aus dem Kwartal 95. Er gab ihnen einen herzlichen Kuss und sprang – begleitet vom Applaus der Menge – hoch zur Glatze des ihn deutlich überragenden Ewgenij Koschewoj.

Das sah nicht danach aus, als würde ein Würdenträger vorbeilaufen, sondern wie die Ankunft eines großen Stars. Trotz seines schnellen Schrittes gab er den ihn von beiden Seiten begrüßenden Menschen die Hand. Einer Frau nahm er das Smartphone ab und machte mit ihr ein Selfie. Den ihm Applaudierenden klatschte er Beifall. Schließlich blieb er vor dem Säulengang am Eingang zum Parlament stehen und blickte für einen längeren Moment konzentriert auf das Gebäude der Werchowna Rada. Als stünden ihm alle Herausforderungen und Versprechen vor Augen, die er den hinter seinem Rücken jubelnden Wählern gegeben hatte, und als spüre er die gewaltigen Hoffnungen, die sie auf ihn setzten.

Aus der Menge wurde gerufen: »Wasja! Wasja!« Manche assoziierten ihn immer noch mit dem Film-Präsidenten Wasyl (Wasja) Holoborodko aus *Diener des Volkes*. Als er über den roten Teppich in das Gebäude der Werchowna Rada schritt, hörte man nur noch das laute Skandieren der Menge: »Se-len-skyj! Se-len-skyj!«, wie auf einem Rockkonzert.

Diesmal ahmte jedoch nicht der Film das Leben nach, sondern das Leben überholte den Film. Im Gegensatz zu dem sich anfänglich verloren fühlenden Film-Präsidenten Holoborodko betrat der wirkliche Präsident Selenskyj die Werchowna Rada mit der Selbstsicherheit, die ihm die Unterstützung von 73 Prozent der Wähler verlieh. Mit flottem Schritt durchquerte er die Mitte des Saals und legte den Eid ab, die Hand auf der Verfassung und dem Evangeliar von Peresopnyzja, einem altukrainischen Manuskript aus dem 16. Jahrhundert – einem der wertvollsten Nationalschätze der Ukraine.

Neben den Abgeordneten der Werchowna Rada verfolgten seine 20-minütige Inaugurationsrede unter anderem der abtretende Präsident Petro Poroschenko und die früheren Präsidenten: Leonid Krawtschuk, Leonid Kutschma, Wiktor Juschtschenko. Der nach Russland geflohene Wiktor Janukowytsch fehlte. Es waren auch ausländische Delegationen anwesend sowie die Familie des Präsidenten – seine Frau Olena und Selenskyjs Eltern.

»Liebe Ukrainer!«, begann Selenskyj. »Nach meinem Wahlsieg fragte mein sechsjähriger Sohn: ›Papa, im Fernsehen sagen sie, dass Selenskyj Präsident ist. Heißt das, dass ich auch Präsident bin?‹ Das klang erst lustig, doch später begriff ich, dass es wahr ist. Denn jeder von uns ist Präsident. Nicht nur die 73 Prozent der Wähler, die für mich gestimmt haben, sondern 100 Prozent der Ukrainer. Das ist nicht nur mein, sondern unser gemeinsamer Sieg. Und das ist unsere gemeinsame Chance, wir sind gemeinsam dafür verantwortlich, sie zu nutzen.«

In Übereinstimmung mit dem, was er im Wahlkampf gesagt hatte, appellierte Selenskyj an seine Landsleute auf der ganzen Welt, in die Ukraine zurückzukehren und mit ihren Fähigkeiten ihr eigenes Land voranzubringen, damit eine neue Ära beginnen könne.

»Erinnert ihr euch an die Fußballmannschaft von Island bei der Europameisterschaft, als ein Zahnarzt, ein Regisseur, ein Pilot, ein Student und ein Putzmann die Ehre ihrer Nationalmannschaft verteidigten? Niemand glaubte, dass es ihnen gelingen würde, aber sie haben es geschafft! Und das ist unser Weg. Wir müssen wie die Isländer im Fußball werden, wie die Israelis bei der Verteidigung unseres Landes, wie die Japaner in der Technologie und wie die Schweizer harmonisch zusammenleben, ungeachtet aller Unterschiede«, legte Selenskyj seine Vision dar und zeigte damit, dass er das Land in Richtung eines westlichen Modells führen wollte.

Er erinnerte an die heldenhaften Soldaten, die im Donbass kämpften und starben. Er sagte, die erste Herausforderung sei es, dort für Frieden zu sorgen und die von Russland annektierten ukrainischen Gebiete zurückzugewinnen.

Selenskyj sprach selbstsicher. Und er wies auf die Ursachen der Probleme im Land hin, wobei er sich auf die Worte des amerikanischen Präsidenten und Schauspielers Ronald Reagan bezog: »Erlaubt, dass ich einen amerikanischen Schauspieler zitiere, der ein großer amerikanischer Präsident wurde: ›Die Regierung ist nicht die Lösung unseres Problems. Sie ist unser Problem.‹ Unsere Regierung zuckt nur mit den Schultern und sagt: ›Wir können nichts machen.‹ Das ist nicht wahr. Ihr könnt. Ihr könnt ein Blatt Papier nehmen [euren Rücktritt einreichen – W. R.] und damit eure Plätze für diejenigen frei machen, die an die kommenden Generationen denken statt an die nächsten Wahlen«, kanzelte er die politische Klasse ab, während aus dem Saal Unmutsrufe zu hören waren. Die Versammelten waren dem Helden des Tages nicht freundschaftlich gesinnt. Seine Rede wurde ständig unterbrochen: »Schlecht hast du begonnen, schlecht wird es mit dir enden!« Das entmutigte ihn jedoch nicht, im Gegenteil – vielleicht belebte es ihn sogar. Als Schauspieler, der auf Hunderten Bühnen gestanden hatte, fühlte er sich bestens inmitten eines lebendig reagierenden Publikums.

»Ich sehe, dass nicht allen meine Worte gefallen. Das ist sehr schlecht, denn nicht ich, sondern das ukrainische Volk stellt diese

Forderungen«, konterte Selenskyj. Die vor der Werchowna Rada versammelte Menschenmenge, die der Liveübertragung aus den Lautsprechern lauschte, applaudierte.

»Meine Wahl [zum Präsidenten] ist der Beweis dafür, dass unsere Bürger genug haben von den alten, überheblichen System-Politikern, die 28 Jahre lang ein Land der Möglichkeiten geschaffen haben – der Möglichkeiten von Bestechung, Diebstahl und dem Ergaunern von Staatsressourcen. Wir errichten ein Land mit anderen Möglichkeiten – eins, in dem alle vor dem Gesetz gleich sein werden und in dem anständige, klare und für alle die gleichen Prinzipien herrschen«, fasste er zusammen. Manche der Parlamentarier lächelten ironisch, andere riefen missbilligend dazwischen. Und die draußen versammelte Menge jubelte, als Selenskyj die Politiker zusammenstauchte, die Menschen lachten, als würden sie nicht glauben wollen, was sie da hörten. Ihre Augen spiegelten freudige Ungläubigkeit: Wird es doch gelingen, die alten Zustände im Staat zu beseitigen?

»Wir brauchen Leute an der Macht, die der Nation dienen. Deshalb möchte ich nicht, dass ihr in den Büros mein Porträt aufhängt. Ein Präsident ist keine Ikone, kein Idol und kein Porträt. Bringt stattdessen Fotos von euren Kindern und seht sie jedes Mal an, wenn ihr eine Entscheidung trefft«, sagte Selenskyj in seiner Rede.

In dieser Ansprache verkündete er die Auflösung des Parlaments und die Durchführung vorgezogener Parlamentswahlen. Er entließ drei Minister, die er vor der Sitzung begrüßt hatte: den Chef des Sicherheitsdienstes der Ukraine, den Generalstaatsanwalt und den Verteidigungsminister. Das war ein starker Auftakt für die angekündigte Zerschlagung des alten Systems und eine Demonstration von Entschlossenheit und Stärke des neuen Präsidenten.

Zum Schluss knüpfte Selenskyj an seine Karriere als Komiker und Showman an: »Mein ganzes Leben habe ich mich bemüht, alles zu tun, was in meiner Macht stand, damit die Ukrainer lachten. Das war nicht nur meine Arbeit, sondern meine Mission, so habe ich das in meinem Herzen empfunden. In den kommenden fünf Jahren werde ich alles tun, damit die Ukrainer nicht weinen.

Nachdem die Töne der ukrainischen Nationalhymne zum Abschluss der Zeremonie verklungen waren, hatte der Parlamentspräsident Andrij Parubij das letzte Wort. Mit einem ironischen Lächeln sagte er: »Es war lustig.«

Der Saal brach in Gelächter aus. Viele der Anwesenden sahen Selenskyj wahrscheinlich immer noch als Schauspieler und Komiker, doch seine Rede war in erster Linie an das Volk gerichtet. Für die Ukrainer machte Selenskyjs Rede, wenig klischeehaft und pathetisch, sondern den Fortschritt im Blick, Hoffnung auf wirkliche Veränderungen. Nun musste Selenskyj zeigen, dass das, was er im Wahlkampf versprochen hatte, nicht bloß leeres Gerede war.

»SE Casting«

Selenskyj hatte zu dem Zeitpunkt fast alles, was es brauchte, um Veränderungen herbeizuführen: eine große gesellschaftliche Unterstützung, Charisma und die durch seine Karriere als Showman erworbene Fähigkeit, die Massen zu erreichen. Er bekam auch, wie jede neue Regierung am Anfang, einen Vertrauensvorschuss. Ihm fehlte jedoch das grundlegende Mittel, um Reformen einzuleiten: eigene Abgeordnete im Parlament.

Noch vor der Entscheidung, bei der Wahl anzutreten, hatten politische Berater Selenskyj gesagt, dass er eine Basis brauche, um regieren zu können. Die 2017 entstandene Partei Diener des Volkes war noch keine parlamentarische Kraft. Eine breite Auswahl ihrer Vertreter musste in die Werchowna Rada einziehen. Deshalb hatte Selenskyj in seiner Inaugurationsrede vorgezogene Wahlen angekündigt. Wie kann man aber in wenigen Monaten eine Partei aufbauen, die erfolgreich die Mehrheit im Parlament stellt?

Bei einer ihrer täglichen Beratungen hatten Selenskyj und sein Team eine Idee, die verrückt anmutete, aber zum Stil des von ihm geführten Wahlkampfes passte. In jener Situation versprach sie das einzig Zielführende zu sein, da die seit 2017 existierende Partei keine regionalen Strukturen besaß und so keine Kandidatenlisten aufstellen konnte: Sie wollten in den sozialen Medien zu einem Casting für Abgeordnetenkandidaten der Partei Diener des Volkes aufrufen. Jeder konnte sich melden, aber alle hatten eine Überprüfung zu durchlaufen. Eventuelle Schattenseiten oder unangemessenes Verhalten führten sofort zum Ausschluss. Für die Auswahl wurde sich der Marketingmethoden bedient, wie sie bei Unterhaltungsunternehmen angewendet werden.

Zu einem Problem konnte höchstens werden, dass bei einem Casting, das auch Fahrstuhl genannt wird – weil Menschen aus dem sogenannten politischen Erdgeschoss hinaufbefördert werden –, absolut zufällig Personen ausgewählt wurden, die nicht durch eine programmatische Linie miteinander verbunden waren.

Die erfahrenen politischen Mitarbeiter Selenskyjs und bestimmt auch er selbst wussten jedoch, dass der Name wichtig war. In Wirklichkeit wählten die Leute den Namen, den sie mit dem Film *Diener des Volkes* assoziierten, und Selenskyj. Anders ausgedrückt, sie sprachen sich damit für Veränderungen aus. Und wenn in der Politik des neuen Präsidenten alles anders sein sollte als bei seinen Vorgängern, warum sollte dann nicht auch die Gründung der Partei und die Auswahl der Abgeordnetenkandidaten anders sein?

»Diener des Volkes sollte von der Gründung an eine andere Art von Partei sein. Selbstverständlich, die Hauptfigur ist Selenskyj. Die Inspiration für das politische Programm ist die Serie. Aber ganz klar war auch, wir sind keine Führer- und keine Oligarchenpartei«, sagte mir Mykyta Poturajew, ein Vertreter der Partei Diener des Volkes in der Werchowna Rada. »Als Diener des Volkes entstand, machten wir Castings. Jeder konnte zu uns kommen, der mitarbeiten wollte und Veränderungen unterstützte. Und es kamen junge Aktivisten, Juristen, Kleingewerbetreibende, ein paar

Berufspolitiker, die nach etwas Neuem suchten, unterschiedliche Leute. Im Allgemeinen jene, die von der ukrainischen Politik enttäuscht waren. Die von der Revolution auf dem Majdan enttäuscht waren, weil sie geglaubt hatten, dass die Ukraine von 2014 an eine andere sein würde, dass die Kaste der Oligarchen verschwindet, es keine Korruption und kein Chaos mehr gibt. Die an die Ideale des Majdan glaubten, aber genug hatten von der Politik nach der Revolution. Genau die kamen zu uns.«

Selenskyj täuschte sich nicht mit seinen Voraussagen. Bei der Wahl am 21. Juli 2019 erhielt die eilig aufgestellte Partei ganze 45 Prozent der Stimmen – und 254 Plätze von 450 in der Werchowna Rada. Mit dieser Mehrheit konnte Selenskyj problemlos Veränderungen herbeiführen.

Allerdings brachte er viele in der Politik unerfahrene Personen ins Parlament, zudem mit oft gänzlich unterschiedlichen Ansichten, Erwartungen und politischen Visionen. Darunter waren Ärzte, Staatsanwälte, Arbeitslose, Fotografen, aber auch Möbelverkäufer, Künstler, Sportler, Geschäftsleute oder Restaurantbesitzer.

Der ehemalige Präsident Polens Aleksander Kwaśniewski hatte Selenskyj noch als Kopf von Kwartal 95 kennengelernt, bevor dieser sich zur Kandidatur bei der Präsidentschaftswahl entschied. Später trafen sie sich mehrmals auf den in der Ukraine organisierten Konferenzen Yalta European Strategy, und er beobachtete Selenskyj als Präsidenten. Er sah sich auch die neue Partei an.

»Das war im Prinzip eher eine Bewegung als eine politische Partei. Es wurden dafür Freiwillige zusammengetrommelt, von denen sich schon ein Teil beim Casting als nicht tragfähig erwies, weil das Leute waren vom Schlag: immer aktiv, aber nicht unbedingt klug«, urteilte Aleksander Kwaśniewski, der die Politik des neuen Präsidenten der Ukraine damals aus der Nähe beobachtete.

Selenskyjs Team hatte auch dafür einen Plan. Wie Politiker sagen, kann man auch mit unbeleckten Leuten viel bewirken, man muss sie nur entsprechend lenken.

Gerade mal acht Tage nach der Wahl, am 29. Juli 2019, traf in dem noch aus der Vorkriegszeit bekannten Kurort Truskawez in den Karpaten, gerühmt für seine klare Luft, ein Zug ein, der vier Waggons hatte, die etwas besser aussahen als der Rest. Es stiegen Passagiere mit Koffern aus, ganz so, als reise eine neue Touristengruppe an. Die Neuankömmlinge begaben sich jedoch nicht zu den Sanatorien, sondern gingen zum namhaften Resort Rixos Prykarpattja, in dem ein Standardzimmer pro Nacht 3500 Hrywnja kostet (das entsprach damals etwa 125 Euro beziehungsweise einem minimalen Monatsgehalt). Das große weiße Hotelgebäude am Rande des Kurorts überragt die bewaldete Umgebung.

Die Anreise der 254 neu gewählten Abgeordneten in Truskawez war eine kleine Sensation. Ihnen folgte ein beträchtlicher Tross von Journalisten der Landesmedien. Sie wollten die einzigartige Schulung jener Menschen beobachten, von denen zukünftig das Schicksal des Landes und die Umsetzung der angekündigten Reformen abhingen.

»Ich komme, um die Masterclass der Abgeordnetenschule zu besuchen. Nach der Schulung kehre ich sofort zurück, und dann geht es auf in den Kampf«, sagte Mykola Tyschtschenko, ein Restaurator, der Abgeordneter geworden war, den Journalisten von Radio Swoboda halb im Spaß.

In den sozialen Medien gab es jede Menge Spott. Der am meisten kursierende Witz lautete: »Fragt ein Politiker einen Politiker: ›An welcher Uni hast du deinen Abschluss gemacht?‹ – ›Truskawez Rixos.‹«

Die Veranstaltung nannte sich »Se-Abgeordneten-Schule«, also Schule von Selenskyjs Abgeordneten. Eine Woche lang erhielten 250 Abgeordnete in einem riesigen Saal von 9 Uhr bis 22 Uhr eine Grundlagenschulung: Wie erstellt man eine Beschlussvorlage, wie schließt man Koalitionen, welche Pflichten hat ein Abgeordneter und welche Regeln gelten in der Werchowna Rada.

Außerdem vermittelten Dozenten vom Kyjiwer Wirtschaftsinstitut den neuen Dienern des Volkes grundlegende Kenntnisse in Bereichen wie Transport und Infrastruktur, Sicherheit des Staates, Verteidigungsangelegenheiten, Makroökonomie oder Steuerpolitik.

In der zweiten Hälfte der Woche besuchte Wolodymyr Selenskyj gemeinsam mit dem Chef des Präsidialbüros, Andrij Bohdan, die Se-Abgeordneten-Schule, beide zufrieden lächelnd. Selenskyj, im aufgeknöpften himmelblauen Hemd mit weißem T-Shirt darunter, schritt samt Leibwächter energisch über den Rasen des Hotel Rixos. Auf dem Hof erwarteten ihn die neuen Auserwählten des Volkes. Sie näherten sich ihm, um ihren Präsidenten zu begrüßen – ja eigentlich das erste Mal persönlich in Augenschein zu nehmen, die meisten kannten ihn nur aus dem Fernsehen. Selenskyj posierte gern für Selfies, lächelte, unterhielt sich. Nichts an ihm erinnerte an einen unzugänglichen Staatsmann. Im Gegenteil, er suchte den Kontakt zu den Abgeordneten und Journalisten, die die Wachleute auf ein paar Meter Abstand hielten.

Selenskyj wollte den Abgeordneten mitteilen, was bei der Beratung der Parteiführung gemeinsam beschlossen worden war: »Die ganze Fraktion Diener des Volkes muss so abstimmen, wie es die Fraktionsleitung verlangt. Ein Verhalten, das die Würde eines Abgeordneten verletzt, ist unverzeihlich, Korruption oder Vetternwirtschaft dürfen niemals vorkommen. Für all das gibt es einen sofortigen Ausschluss aus den Strukturen.«

Zum Abschluss der Schulung bekamen die Abgeordneten eine Hausaufgabe mit, sie sollten drei Bücher lesen: *Warum Nationen scheitern* von Daron Acemoğlu und James A. Robinson, *Der Westen und der Rest der Welt* von Niall Ferguson und ein Lehrbuch über Verhaltensökonomie. Die Gesamtkosten der Veranstaltung wurden nicht öffentlich genannt, aber die Medien rechneten aus, dass sie sich auf 10 bis 20 Millionen Hrywnja (350 000–700 000 Euro) belaufen haben mussten.

Schon einen Monat später, gegen Ende August 2019, zeigte auf der ersten Sitzung der neuen Werchowna Rada das »Se Team« seine Stärke. Ohne die Opposition zu beachten, bestätigte es die ersten Gesetze und weitere Entscheidungen in Bezug auf Posten im Parlament – 19 von 23 Parlamentsausschüssen standen Abgeordnete der Partei Diener des Volkes vor. Das Wichtigste war – fast alle Minister der Regierung wurden ohne Beratungen ausgetauscht.

Selenskyj hielt damals eine kurze, aber für ihn typische Rede: »Jetzt wird das Land endlich den fünften Gang einlegen können und konsequent dem Weg der Veränderungen folgen.« Gleichzeitig warnte er: »Diese Legislaturperiode der Rada wird in die Geschichte eingehen. Die Frage ist nur: wie. Ihr könnt euch in die Schulbücher einschreiben als ein Parlament, das Unmögliches vollbracht hat. Oder ihr werdet – Gott bewahre – in Erinnerung bleiben als das Parlament, das nur ein Jahr Bestand hatte. Das hier ist eure und meine Probezeit. Glaubt mir, ich weiß nun schon, dass es nicht so schrecklich ist, die Rada aufzulösen. Ich habe aber die inbrünstige Hoffnung, dass es nicht dazu kommen wird.«

Alle Politologen warnten, dass eine auf diese Weise entstandene Partei mehr Probleme mit sich bringen könne als dass sie funktioniere. Und zum Teil bewahrheitete sich das. Dmytro Rasumkow, damals ein enger Mitarbeiter von Selenskyj, zählte die Sünden bei der Gründung der Partei auf:

»Als wir Diener des Volkes geschaffen haben, machten wir eine Menge Fehler, die überwiegend aus der Eile resultierten. Wir hatten zu wenig Zeit für den Aufbau der Partei. Es landeten dort zu viele Leute, die nicht die richtigen waren, zufällig dort hingekommen waren. Oder gewöhnliche Karrieristen, wie sie sich in verschiedenen politischen Projekten herumtreiben. Oder auch solche, die dem persönlichen Erfolg hinterherliefen. Doch nicht das war das Schlimmste. Das Schlimmste war, dass sofort die Oligarchen auftauchten und unerfahrene Aktivisten unter ihre Fittiche nahmen, die von einem Tag auf den anderen zu Abgeordneten der Werchowna Rada geworden waren.«

Was nicht bedeutete, dass diese Leute nicht für wirkliche Veränderungen waren. Ihnen gefielen die Ideen, die Selenskyj verkündete. »Wir wollten gemeinsam neue Rezepte für unsere Zukunft finden. Ohne Schubladendenken: Du bist prorussisch, du bist ein Bandera-Anhänger«, sagte mir Mykyta Poturajew von Diener des Volkes. »Uns war es wichtig, diese Gräben zuzuschütten. Es gibt keine prorussische Ukraine, wie es auch keine faschistische gibt. Es gibt einfach eine Ukraine, die sich wünscht, ein normales Land zu sein. Nimmt uns der Westen auf? Okay. Wir wünschen uns den Beitritt zur EU und zur NATO. Nimmt er uns nicht auf? Okay, wir kommen selbst zurecht, wir werden keinen anderen Weg einschlagen als den Weg Richtung Demokratie und freie Marktwirtschaft. Dafür kämpfen wir heute gegen Russland. Dafür, dass wir keine Diktatur wollen. Und so ist die Partei Diener des Volkes: Sie bringt die Träume der Mehrheit der Ukrainer zum Ausdruck.«

Turboregierung

Für Selenskyj, der nun eine Mehrheit im Parlament und eine eigene Regierung hatte, begann erst jetzt die Zeit der Erfüllung seiner Wahlversprechen. Alle waren neugierig, was er tun würde, und erwarteten Veränderungen. Schon vor der ersten Sitzung des Parlaments unterschrieb Selenskyj ein gutes Dutzend reformerischer Gesetzentwürfe, zur Abstimmung gestellt wurde nur einer, allerdings mit Symbolkraft: Er betraf die Aufhebung der Immunität der Abgeordneten bei gewöhnlichen Straftaten. Die große Mehrheit, 363 Abgeordnete, stimmte mit »Ja«.

In seinem eigenen Kabinett begann der neue Präsident mit der symbolischen Ablösung des Alten durch eine Namensänderung von »Präsidialverwaltung« zu »Kanzlei des Präsidenten der Ukraine«. An deren Spitze stand Andrij Bohdan, der bis vor Kurzem noch Rechtsanwalt des Oligarchen Ihor Kolomojskyj war.

In sein Büro und in die Regierung holte Selenskyj viele Bekannte, darunter auch Leute vom Studio Kwartal 95, was umgehend Kritik auslöste. Die Medien zählten nach, dass sich unter seinen Mitarbeitern sowie den Mitarbeitern auf Regierungsposten fast 30 Personen befanden, die in der Vergangenheit mit dem Studio in Verbindung standen, angefangen mit seinem Berater Serhij Schefir (dem Miteigentümer von Kwartal 95) und Andrij Jermak (dem Chef der Präsidialkanzlei, dessen Rechtsanwaltskanzlei für das Studio Kwartal 95 arbeitete). Ein anderer ehemaliger Mitinhaber des Kwartal, Iwan Bakanow, wurde Chef des Sicherheitsdienstes der Ukraine, und Jurij Kostjuk (ein Drehbuchautor von Kwartal 95) stellvertretender Chef im Präsidialbüro. Das sind nur einige Namen, es gab aber auch Personen, die familiär oder freundschaftlich mit ihm verbunden waren.

Die Opposition wetterte, das sei Vetternwirtschaft – er habe sie bekämpfen wollen, besetze aber nun selbst Posten mit Bekannten. Selenskyj behauptete, für Veränderungen brauche es neue Leute, die unbefleckt seien von der alten Politik. Die von ihm Nominierten seien genau solche Menschen, außerdem hätten sich viele von ihnen bereits in einer schwierigen Unternehmung bewiesen, wie es das Studio Kwartal 95 gewesen sei. Hinter der Verpflichtung von Leuten, die er aus seinem früheren Business kannte, steckte noch eine andere Absicht. Selenskyj hat während seines ganzes Berufslebens in einem kreativen Team gearbeitet, das gemeinsam Ideen, Strategien, Äußerungen, sogar wann und wo diese Äußerungen getätigt wurden, festlegte. Auf ähnliche Weise wollte er als Präsident vorgehen. Er war kein Politiker und kannte keine anderen Methoden als die, die er bisher angewandt hatte, und die waren erfolgreich. Vielleicht beschloss er deshalb, sich mit bewährten Personen aus dem Kwartal 95 zu umgeben.

Aleksander Kwaśniewski traf sich gemeinsam mit seiner Gruppe von Politikern aus der Initiative YES nach der Präsidentschaftswahl mit Selenskyj. Seiner Meinung nach konnte man Selenskyjs Nominierungen in zweierlei Hinsicht bewerten:

»Einerseits war es seine Stärke, dass er über ein Team von neuen Leuten verfügte, die also noch unbelastet, nicht korrumpiert, nicht demoralisiert waren, aber auf der anderen Seite besaßen sie keine Erfahrung. Und das war das Problem. Ich erinnere mich an ein Treffen zu Beginn seiner Präsidentschaft, als wir Minister seiner Regierung auf der Konferenz zu Gast hatten. Sie kamen in Turnschuhen und Sportjacke. Das waren junge Menschen und sie erschienen wie Vertreter des Studentenrates einer Universität oder Technischen Hochschule, und nicht wie Mitglieder der Regierung. Natürlich mussten sie jede Menge Fehler machen, weil die Personalentscheidungen nicht immer richtig gewesen waren, trotzdem sah man, dass sich Selenskyj bemühte. Ich glaube, im ersten Jahr seiner Präsidentschaft wollte er das politische Leben tatsächlich erneuern, selbst auf die Gefahr hin, dass sich viele Leute dabei nicht bewähren würden.«

»Selenskyj ist ein Gruppenmensch«, erklärte mir Mykyta Poturajew von Diener des Volkes. »Weißt du, wie die Proben im KWN aussahen und später im Kwartal 95? Sie haben sich hingesetzt, ein Brainstorming gemacht, sich Witze und Sketche ausgedacht, dann spielten sie das ein paar Mal und gingen auf die Bühne. Genauso ging Selenskyj in der Politik vor. Das Team kommt zusammen, abends diskutieren sie, wie ein Problem zu lösen ist, wie ein Thema vorangebracht werden soll. Wie ist die Rede zu schreiben? Was soll in den Medien gesagt werden? Sie legen fest, wer was sagt, was der Präsident verkündet, üben das ein paar Mal, und am nächsten Tag gehen sie damit in die Medien oder fahren zu Veranstaltungen. So wird die Politik gemacht. Im Kollektiv. Von einem individuellen Vorgehen kann keine Rede sein.«

Antin Borkowski, ein bekannter ukrainischer Journalist und

Kommentator von Espreso TV, erinnerte sich, dass Selenskyj bei jedem Auftritt die Kontrolle haben wollte.

»Wenn er über ein bestimmtes Thema nicht genug wusste, dann vermied er es und ließ sich durch nichts in ein Gespräch verwickeln. Während des Wahlkampfes 2019 war das so in Bezug auf den Krieg im Donbass. Sein Team von Strategen hatte beschlossen, dass Selenskyj überhaupt nicht über diesen Krieg sprechen sollte.«

Als Beispiel führte er eine Debatte mit Poroschenko während des Wahlkampfes an. »Als Poroschenko wissen wollte, welche Lösung sein Rivale für die Situation im Donbass anstrebe, welche Pläne er in Bezug auf Russland habe, wiederholte Selenskyj immer wieder die gleiche Antwort: Der Krieg muss beendet werden, die Ukraine ist unteilbar, die Ukrainer sind eine Einheit, den Krieg beende ich durch Gespräche, nicht durch Kämpfe.«

»Auf der Bühne, als Schauspieler, war er ganz Herr seiner Darbietung. Im Wahlkampf schufen seine PR-Leute etwas Ähnliches: Er war auf allen möglichen Social-Media-Portalen, es gab mehrere Telegram- und Facebook-Kanäle und Aufnahmen auf YouTube. Diese Darstellungen zogen sie direkten Interviews mit den Medien vor. Später, als Präsident, konnte er den Medien nicht immer ausweichen. Er musste Pressekonferenzen abhalten, er organisierte sie dann aber nach seinen eigenen Regeln. Zum Beispiel im Park oder in einem großen Burger-Restaurant«, sagte mir Borkowski.

Eine Aktion von Selenskyj, die charakteristisch für diese Zeit seiner Arbeit war, war die Ankündigung einer Ausschreibung für den Posten seines Pressesprechers. Der neue Präsident kündigte persönlich auf Facebook an:

»Wenn du mindestens drei Sprachen sprichst – Ukrainisch und Englisch sind verpflichtend –, wenn du Erfahrung als Journalist oder in der Öffentlichkeitsarbeit hast, wenn du bereit bist, jeden Tag die Woche 24 Stunden zu arbeiten, dann schicke deinen CV an die Adresse, die in der Bio zu diesem Video steht. Und wir beginnen, das gemeinsam zu machen«, ermunterte er in dem Video, das in den sozialen Netzwerken veröffentlicht wurde. Unter mehreren Tausend eingesandten Bewerbungen wählte Selenskyj Julia Mendel aus, eine damals 33-jährige Journalistin, die bei mehreren Fernsehsendern gearbeitet hatte, mit westlichen Redaktionen – Spiegel Online, CNBC – zusammenarbeitete und die erste ukrainische Journalistin war, die eine Teilnahme am Schulungsprogramm des World Press Institute gewonnen hatte.

Am 1. Mai 2019 verriet Selenskyj bei den Aufnahmen für die Suche nach einem Pressesprecher, welcher Politiker sein Vorbild ist, und er nannte sein Credo für die nächsten Jahre:»Im heutigen Datum verbirgt sich eine gewisse Symbolik: Vor 230 Jahren fand die Inauguration des ersten Präsidenten der USA statt, von George Washington. Ich vergleiche mich nicht mit diesem großen Politiker, das ist noch zu früh, aber erlaubt, dass ich ihn zitiere: ›Arbeite daran, diesen kleinen Funken himmlischen Feuers, den man Gewissen nennt, in deiner Brust am Leben zu erhalten.‹ Genau das, liebe Ukrainer, verspreche ich euch unabhängig von eurer Wahl. Ich verspreche Arbeit, ich verspreche, dass ich euch nicht enttäusche.«

Selenskyjs Team war von Anfang an bewusst, dass sich die Wähler, die ihnen einen so großen Vertrauensvorschuss gewährten, auch sehr schnell wieder von ihnen abwenden könnten, falls die Regierung die versprochenen Veränderungen nicht rasch umsetzte. Sie arbeiteten also wie im Kwartal 95: mehr als zwölf Stunden am Tag. Täglich, eigentlich jeden Abend, fanden bis in die Nacht Beratungen des engen Mitarbeiterkreises statt, bei denen sie sich neue Initiativen ausdachten. Das erinnerte ein wenig an die Neunzigerjahre in Polen, als die Beratungen der Regierung ebenfalls nicht selten erst sehr spät am Abend oder in der Nacht endeten. Die fehlende politische Erfahrung führte dazu, dass manchmal fantastische Ideen erwogen wurden, die nicht immer mit der Wirklichkeit vereinbar waren und in Einklang mit geltendem Recht standen. Dmytro Rasumkow, der gemeinsam mit Selenskyj im Wahlkampf aktiv war und später von der Partei Diener des Volkes zum Parlamentspräsidenten gemacht wurde, erinnerte sich an den enormen Enthusiasmus in den ersten Monaten von Selenskyjs Amtszeit.

»Als er Präsident wurde, waren [...] die ersten Treffen von der Euphorie der engsten Mitarbeiter aufgeladen, manche konnten es immer noch nicht glauben, dass wir gewonnen hatten. Als ob es sich um ein Spiel handeln würde. Gleichzeitig [...] spürte man eine revolutionäre Stimmung. Die Medien tauften diesen Start ›Turboregime‹. Es ging darum, dass Selenskyj und seine Leute (Andrij Bohdan, Bakanow, die Schefir-Brüder) sich gegenseitig mit Ideen überboten, was nun vorrangig zu reformieren sei.«

Sie arbeiteten rund um die Uhr. Andrij Bohdan wird später im Interview mit Dmytro Gordon sagen, dass er damals drei Stunden pro Nacht schlief. Vielleicht noch nicht mal deshalb, weil er so viel Zeit in der Präsidialkanzlei verbrachte, sondern wegen des Adrenalins, das mit jenen revolutionären Tagen einherging.

Selenskyj lief ebenfalls auf Hochtouren. Im Gespräch mit Journalisten der *Ukrajinska Prawda* sagte er, dass er spät am Abend nach Hause komme. Vor dem Schlafen sehe er sich einen Film oder eine Serie an. *Ozark* auf Netflix habe ihm zum Beispiel sehr gut gefallen. Nach 20 bis 40 Minuten schlafe er ein.

»Ich stehe um 6.30 Uhr auf, wir frühstücken und machen Kyrylo, unseren Sohn, für die Schule fertig. Danach mache ich Sport – denn ich muss auch für meinen Körper sorgen«, erzählte Wolodymyr Selenskyj. »Meist jogge oder schwimme ich, manchmal trainiere ich im Fitnessstudio oder spiele sogar Tischtennis. Es ist wichtig, sich zu bewegen. Vier bis fünf Mal in der Woche treibe ich Sport.« Danach begann sein Arbeitstag.

Dmytro Rasumkow, der sich nach mehreren Monaten mit Selenskyjs Team entzweite und deren Wege sich trennten, erinnerte sich so an das »Turboregime«:

»Manchmal, wenn ich spät in der Nacht dort rauskam, schwirrte mir der Kopf. Dort tauchten Ideen auf, dass ich mich fragte, wie abwegig sie eigentlich waren. Zum Beispiel, dass die Verwaltung in ein anderes Gebäude umzieht – das wurde ernsthaft erörtert, um symbolisch die Vergangenheit hinter sich zu lassen. Die Hälfte der Anstrengungen war darauf ausgerichtet, sich von der Vergangenheit loszusagen. Eine neue Ukraine zu zeigen. Ich bin ein gesetzestreuer Mensch. Ich wollte Reformen, aber im Rahmen der Gesetze. Wenn ich darüber gesprochen habe, hieß es laut: ›Von wegen Gesetz, das Gesetz ist schlecht, man muss es ändern!‹«

Noch bevor er sich als Präsident zur Wahl stellte, sagte Selenskyj, ihm gefalle das Schweizer System, in dem die Menschen in Referenden über die Fragen entscheiden, die ihr Leben betreffen. Rasumkow zufolge herrschte in dem Team von Präsident Selenskyj die tiefe Überzeugung, die Leute würden immer auf seiner Seite stehen. Eines dieser Parareferenden wurde während der Lokalwahlen 2020 organisiert, als die Wähler gleichzeitig auf fünf Fragen des Präsidenten antworten sollten, unter anderem nach der Legalisierung von Marihuana zu Heilzwecken oder einer Freihandelszone im Donbass.

»Ich habe davor gewarnt, dass diese wunderliche Umfrage keine Rechtskraft besitzt, den Präsidenten lächerlich macht und unnötig ist. Aber sie haben nicht auf mich gehört«, sagte Rasumkow.

Beim Turboregime gab das Präsidialbüro das Tempo der Reformen vor. Rasumkow erinnerte sich, dass aus dem Büro des Präsidenten die Bitte an die parlamentarische Fraktion Diener des Volkes gerichtet wurde, wie am Fließband Gesetze zu produzieren und dann wie am Fließband darüber abzustimmen. Seiner Meinung nach platzten dadurch sogar große Reformen – zum Beispiel die Reform des Agrarmarktes, die viele Male auf der Ebene von parlamentarischen Kommissionen überarbeitet werden musste.

Amerikanischer Albtraum

Selenskyj – das sagen die ukrainischen Politiker – lernte schnell Politik. Doch zu Beginn seiner Regierung geriet er wider seinen Willen in den Strudel der amerikanischen Politik. Monatelang, im Prinzip bis zum sich abzeichnenden, von Russland ausgelösten Krieg, wurde der Name »Selenskyj« in den Vereinigten Staaten mit einer Sache in Verbindung gebracht: der sogenannten Ukraine-Affäre von Donald Trump.

Am 25. Juli 2019, erst wenige Tage nach der Parlamentswahl, bei der Selenskyjs Partei Diener des Volkes einen triumphalen Sieg errang, fand ein Telefongespräch zwischen dem Präsidenten der Ukraine und Donald Trump, dem damaligen Präsidenten der Vereinigten Staaten, statt. Die Ukraine wartete zu jener Zeit auf die Freigabe von 391 Millionen Dollar Finanzhilfen durch Trumps Verwaltung, die jedes Jahr vom Kongress der USA geleistet wurden, sowohl im Rahmen der Wirtschaftshilfe als auch zur Modernisierung der Armee.

Einige Wochen nach dem Gespräch der Präsidenten enthüllte ein anonymer Geheimdienstoffizier, dass Trump Druck auf Selenskyj ausgeübt haben soll, damit die ukrainische Staatsanwaltschaft ein Verfahren gegen Hunter Biden einleite. Das ist der Sohn von Joe Biden, dem Konkurrenten von Trump bei der Präsidentschaftswahl 2020.

Hunter Biden war von 2014 bis 2019 Vorstandsmitglied des ukrainischen Energiekonzerns Burisma Holdings gewesen. Gegen den Konzern wurde in der Ukraine wegen Korruption ermittelt, aber das betraf die Zeit, bevor Biden junior zum Vorstand gehörte. Im Gespräch mit Selenskyj bat Trump um Wiederaufnahme des Verfahrens und eine Durchleuchtung von Hunter Biden. »Es wird viel über Bidens Sohn geredet, [...] viele Leute wollen etwas darüber herausfinden. Also wäre es großartig, wenn Sie etwas, was auch immer, mit unserem Generalstaatsanwalt tun könnten. [Joe]

Biden hat damit geprahlt, dass er eine Anklage abgewendet habe, wenn Sie das prüfen könnten … Es klingt für mich schrecklich«, sagte Trump.

Dem Geheimdienstoffizier zufolge war das eine Form von Druck auf Präsident Selenskyj – im Sinne von: Bring im Gegenzug für die Freigabe der Tranche an Hilfsgeldern ein Ermittlungsverfahren auf den Weg, das sich gegen den Sohn meines Wahlkampfgegners richtet und mittelbar gegen Joe Biden selbst.

Selenskyj erklärte auf einer Pressekonferenz, dass er keinen Druck gespürt habe. Aber im Gespräch mit Trump bestätigte er, der neue Generalstaatsanwalt sei zu 100 Prozent sein Mann und werde die Sache, von der Trump spreche, untersuchen, um sich zu vergewissern, ob die Ermittlungen in Bezug auf die Firma Burisma anständig durchgeführt worden seien.

In den Vereinigten Staaten löste das einen Skandal aus. Die Demokraten warfen Trump vor, er habe das Staatsoberhaupt eines anderen Landes dazu benutzen wollen, um Einfluss auf den Wahlprozess in den USA zu nehmen, was einen Bruch des Präsidenteneides darstellt. Die Sprecherin des Repräsentantenhauses Nancy Pelosi von der Demokratischen Partei verkündete, dies sei ein Grund, ein Impeachment-Verfahren gegen Präsident Trump anzustrengen. Am 18. Dezember 2019 stimmte das Repräsentantenhaus für ein Verfahren gegen Trump in zwei Punkten: der eine beschuldigte ihn des Machtmissbrauchs, der andere der Behinderung des Kongresses. Trump wurde zum dritten Präsidenten in der Geschichte der USA, gegen den ein Amtsenthebungsverfahren geführt wurde.

Selenskyj war wütend. Nicht wegen des amerikanischen Präsidenten, sondern weil die Trump-Verwaltung das Protokoll des eineinhalbstündigen Gesprächs veröffentlicht hatte. In dem Gespräch war es nicht nur um die Sache mit Bidens Sohn gegangen, sondern auch um das Ausbleiben einer angemessenen Unterstützung seitens Deutschlands und Frankreichs für die Ukraine in Bezug auf den Donbass und den russischen Angriff im Osten. Die Veröffentlichung des Gesprächs verkomplizierte die internationale Situation der Ukraine und konnte Auswirkungen auf die künftigen Beziehungen mit den USA haben.

Bei Selenskyjs Besuch in Washington im September, nachdem es zu der Affäre gekommen war, fingen die Kameras bei der Pressekonferenz der beiden Präsidenten eine vielsagende Szene ein. Trump wendet sich an Selenskyj: »Ich hoffe, Sie treffen sich mit Putin und Sie lösen Ihr Problem. Das wäre ein großer Erfolg. Ich weiß, dass Sie sich darum bemühen, das zu erreichen.« Selenskyj ist der Widerwille deutlich anzusehen. Er wendet Trump kein bisschen sein Gesicht zu. Es scheint, als würde er ihm nicht einmal zuhören. Sein Blick schweift irgendwo durch den Saal.

Später in einem Interview für den Sender HBO wird Selenskyj sagen, es habe in dem berüchtigten Gespräch mit Trump keinen Druck gegeben, denn die Ukraine sei ein freies Land, und auch wenn sie kleiner sei als die USA, werde sie sich unabhängig verhalten. »Eine Sache war nicht hinnehmbar«, erklärte er. »Und zwar, dass die Aufzeichnung des Gesprächs veröffentlicht wurde. Ich hätte das nie zugelassen.«

Die Affäre war den Beziehungen mit Amerika nicht zuträglich. Und Selenskyj absolvierte einen Schnellkurs in internationaler Diplomatie. Die *Washington Post* veröffentlichte einen Kommentar von Anne Applebaum unter dem vielsagenden Titel »Willkommen im ukrainischen Sumpf, Amerikaner«. Am Schluss schrieb die Autorin, womit sie sich auf Selenskyj und die Serie *Diener des Volkes* bezog, dass es zu folgender Wendung in der Handlung gekommen sei: »Wir dachten, Selenskyjs Geschichte beträfe die ukrainische Korruption. Nun haben wir aber eine Erzählung über die amerikanische Korruption oder vielleicht über die fortschreitende Ukrainisierung der amerikanischen Politik. Wird in der nächsten Folge ein viral gegangenes Video zur Herrschaft eines amerikanischen Reformators führen?«

Friedensversprechen

Solche Situationen und das Ausbleiben einer spürbaren Verbesserung im Leben der Ukrainer bewirkten, dass die gewaltige Unterstützung für Selenskyj zu schrumpfen begann. Doch bevor es dazu kam, konnte der Präsident die Einlösung – wenn auch unvollständig – eines wichtigen Versprechens aus der Zeit des Präsidentschaftswahlkampfes verkünden. Er hatte sich damals dazu verpflichtet, dass er ein Ende des Krieges im Donbass herbeiführt und die ukrainischen Kriegsgefangenen aus Russland zurückholt. Danach gefragt, auf welche Weise er eine Verständigung mit Putin erreichen wolle, sagte Selenskyj damals recht naiv: Es kommen Delegationen aus Russland und der Ukraine zusammen, jede bringt eine eigene Liste mit Erwartungen für die Beendigung des Krieges im Donbass mit, sie treffen sich irgendwo in der Mitte und handeln einen Kompromiss aus.

Die Leute glaubten daran, obwohl der Standpunkt des Kreml ein gänzlich anderer war.

»Im Kreml meinten sie anfangs, dass es leicht sein würde, den aus der Ostukraine, aus einem russischsprachigen Milieu stammenden Selenskyj, einen Schauspieler ohne politische Erfahrung, zu lenken. Später zeigte sich, dass dem nicht so ist«, sagte Michał Kacewicz. Übrigens hat Putin nach Selenskyjs Wahl zum Präsidenten nicht einmal angerufen und ihm gratuliert.

Einen ersten Teilerfolg konnte der neue Präsident Anfang September 2019 verkünden, als es gelungen war, mit Russland einen teilweisen Austausch von Kriegsgefangenen aus dem Donbass auszuhandeln. Es kehrten 35 Personen in die Ukraine zurück, unter ihnen war der bekannte und geschätzte Regisseur Oleh Senzow, der schon im Jahr 2014 unter Terrorismusvorwürfen von den Russen auf der Krim, nach deren illegaler Annexion durch Moskau, verhaftet und zu 20 Jahren Lagerhaft verurteilt worden war. Seine Freilassung war weltweit gefordert worden, unter anderem von der Europäischen Filmakademie und Amnesty International, und der polnische Schauspieler Daniel Olbrychski hatte einen offenen Brief in dieser Sache geschrieben. Den Brief unterstützten viele Russen. Das Versprechen, Oleh Senzow zu befreien, ist sogar in der letzten Staffel der Serie *Diener des Volkes* enthalten. Nun wurde es erfüllt.

Selenskyj und seine Mitarbeiter versuchten, weitere Initiativen auf den Weg zu bringen und damit zu zeigen, dass sie in der Donbass-Frage aktiv sind. Es entstand die Idee neuer Investitionen auf der ukrainischen Seite der Grenze in der geteilten Region, die den in den von Separatisten besetzten Gebieten lebenden Menschen zeigen sollten, dass sich die Zugehörigkeit zur Ukraine mehr auszahlt.

Der mit dem Austausch erster Gefangener verbundene Erfolg hatte jedoch einen Preis: Das ukrainische Militär musste sich aus drei Frontabschnitten zurückziehen. Vielen Personen in der Ukraine gefiel das nicht. Im Herbst 2019 fuhr Selenskyj also zur Grenzlinie in der Region Luhansk, wo ukrainische Freiwillige die Waffen nicht niederlegen wollten.

Es war der 29. Oktober, ein kühler Tag in einem feuchten Herbst. Und vielleicht einer der schwierigsten Besuche von Präsident Selenskyj in den ersten Monaten seiner Amtszeit.

Mit dem Helikopter gelangte er nach Einbruch der Dämmerung in die Ortschaft Solote.

»Willkommen zum Abendbrot«, sagte der Befehlshaber einer die Grenze bewachenden Abteilung. Im Gedränge, auf einer Bank an einem Viereck aus zusammengeschobenen Tischen, aß Selenskyj Buchweizenpuffer und trank Tee aus einem Plastikbecher, Schulter an Schulter mit den Soldaten.

»Lecker«, sagte er zum Schluss und fuhr nach dem Treffen mit den Befehlshabern zu dem Haus, in dem er übernachten sollte.

Der ukrainische Kanal Sohodni übertrug den Besuch. Für die Übernachtung des Präsidenten war in einem Dorf in einem gewöhnlichen Haus ein Zimmer angemietet worden. Der Besitzer war schockiert, als er die Tür öffnete, denn er sah zunächst nur Soldaten mit Gewehren mit langem Lauf und dahinter Selenskyj. Der Hausherr stellte sich dem Präsidenten vor. Sie gaben sich die Hand. Selenskyj setzte sich zu ihm in die Küche an einen Tisch mit Wachstuchdecke.

»Wussten Sie nicht, wem Sie das Zimmer vermieten?«, fragte er.

»Nein«, gestand der immer noch leicht verwirrte Besitzer des Hauses.

»Das bedeutet, dass unsere Dienste gute Arbeit leisten«, lachte Selenskyj. »Und Sie wohnen in dem Haus?«

»Ja.«

»Das heißt, wir werden gemeinsam hier übernachten?«

»Nun, ich kann zu den Nachbarn gehen, wenn es nötig ist«, sagte der Hausherr.

»Warum das denn, nicht nötig! Das ist doch Ihr Haus!«, lachte Selenskyj und fragte den Hausherrn: »Was brauchen Sie hier am meisten?«

»Ruhe und Frieden. Wir haben alle genug von diesem Krieg.«

Der Präsident nickte nachdenklich. Er drückte dem Hausherrn erneut die Hand und ging in das Zimmer – es war einfach, mit einem alten Bett, darauf eine Decke, ein kleiner Fernseher und ein Schrank, auf dem ein Teddybär stand.

»Aber es gibt auch DVD«, freute sich Selenskyj. »Alles in Ordnung.«

Sein Besuch in Zolote wurde mit Rührung aufgenommen. Am nächsten Morgen spazierte Selenskyj durch das Dorf, begrüßte und unterhielt sich mit den Menschen, besuchte die Schule, in der die Lehrerinnen von den traumatischen Kriegserlebnissen der Schüler berichteten. Als er zu einer Gruppe von Frauen aus dem Dorf trat, verbargen diese nicht ihre Freude über den Besuch. Und sie baten, flehten geradezu: »Macht, dass hier Frieden ist! Bitte! Nicht mal so sehr für uns, aber für unsere Kinder und Enkel.«

»Ich habe das verstanden, es wird Frieden geben«, entgegnete Selenskyj ernst. Nun wartete der schwierigste Teil des Besuchs auf ihn: das Gespräch mit den Freiwilligen, die sich nicht zurückziehen wollten. Bei einem alten Holzhaus – dem Posten der Freiwilligen, auf dem mit Farbe in riesigen Buchstaben »Ukrajina« geschrieben stand – diskutierte Selenskyj mit Idealisten, die keinerlei Respekt vor dem Präsidenten zeigten und auch nicht beabsichtigten, von ihren Waffen zu lassen. Er musste zeigen, dass er hart sein konnte.

Nach längerem Austausch von Argumenten sagte einer der Anführer der Freiwilligen zu Selenskyj: »Wir haben Ihr Versprechen zur Demilitarisierung gehört und so weiter. Wir würden das alles gern diskutieren und formalisieren.«

»Was?! Du möchtest zu mir die Beziehungen formalisieren?!«, antwortete Selenskyj sichtlich überrascht.

»Lasst uns ein Memorandum unterzeichnen«, entgegnete der Kämpfer.

»Ich mit dir?!«, fragte Selenskyj ungläubig. »Du kannst mir kein Ultimatum stellen. Hör mir zu: Ich bin der Präsident dieses Landes. Ich bin 42 Jahre alt. Und ich bin kein Idiot. Ich habe gesagt: Bringt die Waffen von hier weg.«

Der Rückzug der Waffen von drei Grenzabschnitten war ein Teil der Abmachung mit Moskau und eine Bedingung dafür, dass Putin nach drei Jahren Pause Verhandlungen im sogenannten Normandie-Format zugestimmt hatte, also einem Treffen der führenden Köpfe der Ukraine, Russlands, Deutschlands und Frankreichs zur Beendigung des Krieges im Donbass.

Selenskyj setzte seinen Willen durch. Anfang Dezember 2019 hatte er im Élysée-Palast das erste Mal die Möglichkeit, sich mit Putin zu treffen. Die Diskussion der vier Politiker hinter verschlossenen Türen zog sich mehr als zwei Stunden in die Länge.

»Wir standen dort, alle schon ungeduldig, die offiziellen Delegationen zusammen mit den Journalisten, und machten uns Gedanken, wie die Ergebnisse lauten würden«, erzählte später Olena Selenska, die First Lady der Ukraine.

Als die Teilnehmer der Gespräche herauskamen, war auf ihren Gesichtern keine Zufriedenheit zu erkennen. Die Gespräche hatten nicht das erbracht, was die Experten und Putin selbst erwartet hatten: Zugeständnisse von ukrainischer Seite. Aus diesem Grund wurde lediglich ein weiterer Austausch von Kriegsgefangenen bis Ende 2019 vereinbart.

Dass es von ukrainischer Seite keine Zugeständnisse gab, lag das an der Tatsache, dass die öffentliche Meinung im Land dagegen war? Beobachtern des politischen Betriebs in der Ukraine zufolge kann es so gewesen sein. Wie Antin Borkowski, der Showmaster von Studio Espreso West, sagte, orientierte sich Selenskyjs Team schon seit der Wahlkampfzeit an den Meinungsumfragen.

»Die ukrainischen Journalisten wissen genau, dass Selenskyjs Team täglich zusammenkommt und analysiert, worüber die Ukrainer sprechen und nachdenken. Sie überlegen sich, welches Thema sie ihnen vorwerfen, damit sie aufhören zu meckern und um von Themen abzulenken, die der Regierung unbequem sind. Sie bekommen täglich Meinungsumfragen, manchmal sehr detaillierte, die einzelne Mitglieder der Gruppe betreffen, ein bestimmtes Vorgehen oder Äußerungen des Präsidenten.«

So oder so, Selenskyj zeigte damals den Ukrainern, Moskau und der internationalen Öffentlichkeit, dass er nicht tanzen wird, wenn Putin aufspielt. Das war nicht die Erfüllung seines Wahlversprechens, er brachte nicht den Frieden, es starben immer noch Menschen im Donbass, was er um jeden Preis hatte verhindern wollen, aber die Ukraine hatte keine Zugeständnisse gemacht, die eine Anerkennung des widerrechtlichen russischen Angriffs bedeutet hätten.

Vertrauensverlust

Trotz des Turboregimes und der Arbeit von Selenskyjs Kabinett lief nicht alles glatt. Die eilig zusammengeflickte und zu heterogene Partei Diener des Volkes brach langsam auseinander. Es gab auch erste Bestechungen von Abgeordneten, was die Situation im Parlament verkomplizierte – es kam zu Reibereien. Anfang 2020 trennte sich Selenskyj von seinem bisher engsten Mitarbeiter und Bürochef Andrij Bohdan. Die bei dem denkwürdigen Treffen in Odessa begonnene Zusammenarbeit endete offiziell aufgrund unterschiedlicher Vorstellungen für das weitere Vorgehen. Später sagte Selenskyj jedoch in einem Interview für die *Ukrajinska Prawda*, dass es im Team seiner Berater zu Konflikten gekommen sei. Die Medien berichteten, dass der Konflikt zwischen Bohdan und Andrij Jermak bestanden habe, einem Bekannten von Selenskyj noch aus der Zeit des Kwartal 95. Selenskyj deutete an, dass Bohdan seine Macht missbraucht habe. Bohdan selbst wiederum erklärte, er habe gehen müssen, weil er unbequeme Dinge gesagt habe, und der Präsident habe zu dieser Zeit nur auf jene hören wollen, die ihm zustimmten. Michał Kacewicz war der Meinung, der Hauptgrund für Bohdans Entlassung sei Druck der amerikanischen Regierung gewesen, die darauf bestanden habe, der Präsident müsse sich von Menschen distanzieren, die zu sehr mit dem Oligarchen Kolomojskyj in Verbindung gebracht würden.

»In den zehn Monaten meiner Arbeit in Selenskyjs Büro wollten wir wirklich sehr viel erreichen«, erzählte Bohdan später im Gespräch mit Dmytro Gordon. Er erklärte, er sei deshalb entlassen worden, weil er eine eigene Meinung gehabt habe und mit den zum Teil wahnwitzigen Ideen, die auf den Versammlungen von Selenskyjs Team diskutiert worden seien, nicht einverstanden gewesen sei. In dem Gespräch warf Bohdan Selenskyj vor, er habe sich als Präsident nur mit solchen Menschen umgeben wollen, die ihm nicht widersprachen. Deshalb habe man sich auch mit unnützen Ideen aufgehalten. Andrij Jermak, den Selenskyj noch aus der Zeit des Kwartal 95 kannte, löste Bohdan als Bürochef ab.

In dieser Zeit sanken Selenskyjs Umfragewerte jedoch weiter. Keine Spur mehr von dem 73-prozentigen Zuspruch, den er bei der Wahl hatte. Obwohl Selenskyj weiterhin in den Umfragen führte, halbierte sich sein Vertrauensvorschuss. Die Menschen sahen keine Verbesserung der Situation. All das wurde dann noch überlagert vom Ausbruch der COVID-19-Pandemie und der Notwendigkeit, Beschränkungen einzuführen. Es kam zu Konflikten zwischen dem Präsidenten und den Bürgermeistern vieler Städte, die sich nicht mit den aufgezwungenen Verschärfungen abfinden wollten, durch die lokale Firmen in Schwierigkeiten gerieten.

Im Herbst 2021 kam Selenskyjs Team auf die Idee, mit Geld für Impfungen gegen COVID-19 zu werben: »Tausend Hrywnja für eine Impfung.« Aber auch damit waren nicht alle zufrieden. Denn diese »tausend Hrywnja« konnte man zwar vom Staat bekommen, sie aber im Prinzip nur für Unterhaltung ausgeben: Fitnessklubs, Reisen, Kino. Während die Idee in großen Städten Anklang fand, fragten Menschen in kleineren Ortschaften, die 2000 bis 3000 Hrywnja (etwa 60 bis 90 Euro) im Monat verdienten, warum sie das Geld nicht für beliebige Zwecke ausgeben konnten.

Ähnlich war es mit der App »der Staat im Smartphone«, mit der die Ukrainer direkten Zugang zu vielen Diensten erhielten. Das vermied Bürokratie, die einem nur das Leben verleidete. Doch – wie die Umfragen zeigten – nutzten trotz eines breit angelegten Digitalisierungsprogramms noch 30 Prozent der Ukrainer veraltete Handys und keine Smartphones. Für viele dieser Menschen war es eine fundamentale Frage, wofür sie ein Smartphone kaufen sollten.

Trotz dieser Kritik vonseiten der ärmeren Bevölkerungsteile zeitigte das Programm zur Modernisierung des Staates, das Selenskyj noch im Wahlkampf vorgestellt hatte, Ergebnisse. Das von ihm eingerichtete Ministerium für Digitalisierung hatte zur Folge, dass die Ukraine das erste Land weltweit war, das elektronische Pässe einführte und sie mit denen aus Papier gleichsetzte. Viele Dinge kann man mit dem Telefon erledigen, man muss sich nicht zwingend zum Amt bemühen. Das spart nicht nur Zeit, sondern erlaubt auch, das berüchtigte System der *wsjatki*, also der Bestechungsgelder, zu umgehen.

»Das zweite Jahr der Präsidentschaft war enttäuschender, weil die Erwartungen gegenüber Selenskyj und der Regierung höher waren. Es wurde erwartet, dass sie schon etwas können, dass sie handeln, und mit der Pragmatik beim Regieren sah es unterschiedlich aus. Er hatte die Wahl mit 73 Prozent der Stimmen gewonnen, aber jetzt fielen die Werte unter 30 Prozent. Er war immer noch die Nummer eins unter den potenziellen Kandidaten, aber die Begeisterung war offensichtlich verflogen«, beurteilte Aleksander Kwaśniewski die Lage.

Selenskyj kämpfte für gute Umfragewerte. Die Macht veränderte ihn nicht. Vielleicht wurde er härter, aber im Kontakt zu den gewöhnlichen Menschen verringerte er die Distanz, verhielt sich wie ein guter Bekannter. Zu einer offiziellen Rundreise durch das Land im Juni 2020 lud er Journalisten der *Ukrajinska Prawda* ein.

»Wie haben Sie sich im Verlauf dieses Jahres verändert? Sind Sie verschlossener geworden? Oder vorsichtiger?«, fragten ihn die Journalisten während der Fahrt mit der Dienstlimousine in das Dorf Dawidkowytschi.

»Alles ein bisschen. Ein bisschen verschlossener und ein bisschen vorsichtiger«, entgegnete Selenskyj. »Obwohl, vorsichtig bin ich nicht so wirklich«, überlegte er laut. »Ich habe nur begriffen, dass nicht alles schwarz-weiß ist. Du hilfst den Menschen, und dann wollen dich andere ausnutzen, obwohl ihnen gar keine Hilfe zusteht. In solchen Situationen bin ich vorsichtiger geworden«, erläuterte er. »Aber den Menschen vertraue ich sehr«, fügte er hinzu. »Ich habe Hunderte Mitarbeiter in der Präsidialkanzlei, viele von ihnen kenne ich nicht, aber ich muss ihnen vertrauen, es sei denn, sie tun etwas Schlechtes. Ich habe aber Vertraute um mich – Jermak, Schefir.«

Als die Präsidentenkolonne im Dorf Dawidkowytschi ankam, hatte sich vor dem Lebensmittelgeschäft eine Menschenmenge gebildet. Selenskyj stieg aus dem Auto und rief: »Worauf wartet ihr? Auf Ware?«

»Auf Sie. Kommen Sie her, wir wollen Sie sehen!«, antworteten die Leute.

Als er näher trat, schoben sich die Frauen nach vorne. »Wir haben wenig Geld, Herr Präsident«, beklagten sie sich.

»Ich weiß, es ist wenig. Es wird mehr, gebt uns nur etwas Zeit.«

Aus der Menge waren auch Stimmen zu hören: »Was erleben wir für Zeiten! Noch nie ist der Präsident in unser Dorf gekommen.«

»Vielleicht habt ihr ihn nicht eingeladen?«, antwortete Selenskyj.

Die Menschen begannen aufzuzählen, an was es im Dorf fehlte. Die einen sagten, es brauche einen Kulturverein, andere wollten eine Kirche.

»Also was, Verein oder Kirche?«, fragte Selenskyj verwirrt. Eine der älteren Einwohnerinnen hielt ihn auf und trug ein selbst geschriebenes Gedicht zu Ehren des Präsidenten vor.

»Unser ganzes Dorf wünscht, dass Sie gesund und glücklich sind, und Ihre ganze Familie. Sie geben uns Hoffnung«, deklamierte sie.

Mit solchen Reisen und mit Auftritten auf Konferenzen gelang es Selenskyj immer wieder, seine Popularität zu steigern und Zuspruch zu gewinnen.

»Ihm liegt das im Blut. Seine riesige Bühnenerfahrung macht, dass er nie versagt. Aber meiner Meinung nach hat er viele Themen ›geübt‹, das heißt, er trainiert vor dem Spiegel oder mit irgendwelchen Leuten die Antworten auf Pressekonferenzen oder für Interviews«, meinte Antin Borkowski. »Das ist nicht verkehrt. Aber man merkt, wenn er ein bestimmtes Thema nicht geübt hat, dann vermeidet er es und lässt sich um nichts in der Welt in ein Gespräch verwickeln.«

Die Journalisten bemerkten, dass unbequemen Fragen ausgewichen wurde. Sie bemerkten auch, wenn Selenskyj bei einer Pressekonferenz irritiert reagierte. Der Konflikt mit den Medien hatte noch einen Grund, die Pressesprecherin Julia Mendel. Die Journalisten begannen sich zu beklagen, dass Mendel sie herunterputze, die einen bei Pressekonferenzen zulasse, andere hingegen nicht. Noch im Jahr 2019 sollte sie sich mit einem Journalisten von Radio Swoboda streiten, der eine Frage stellen wollte nach den angeblich undurchsichtigen Geschäften von Andrij Bohdan, dem Chef der Präsidialkanzlei, über die gemunkelt wurde. Sie schubste ihn damals einfach weg.

»Für uns Journalisten war das ein Schock. Da ging die rote Lampe an, dass das ›Team Se‹ gar keine offenen Demokraten sind, sondern der zuvor gut getarnte nächste Akt […] von Tyrannei. Leute, die nur Schleimer schätzen und Kritikern gegenüber brutal sein können«, sagte Antin Borkowski über die damalige Wahrnehmung seitens der Medien.

Mendel wurde nach zwei Jahren von Selenskyj abberufen. Aber da hatte sich der Konflikt zwischen der »Bankowa« (das ist der Name der Straße in Kyjiw, in der sich der Sitz des Präsidenten befindet) und den Medien schon zugespitzt. Borkowski zufolge wurde er auch von Selenskyj nicht entschärft. Während einer Pressekonferenz gab er zu verstehen, dass ihn die Meinungen der Journalisten nicht interessierten, für ihn zählte nur das Volk. »Mit diesem billigen Populismus hat er unsere Herzen nicht gewonnen«, ergänzte Borkowski.

Die Journalisten begannen die Öffentlichkeit darüber zu unterrichten, dass Selenskyjs Team täglich erörtere, worüber die Ukrainer sprechen und was sie denken, dass die Mitarbeiter diskutierten, welches Thema sie ihnen vorsetzen könnten, um sie von den für die Regierung unbequemen Themen abzulenken.

Zum Test für den neuen Präsidenten und seine Partei Diener des Volkes sollten die Regionalwahlen im Oktober 2020 werden. Diesen Test verbockten sie. Die Kandidaten von Selenskyjs Partei errangen keinen Bürgermeisterposten in einer großen Kreisstadt. Obwohl sie in mehreren Landkreisen gewannen, konnten sie nirgendwo selbstständig regieren, weil sie nicht die notwendige Mehrheit erreichten. Man sah, dass die Politik der »neuen Gesichter« von Diener des Volkes an Wirkung verlor, und die ausbleibenden spürbaren Effekte der seit mehr als einem Jahr bestehenden Regierung Selenskyj löste eine zunehmende Verbitterung bei den Wählern aus.

Schluss mit den Oligarchen

Den Grad von Selenskyjs Popularitätsverlust verdeutlichten am besten die Umfragewerte. Dem Unternehmen Statista zufolge erfreute sich Selenskyj ein knappes Jahr nach den Wahlen, im Februar 2020, einer Zustimmung von 52,4 Prozent. Das war immer noch viel, wenn auch viel weniger als am Wahltag, als er mehr als 73 Prozent der Stimmen erhielt. Schon nach zwei Jahren seiner Amtszeit als Präsident, im März 2021, fiel die Zustimmung auf gerade einmal 32 Prozent, und im Herbst 2021 schwankte sie zwischen 28 und 30 Prozent. »Umfragen können zeitweise niedriger ausfallen, doch Selenskyj und sein Stab erkannten einen deutlichen Abwärtstrend. Sie wollten dem gegensteuern, und dazu sollte unter anderem das Anti-Oligarchen-Gesetz dienen. Sie erwarteten, dass das der Gesellschaft gefällt«, meinte Michał Kacewicz.

»Demokratie bedeutet Recht und Gleichberechtigung. Ich habe ein Anti-Oligarchen-Gesetz unterschrieben, das die Beziehungen zwischen den Großunternehmern und den Politikern radikal verändert. Nun werden alle wirtschaftlichen Akteure vor dem Gesetz gleich sein und können sich keine politischen Privilegien erkaufen. Wir lassen es nicht zu, dass das Gesetz gebrochen wird!«, verkündete Selenskyj im November 2021 auf Twitter.

Er postete auch ein Foto von sich im Jackett und ohne Krawatte, wie er, im grünen Präsidenten-Ledersessel sitzend, das Gesetz unterzeichnet. Das war das Finale der acht Monate zuvor angekündigten Schlacht um die Durchsetzung dieses Gesetzes. Plangemäß sollte ein Register von Oligarchen entstehen, die mindestens eine Million Mal so viel verdienten, wie der minimale Rentensatz betrug (das waren damals fast 2400 Hrywnja, rund 75 Euro), bedeutenden Einfluss auf die Medien hatten und sich am politischen Leben beteiligten.

Kraft des Gesetzes wurde den Oligarchen verboten, politischen Parteien Geld zu spenden, sich in großem Maße an Privatisierungen zu beteiligen, und Beamten im öffentlichen Dienst – auch dem Präsidenten – wurde die Pflicht auferlegt, Erklärungen über Kontakte zu Oligarchen abzugeben.

Auf diese Weise wollte Selenskyj beweisen, dass er den wesentlichen Punkt des Programms erfüllte, mit dem er zur Wahl angetreten war. Vielleicht wollte er auch die permanenten Spekulationen über seine Verbindungen zu dem Oligarchen Ihor Kolomojskyj beenden. In den Medien der Ukraine herrschte – entgegen dem, was Selenskyj und Kolomojskyj selbst immer wieder behaupteten – die Meinung vor, dass Selenskyj ihm seine Karriere verdanke.

»Kolomojskyj gab ihm das Geld, führte ihn in die Welt der Politik und in das Big Business ein, gab ihm die Gewissheit, dass er eine große Rolle nicht nur in einer Fernsehshow, sondern in der Geschichte spielen kann«, argumentierte Antin Borkowski. Ihm zufolge sind die Verbindungen zu Kolomojskyj eines der Themen, die das Team des Präsidenten für tabu erklärte. »In der Anfangsphase der Präsidentschaft durfte an dem Thema, Verbindungen von ›Team Se‹ zu den Kreisen der ehemaligen Partei der Regionen, zu Russland nicht gerührt werden. Später wurden die Kontakte zu dem Oligarchen Ihor Kolomojskyj verschleiert. Und überhaupt zu Oligarchen. Es kam so weit, dass Serhij Schefir, einer von Selenskyjs Leuten, sich heimlich zu einem Treffen mit Rinat Achmetow begab, dem reichsten Menschen in der Ukraine, der ihn mit einer Limousine abholen ließ. Leider fuhren Journalisten Schefir hinterher«, erzählte Borkowski.

Tatsache ist jedoch, dass sich Wolodymyr Selenskyj nach seiner Wahl zum Präsidenten von Kolomojskyj distanzierte. Der Oligarch versuchte in Interviews anzudeuten, dass er Einfluss nehmen werde auf die Innenpolitik, Vorbote davon sollte die Nominierung seines Rechtsanwalts Andrij Bohdan zum Chef der Präsidialkanzlei sein. Doch nichts dergleichen geschah. Die Gerüchte lebten wieder auf, als beide, Kolomojskyj und Selenskyj, Silvester 2021 im Hotel Radisson Blu im Kurort Bukowel in den ukrainischen Karpaten verbrachten. Später erklärte Kolomojskyj in einem Interview, er habe den Präsidenten nicht gesehen, weil sie in verschiedenen Flügeln des Hotels gewohnt hätten.

»Nun, es ist schwer, so etwas zu glauben«, sagte Antin Borkowski.

»Er stand Kolomojskyj sehr nahe, der ihn zweifellos finanziell im Wahlkampf unterstützt hat«, sagte Aleksander Kwaśniewski. Er fügte jedoch hinzu, dass Selenskyj es geschafft habe, sich von dem Oligarchen zu lösen. »Der Abbruch der Kontakte zu Kolomojskyj zeugte davon, dass Selenskyj ein mutiger Mensch ist, der keine Angst davor hat, dass er, wenn er einen Konflikt mit seinem bisherigen Quasi-Sponsor riskiert, etwas verliert.«

Das Anti-Oligarchen-Gesetz spaltete Selenskyjs Team erneut. Dmytro Rasumkow, der Selenskyjs Wahlkampf entwickelt hatte, später Vorsitzender der Partei Diener des Volkes war und schließlich Präsident der Werchowna Rada, wies auf viele unpräzise Formulierungen im Gesetz hin und wurde infolge dieser Kritik entlassen.

»Ab einem gewissen Moment kam ich mir isoliert vor. Sie luden mich nicht mehr zu den spätabendlichen Sitzungen und Brainstormings im Büro des Präsidenten ein. Sie luden mich nicht zu den geschlossenen Veranstaltungen von Diener des Volkes in Truskawez im September 2021 ein«, erinnerte sich Rasumkow.

Nicht ohne Bedeutung im Streit zwischen Selenskyj und Rasumkow war sicherlich der Umstand, dass Letzterer bei den internen Meinungsumfragen positiv abschnitt. Selenskyj hingegen verlor weiterhin an Popularität, was an der Enttäuschung der Menschen lag, die keine raschen Verbesserungen ihrer Lebensbedingungen sahen. Die Erwartungen an Selenskyj, geweckt infolge der Serie *Diener des Volkes*, wurden nicht erfüllt. Der Traum, dass ein einfacher Mensch in die Politik geht und sie mit einem Fingerschnipsen verändert, konnte nicht in Erfüllung gehen.

Danach gefragt, wie er Selenskyjs Regierung bis zum Ausbruch des Krieges beschreiben würde, antwortete Dmytro Rasumkow: »Er ist ein Idealist, er meint es gut mit der Ukraine, aber manchmal verzettelt er sich fürchterlich, wenn er auf seine Ratgeber hört. Wenn er in einer Sache keine eigene Meinung oder keine Kompetenz hat, tendiert er zu den Ansichten, die für ihn attraktiv klingen, ihm modern erscheinen, was nicht bedeutet, dass sie realistisch sind.«

Ist er dazu in der Lage, eine Regierung mit harter Hand zu führen? »Jeder Politiker ist dazu in der Lage«, antwortete Rasumkow. »Besonders unter so schwierigen Bedingungen wie heute in der Ukraine. Und er ist zudem davon überzeugt, dass er und seine Gruppe recht haben, und nimmt Kritik nicht an. Seine Mitarbeiter halten andere, die nicht dem ›Team Se‹ angehören, für uninteressiert an der Entwicklung der Ukraine, der Verteidigung des Landes. Leider haben sie die Tendenz, Widersacher auszuschließen«, fügte der ehemalige Mitarbeiter Selenskyjs hinzu.

Wolodymyr Hrojsman, der ehemalige Ministerpräsident der Ukraine, den Selenskyj nach dem Wahlsieg seiner Partei Diener des Volkes entließ, sagte Folgendes über den Präsidenten:

»Nach meiner Einschätzung ist er ein außerordentlich intelligenter Politiker, der sehr schnell lernt. Im Kontakt mit den Menschen verringert er schnell die Distanz. Er erweckt den Eindruck, dass er seinen Prinzipien treu ist.«

Hrojsman meinte, wie viele ukrainische Politikkommentatoren auch, das Problem sei nicht Selenskyj, sondern die Leute, mit denen er sich umgebe: »Der Punkt ist, dass er nur Kumpels vertraut, mit denen er sein ganzes Leben zusammen war. Diese Jungs aus Saporischschja, Krywyj Rih und Dnipro sind seit Jahren bei ihm. Er verzeiht ihnen alles, gibt ihnen alles. Für Menschen von außerhalb dieses Kreises ist es wahnsinnig schwer, seine Gunst zu erlangen.«

Kriegsgrollen

Die endgültige Auseinandersetzung mit den Oligarchen fand bereits zu einer Zeit statt, als an der Grenze der Ukraine zu Russland und Belarus die russische Armee zusammengezogen wurde. Der amerikanische Geheimdienst berichtete von 150 000 russischen Soldaten und einer gewaltigen Menge an schwerer Kampfausrüstung. Hinzu kamen 50 000 Kämpfer aus den Separatistenrepubliken Donezk und Luhansk.

Das war nicht die erste vergleichbare Machtdemonstration an der Grenze zur Ukraine, eine ähnliche gab es im Frühling 2021. Diesmal war der amerikanische Geheimdienst jedoch davon überzeugt, dass Wladimir Putin – entgegen den offiziellen Verlautbarungen über die Manöver – einen Angriff auf die Ukraine vorbereitete. Vielleicht erhielt Selenskyj diese Warnung schon, als er sich im September 2021 mit Präsident Joe Biden traf.

Putins Erwartungen, dass Selenskyj – der Schauspieler oder Komiker – sich als schwacher Präsident erweist und Moskau Zugeständnisse macht, wurden nicht erfüllt. Zwischen Washington und Kyjiw wurde ein diplomatischer heißer Draht installiert. Wolodymyr Selenskyj musste seinen Landsleuten plötzlich mehr über die potenzielle, näher rückende Gefahr eines Krieges erzählen als über Reformen. Er bemühte sich auch bei westlichen Ländern um die Gewährung von militärischer Hilfe.

»Im Falle einer Eskalation durch die russische Seite haben wir nur eine Option«, sagte er im Dezember 2021 nach einem Treffen mit dem Generalsekretär der NATO Jens Stoltenberg. »Der Preis dieser Eskalation wird hoch sein, obwohl niemand Opfer will, den Verlust von Menschenleben.«

In den folgenden Wochen, als klar wurde, dass Putin den Angriffsbefehl gibt, konzentrierte sich Selenskyj darauf, den Kampfgeist der Ukrainer hochzuhalten. Dem dienten noch vor dem Krieg seine Verlautbarungen, die die Angst vor einem Angriff milderten.

Im Februar 2022, wenige Tage vor dem Angriff, wusste er schon, dass es zu dem Überfall kommen würde. Bei seinen Appellen in den sozialen Medien wurde er immer ernster, die früher für ihn typische Gelassenheit war verschwunden.

Der 16. Februar wurde als Datum des potenziellen Angriffs vermutet. Als es jedoch nicht dazu kam, begannen alle – die ausländischen Staatsoberhäupter eingeschlossen – Selenskyj zu warnen, er solle nicht auf die Sicherheitskonferenz nach München fahren, die am 19. Februar stattfand. Man fürchtete sogar, dass es zu einem Anschlag auf sein Leben durch russische Söldner kommen könnte. Selenskyj hörte nicht auf die Ratschläge. Er sagte, er müsse dafür sorgen, dass alle in der demokratischen Welt genau verstehen, was mit der Ukraine geschieht. Und vermutlich seit dieser Konferenz begann er sich zu einem großen Leader zu entwickeln. Nicht nur in den Augen seiner Nation.

Selenskyj trat ans Rednerpult im Hotel Bayerischer Hof, in dem die Konferenz stattfand, und es hörten ihm Personen zu, die gewaltigen Einfluss auf das Schicksal der Welt haben. Unter ihnen waren die Vizepräsidentin der USA Kamala Harris, der US-amerikanische Außenminister Antony Blinken, die geschäftsführende Direktorin des IWF Kristalina Georgiewa, Bill Gates, der Generalsekretär der Vereinten Nationen António Guterres, der deutsche Bundeskanzler Olaf Scholz, die Präsidentin der Europäischen Kommission Ursula von der Leyen, der Präsident der Weltbank David Malpass, der NATO-Chef Jens Stoltenberg, der Ministerpräsident Polens Mateusz Morawiecki und Großbritanniens Boris Johnson sowie die rechtmäßige Präsidentin von Belarus Swjatlana Zichanouskaja.

Selenskyj nutzte sein Talent und seine lebenslange Bühnenerfahrung. »Ich werde in meiner Muttersprache sprechen, also setzen Sie bitte die Kopfhörer auf«, begann er. »Ich warte 15 Sekunden, weil ich möchte, dass Sie alle von Beginn an verstehen, was ich sage«, fügte er hinzu und trat so auch gleich mit dem Publikum in Kontakt. Die Rede, die er hielt, gilt als eine der wichtigsten eines Staatsoberhaupts im 21. Jahrhundert.

»Die Ukraine will den Frieden. Europa will den Frieden. Die Welt sagt, dass sie keinen Krieg will. Und Russland? Dass es nicht angreifen möchte. Jemand von uns lügt«, begann Selenskyj seine Ansprache.

Weiter sagte er, er sei erst vor zwei Tagen an der Demarkationslinie in der Oblast Donezk gewesen.

»Auf der einen Seite dieser Linie befindet sich ein Kindergarten, und auf der anderen war eine Rakete, die auf diesen Kindergarten abgefeuert wurde. Auf der einen Seite befindet sich eine Schule, und von der anderen kam ein Geschoss, das den Sportplatz traf. Es schlug in der Nähe von 30 Kindern ein, die gingen … Nein, nicht zur NATO. Sie gingen zur Schule. […] Manche von ihnen gingen vielleicht zum Geschichtsunterricht. Und als auf dem Schulsportplatz der Bombenkrater auftaucht, da fragen sie: Hat die Welt ihre Fehler aus dem 20. Jahrhundert vergessen? Zu was führt eine Politik der Zurückhaltung? So verwandelte sich die Frage ›Warum für Danzig sterben?‹ in die Notwendigkeit, für Dünkirchen und Dutzende andere Städte in Europa zu sterben. Und sie führte zu Millionen verlorenen Menschenleben«, erinnerte Selenskyj die Spitzen aus Politik und Wirtschaft, die sich in München versammelt hatten.

Er fragte, wie konnte die Welt es zulassen, dass im Europa des 21. Jahrhunderts wieder ein Krieg ausbrach – der seit dem Jahr 2014 im Osten der Ukraine geführt wird – und dass Menschen starben? Und warum dauert er länger als der Zweite Weltkrieg?

»Wie haben wir es zu der größten Sicherheitskrise seit dem Kalten Krieg kommen lassen?«, überlegte Selenskyj. »Für mich als Präsident eines Landes, das einen Teil seines Territoriums, das Tausende Menschen verloren hat und an dessen Grenze sich gegenwärtig 150 000 russische Soldaten, eine Menge Gerät und schwere Waffen befinden, ist die Antwort offensichtlich. Die internationale Sicherheitsarchitektur ist brüchig und muss repariert werden. Die Prinzipien, auf die sich die Welt vor mehreren Jahrzehnten verständigt hat, funktionieren nicht mehr.«

Er erinnerte an das Budapester Memorandum von 1994, das der Ukraine Schutz im Tausch gegen den Verzicht auf Atomwaffen garantieren sollte, erinnerte an die Minsker und die Normandie-Abkommen, kraft derer Russland den Beschuss der Grenzlinie im Donbass einstellen sollte. Er hielt der NATO das Versprechen der offenen Tür vor, die für die Ukraine doch verschlossen blieb. Er erinnerte auch daran, wie zwei Jahre zuvor auf der Münchner Sicherheits-Konferenz alle Angela Merkel applaudierten, die sagte, man müsse die Scherben einer zerbrochenen Welt aufsammeln und neu zusammensetzen. Beim Applaus ist es geblieben.

Und er appellierte an die Welt:

»Unterstützen Sie die Veränderungen in unserem Land. Beschließen Sie einen Stabilitäts- und Wiederaufbaufonds für die Ukraine, ein Lend-Lease-Programm, die Lieferung modernster Waffen, Maschinen und Geräte für unsere Armee – eine Armee, die ganz Europa verteidigt.

Und nun das Wichtigste: Es geht um drei Mädchen aus Kyjiw. Das eine ist zehn Jahre alt, das zweite sechs und das dritte erst ein

Jahr. Heute haben sie ihren Vater verloren. Um sechs Uhr früh mitteleuropäischer Zeit, als der Offizier des ukrainischen Geheimdienstes Hauptmann Anton Sydorow infolge von Artilleriebeschuss starb – der verboten ist durch die Minsker Abkommen. Ich weiß nicht, woran er im letzten Moment seines Lebens dachte. Mit Sicherheit wusste er nicht, welche Anforderungen erfüllt werden müssen, um den Krieg zu beenden. Aber er wusste die Antwort auf die Frage, die ich zu Beginn gestellt habe. Er wusste, wer von uns lügt.«

Zu der internationalen Elite aus Politik und Finanzwelt, die an jenem Abend in dem Münchner Hotel versammelt war, hatte noch nie jemand so gesprochen. Möglicherweise hatte sich von hier auch noch niemand so – durch die mediale Übertragung – an die Menschen auf der ganzen Welt gewandt. Schwer zu sagen, welchen Eindruck Selenskyjs Worte auf die Teilnehmer machten, mit Sicherheit jedoch gelang es ihm seit dieser Rede, die Gesellschaften verschiedener Länder auf seine Seite zu ziehen. Vier Tage später, am 23. Februar, als man den russischen Angriff jeden Moment erwartete, hielt Selenskyj erneut eine Rede – diesmal an die Russen, aufgenommen vor dem Hintergrund einer Karte der Ukraine mitsamt der Krim und den besetzten Gebieten in Donezk und Luhansk.

»Heute habe ich versucht, eine telefonische Verbindung mit dem Präsidenten der Russischen Föderation herzustellen. Das Ergebnis? Schweigen in der Leitung. Schweigen sollte im Donbass herrschen. Deshalb möchte ich an alle russischen Bürger appellieren, nicht als Präsident, sondern als Bürger der Ukraine«, sagte Selenskyj auf Russisch.

»Heute trennen uns von euch 2000 Kilometer unserer gemeinsamen Grenze. An dieser Grenze steht heute eure Armee. Etwa 200 000 Soldaten, Tausende Einheiten militärischer Ausrüstung. Eure Führung hat ihnen diesen Angriff auf das Territorium eines anderen Landes erlaubt. Der Angriff kann zum Beginn eines großen Krieges auf dem europäischen Kontinent werden«, sprach Selenskyj düster.

Er sagte, die richtige Ukraine und die, die den Russen im Staatsfernsehen gezeigt werde, das seien zwei unterschiedliche Länder. Und nicht das, was man im russischen TV sehen könne, entspreche der Wahrheit.

»Sie sagen euch, wir seien Nazis. Wie kann man eine Nation als Nazis bezeichnen, die acht Millionen Menschenleben im Kampf gegen die Nazis verloren hat? Wie kann man mich als Nazi bezeichnen? Was hätte mein Großvater dazu gesagt, der den Krieg als Soldat der Infanterie in der sowjetischen Armee überlebte und als Oberst in der freien Ukraine starb.«

Selenskyj erklärte, dass die Ukraine keinen Krieg wolle. Falls jedoch jemand beabsichtige, ukrainischen Boden zu stehlen, Erwachsenen und Kindern das Leben zu nehmen, dann werde die Ukraine sich verteidigen.

»Wir werden uns verteidigen, nicht angreifen. Wenn ihr angreift, werdet ihr unsere Gesichter sehen, nicht unsere Rücken. Die Menschen können einen Krieg aufhalten«, fuhr Selenskyj fort. »Gewöhnliche Menschen, Väter, Mütter. Ich weiß, dass das russische Fernsehen diese Rede von mir nicht zeigen wird. Die russischen Bürger sollten sie jedoch sehen. Sie sollten die Wahrheit erfahren. Und die Wahrheit lautet, man muss aufhören, solange es noch nicht zu spät ist. Und falls die russischen Machthaber nicht mit uns sprechen wollen, vielleicht sprechen sie mit euch. Wollen die Russen den Krieg? Die Antwort auf diese Frage könnt nur ihr geben, Bürger der Russischen Föderation.«

Das war Selenskyjs letzte Rede vor dem russischen Angriff. Er spürte, dass vielleicht schon die folgende Nacht die Ukraine und Europa für immer verändern würde. Und damit auch sein Leben. Doch wie kam es, dass er sich im Verlauf der wenigen Wochen vor dem Krieg von einem modernen Präsidenten, der versuchte den Herausforderungen des Alltags zu trotzen, in einen Leader in

Kriegszeiten verwandelte? Ereignisse, die er mit Sicherheit nicht erwartete, als er für das Amt kandidierte, bewegten seine Präsidentschaft in eine unbekannte Richtung.

7 OLENA

Von der Jugendliebe zur First Lady

IN DIESEM KAPITEL

MIT SEINER FRAU OLENA IST ER BEREITS SEIN GANZES ER-
WACHSENENLEBEN ZUSAMMEN, sie begannen sich zu treffen, als
sie 18 Jahre alt war. Er wusste nicht, wie er sie kennenlernen sollte.
Ein Kumpel machte ihm den Vorschlag, er könne für ihn eine Vi-
deokassette von dem Mädchen ausleihen. Doch schließlich ging
Selenskyj selbst zu Olena.

SIE HABEN AUCH IM STUDENTENKABARETT ZUSAMMENGEAR-
BEITET. Nach acht Jahren Beziehung heirateten sie. Im Jahr darauf
kam ihre Tochter Oleksandra, und neun Jahre später ihr Sohn
Kyrylo auf die Welt.

OLENA SAGT, DASS IHR MANN SELBSTSTÄNDIG SEINE ENT-
SCHEIDUNGEN TREFFE. Hätte er auf sie gehört, wäre er nicht bei
der Wahl angetreten. Auf der anderen Seite betont Selenskyj, dass
er in den wichtigen Fragen den Rat seiner Frau einhole und sie
großen Einfluss auf seine Entscheidungen habe.

SIE HAT SICH IN SOZIALEN PROJEKTEN FÜR KINDER ENGA-
GIERT. Auf Auslandsreisen unterstützte sie ihren Mann, und sie
benutzte die Mode als diskrete Methode, um Werbung für die
Ukraine zu machen. Als der Krieg ausbrach, stand sie Schulter
an Schulter mit ihm.

Es ist der 20. Mai 2019, die Amtseinführung von Präsident Wolodymyr Selenskyj. Die Abgeordneten applaudieren dem lächelnden
neu gewählten Präsidenten, aber seine Frau Olena Selenska macht
ein trauriges Gesicht. Sie blickt, als würde sie den Beifall nicht hören, als wäre sie mit den Gedanken woanders oder würde sie sich
fragen: Was mache ich hier? Wohin wird uns das führen?

In einem eleganten cremefarbenen Kostüm sitzt sie in der
zweiten Reihe auf der Ehrentribüne im Saal der Werchowna
Rada, des Obersten Rats der Ukraine. Links von ihr Selenskyjs
Eltern, rechts der ehemalige Präsident Leonid Krawtschuk. Ebenfalls anwesend sind die Präsidenten Leonid Kutschma, Wiktor
Juschtschenko und der sein Amt abgebende Petro Poroschenko,
der noch bis vor Kurzem im Wahlkampf der Rivale ihres Mannes
war. Es sind auch Vertreter der Nachbarstaaten da: Die Präsidentin Litauens Dalia Grybauskaitė oder der Chef des polnischen
Außenministeriums Jacek Czaputowicz, der direkt hinter Selenska sitzt.

Der rechts von ihr sitzende Leonid Krawtschuk bemerkt, dass
sie sich verloren fühlt, und versucht sie aufzuheitern. Er beugt sich
zu ihr.

»Er hat Anekdoten aus seiner Regierungszeit erzählt, unbekannte, humorvolle Geschichten über das höchste Amt der Ukraine«, sagte Olena später in einem Interview, das sie Natalija Mosejtschuk gab, die das Programm *VIP s Natalieju Mosejtschuk* (VIP
mit Natalija Mosejtschuk) moderiert, in dem die populäre ukrainische Journalistin ihren Gästen zentrale, aber oft auch unbequeme Fragen stellt.

Als sie den Geschichten von Krawtschuk lauschte, musste Olena lächeln. »Ich war damals nicht traurig. Ich habe mir Sorgen
gemacht«, stellte sie in Interviews klar. »Ich habe mir Sorgen gemacht, weil ich wusste, dass sich nun unser Leben ändern wird.
Dass sich alles ändern wird. Ich wusste, mit welchen Schwierigkeiten wir es zu tun bekommen würden.«

Auf die ersten Hürden stieß sie schon dort, in der Werchowna Rada während der Inauguration. Auf der Ehrentribüne befanden sich viele politische Widersacher ihres Mannes. Menschen, die im Wahlkampf nach ihnen beiden mit Schmutz geworfen hatten, sei es bei Auftritten oder durch Unterstellungen in den sozialen Medien. Aber auch das Kabarett ihres Mannes hatte auf der Bühne weder Poroschenko noch dessen Frau, noch andere Politiker verschont.

Vielleicht fühlte sich Olena deshalb unbehaglich, denn weder begrüßte sie die anderen noch diese sie. Alle vermieden den Blickkontakt mit ihr, niemand außer Krawtschuk versuchte, mit ihr ins Gespräch zu kommen. Die nächsten Tage der First Lady waren nicht die leichtesten. Im Grunde hatte sie niemand mit der neuen Rolle und den neuen Aufgaben vertraut gemacht. Die Frau des scheidenden Präsidenten, Maryna Poroschenko, übertrug ihr nicht formell ihre Pflichten, genauso wenig wie Poroschenko die Amtsgeschäfte formell an Selenskyj übergab. Olena Selenska musste sich in der neuen Funktion alles selbst erschließen. Und sie war zunächst verloren. In den ersten Wochen nach der Machtübernahme ihres Mannes war die First Lady unsichtbar. Bis die Medien zu fragen begannen: »Wo ist Olena Selenska?«

Nach einer Weile wurde sie dann aktiv: Als First Lady machte sie Werbung für Programme für eine gesunde Ernährung oder für die Überwindung von Barrieren, auf die Kinder in Schulen stoßen. Sie glänzte im Ausland bei offiziellen Besuchen und bei Treffen mit den First Ladys anderer Länder. Sie wurde zu einer der schicksten Präsidentengattinnen, und man verglich sie mit Michelle Obama. Sie betrieb Modediplomatie und machte Werbung für ukrainische Designer.

Damals jedoch, am Tag der Inauguration, spürte sie ganz einfach, dass nichts mehr so sein würde wie bisher. Ihr altes Leben und all das, woran sie aus den Jahren der Beziehung mit Wolodymyr Selenskyj und der Arbeit im Kwartal 95 gewohnt war, war vorbei.

Jugend

Olena Kijaschko und Wolodymyr Selenskyj sind gleichaltrig. Sie ist zwölf Tage jünger, geboren wurde sie am 6. Februar 1978. Obwohl sie dasselbe Gymnasium Nr. 95 besuchten und in Parallelklassen gingen, lernten sie sich zu Schulzeiten nicht näher kennen. Er wurde nicht auf sie aufmerksam, sie hingegen bestimmt auf ihn – er war schließlich der Star der Schule –, doch damals hatten sie keine Gelegenheit, sich anzufreunden.

Sie lebten in derselben Siedlung, beide stammen aus russischsprachigen Familien, die ähnliche Bräuche pflegten. Olena begann erst in der zweiten Klasse der Grundschule Ukrainisch zu lernen, übrigens war sie – genau wie Wolodymyr – insgesamt eine fleißige Schülerin.

Persönlich lernten sie sich erst zu Beginn ihres Studiums kennen. Sie studierte in Krywyj Rih Architektur an der Technischen Hochschule, er Jura am Wirtschaftsinstitut.

»Die wunderschöne Olena tauchte einmal bei uns an der Universität auf, und selbstverständlich wurde Wolodymyr auf sie aufmerksam«, erzählte Selenskyjs Freund Oleksandr Pikalow dem Nachrichtensender TSN. ›Er sagte zu mir: Ein schönes Mädchen, was mache ich, um sie kennenzulernen?‹«

Pikalow hatte sofort eine Idee: »Ich leihe mir unter irgendeinem Vorwand eine Videokassette von ihr aus, und du gibst sie ihr dann zurück«, schlug er vor. Schließlich ging Selenskyj selbst zu dem Mädchen. Er sagte, dass er sich sehr gern diesen Film ansehen würde, und fragte, ob er ihn sich ausleihen könne.

»Es war egal, dass ich den Film schon mindestens 15 Mal gesehen hatte. Wichtig war, dass ich nun mit ihr in Kontakt war und ihre Telefonnummer hatte«, erzählte er später in dem Film *Das Kwartal und sein Team*.

»Ich ging mit einer Freundin die Straße entlang, da kam eine Gruppe von Jungs, Wolodymyr war unter ihnen. Später haben wir uns angerufen, und schließlich begannen wir uns zu treffen«, erinnerte sich Olena in einem Interview für BBC Ukrajina.

Sie wohnten nicht weit voneinander entfernt. Er kam täglich am Nachmittag zum Aufgang ihres Wohnblocks im Bezirk Muraschnik und wartete, bis Olena mit dem Hund hinausging. Dann spazierten sie und unterhielten sich.

Für Selenskyj hatte die Sache nur einen Haken: Olena hatte schon einen Freund. Wolodymyr überlegte sich, was zu tun war. Er versuchte das Mädchen zu bezaubern und setzte all seinen Charme ein. Als er dann zu seinem Konkurrenten ging, um sich mit ihm zu verständigen, vereinbarten sie, dass Olena entscheiden sollte, mit wem sie zusammen sein wollte. Und dass sie ihre Entscheidung akzeptieren würden.

Olena war anfangs nicht interessiert an Wolodymyr. Sie suchte keine neue Beziehung. Das hatte zur Folge, dass es Selenskyj noch mehr danach verlangte, ihr Herz zu gewinnen. Und wie gewöhnlich, wenn er sich ein Ziel setzt, war er dabei konsequent und hartnäckig. »Ich hatte nie Probleme mit Mädchen, und hier war plötzlich so eine harte Nuss zu knacken«, sagte er in einem Interview für *Obozrevatel.* »Ich war neugierig auf Lena und wollte sie erobern. Und später hat sich diese Faszination in leidenschaftliche Liebe verwandelt.«

Olena entschied sich schließlich für Wolodymyr. Sie war 18 Jahre alt, von ihm fühlte sie sich aufrichtig und leidenschaftlich geliebt. Sie sah, dass Wolodymyr starke Gefühle für sie empfand. Und schließlich setzte er seinen Willen durch. »Denn was braucht es mehr, um das Herz eines Mädchens zu gewinnen?«, erinnerte sie sich in dem Interview für BBC.

Kurz darauf begannen sie sich nicht nur zu treffen, sondern auch gemeinsam in dem Studentenkabarett zu arbeiten. Und gemeinsam waren sie in der Kabarett-Liga des KWN erfolgreich. Olena trat anfangs auch auf der Bühne auf, aber mit der Zeit schrieb sie hauptsächlich Drehbücher für die Sketche.

Selenskyj direkt vor seiner Vereidigung als Präsident der Ukraine, auf dem Weg zum Gebäude der Werchowna Rada, Kyjiw, 20. Mai 2019
Foto: SERGEI SUPINSKY/AFP/ East News

Mit seiner Frau Olena am Tag seiner Inauguration, Kyjiw, 20. Mai 2019
Foto: Ukrinform/East News

Auf dem ersten Kongress der Partei Diener des Volkes (Sluha narodu), Kyjiw, Juni 2019
Foto: Zoya Shu/Associated Press/East News

Die neugewählten Abgeordneten der Partei Diener des Volkes auf einer einwöchigen Schulung in Truskawez, Juli 2019
Foto: PAVLO PALAMARCHUK/Reuters/Forum

Feier zum Unabhängigkeitstag, auf einem Plakat ein Foto von Präsident Selenskyj und die
Aufschrift: »Du bist unser Messias«, Unabhängigkeitsplatz in Kyjiw, 24. August 2019
Foto: Serg Glovny/Zuma Press/Forum

Im Gespräch mit Andrij Bohdan, dem Chef der Präsidialverwaltung, während der ersten Sitzung
des neuen Parlaments, 29. August 2019   Foto: STR/NurPhoto/Getty Images

Präsident Selenskyj in seinem
Büro, November 2019
Foto: Guillaume Herbaut /
Agence VU/VU Images/East
News

Rückkehr des Regisseurs Oleh
Senzow (re.) in die Heimat im
Rahmen eines Kriegsgefangenen-
austauschs zwischen Russland und
der Ukraine, Zweiter von links
Andrij Bohdan, Flughafen Kyjiw-
Boryspil, September 2019
Foto: Maxym Marusenko/
NurPhoto/ Getty Images

Der Präsident begrüßt
ukrainische Kriegsgefangene,
die aus russischer Gefangen-
schaft zurückkehren,
Flughafen Kyjiw-Boryspil,
Dezember 2019
Foto: Sergei Chuzavkov/
Zuma Press/Forum

Mit seiner Frau Olena während der ersten Audienz bei Papst Franziskus im Vatikan,
Februar 2020   Foto: Grzegorz Galazka/Mondadori Portfolio/Sipa USA/East News

Besuch bei Herzogin und Herzog von Cambridge im Londoner Buckingham Palace, Oktober 2020
                                        Foto: Jonathan Brady/Press Association/East News

Ankunft des Präsidentenpaares zur Inthronisation von Kaiser Naruhito, Tokio, Oktober 2019
Foto: Carl Court/Pool Getty Images/Associated Press/ East News

Bild unten:
Frühsport des Präsidenten der Ukraine, im Juni 2021 auf Instagram gepostet
Foto: INSTAGRAM @ ZELENSKYI_OFFICIAL

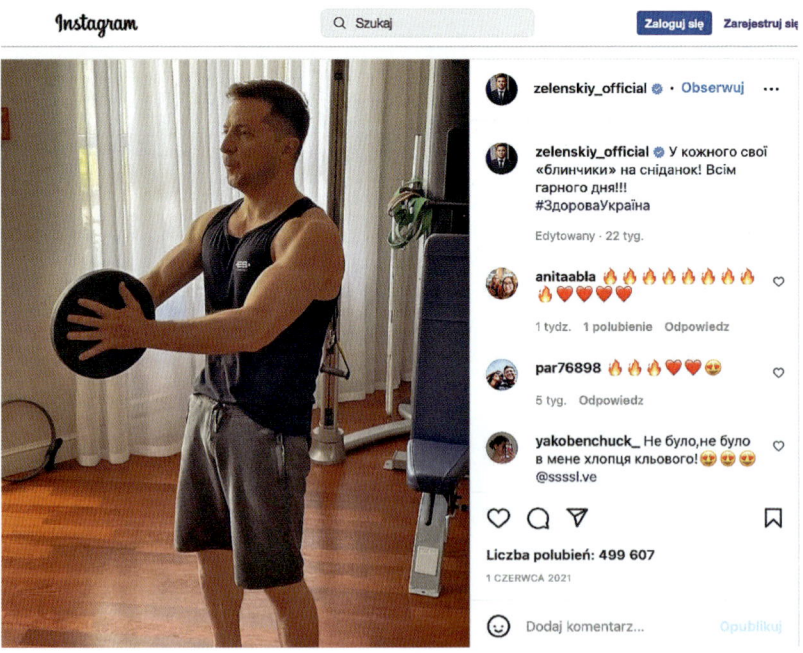

Von Olena Selenska am Kindertag 2019 auf Instagram veröffentlichter Post. Auf dem Foto ist sie gemeinsam mit ihrem Mann und den Kindern Kyrylo und Oleksandra zu sehen.
Foto: INSTAGRAM @OLENAZELENSKA_OFFICIAL

Rede der First Lady Olena Selenska während des 30. Forums »Gesunde Ukraine«, Kyjiw, Juni 2021
Foto: Pavlo Bahmut/Ukrinform/ Future Publishing via Getty Images

Mit seiner Pressesprecherin, Julia Mendel, bei einer Pressekonferenz, Kyjiw, Dezember 2019
Foto: STR/NurPhoto/Getty Images

Besuch bei Präsident Joe Biden im Weißen Haus, Washington, September 2021
Foto: Doug Mills-Pool/Getty Images

»Wolodymyr hat es immer gemocht, im Scheinwerferlicht zu stehen, im Vordergrund, aber ich bin lieber im Hintergrund«, sagte sie in Interviews.

Beide schlossen ihr Studium mit sehr guten Noten ab. Olena wurde Architektin, aber in ihrem gelernten Beruf hat sie nicht einen Tag gearbeitet, übrigens genau wie ihr künftiger Mann, der Jura am Wirtschaftsinstitut studierte. Beide wollten eine künstlerische Karriere. Ständig hatten sie Proben, feilten an den Drehbüchern, fuhren zu Auftritten. Für ein Privatleben war keine Zeit.

Die Jahre vergingen, und Olena wünschte sich, dass sie heirateten.

»Jetzt noch nicht. Ich bin ständig unterwegs«, antwortete Wolodymyr. Er war – und ist – ein Workaholic. Er kam um zehn, elf Uhr abends von der Arbeit nach Hause, und von früh an stürzte er sich schon wieder in den Strudel an Aufgaben. Er wusste, wenn er heiratet, würden als Nächstes Kinder kommen, und er fürchtete, dass er dann entweder sie vernachlässigen oder sich nicht mehr so sehr seiner Arbeit widmen könnte.

»Wir haben alle viel gearbeitet. Schließlich haben unsere Frauen gesagt, es sei an der Zeit zu heiraten«, erzählte Selenskyjs Freund und Mitarbeiter im Kabarett Oleksandr Pikalow in einem Interview. Im Kwartal gab es drei Paare, und sie vereinbarten, dass sie hintereinander heirateten, eins pro Woche. Es war August, und sie wollten es vor Mitte September schaffen, denn da würde Selenskyj aufbrechen, um neue Verträge für ihr Ensemble auszuhandeln.

»Wir machten einen Plan: Sascha Pikalow und Irina heiraten am 29. August, Olena und ich am 6. September und Wadim Perewersew und Ania am 13. September. Hätten wir damals im Kwartal so viele Leute gehabt wie jetzt, hätten wir ein ganzes Jahr lang Hochzeiten feiern können«, witzelte Selenskyj 2014.

All das geschah in dem entscheidenden Jahr 2003. Damals trennte sich Selenskyj endgültig von der KWN-Kabarett-Liga und deren Unterstützer Aleksandr Masljakow und beschloss, eine eigene Unterhaltungsfirma zu gründen.

Er schaute sich zusammen mit Olena einen romantischen Film an. »Als wir aus dem Kino kamen, sah ich einen Vater, der mit seinem Kind spielte«, erinnerte sich Selenskyj Jahre später in dem Film über das Studio Kwartal 95. »Ich sagte, dass ich gerne Kinder hätte. Olena antwortete, sie auch. Wir verabredeten, dass wir in diesem Fall heiraten müssen.«

Olena war glücklich, obwohl sie weder davon ausgehen konnte, dass sie und ihren künftigen Mann eine große Karriere im Showbusiness erwartete, und noch weniger, dass ihr Mann einmal Präsident werden würde und sie die First Lady der Ukraine. Damals war selbst die nahe Zukunft ungewiss.

Als sie von den Eheplänen hörte, nahm Olenas Mutter die Tochter zur Seite und fragte: »Bist du dir sicher, dass du ihn heiraten möchtest?«

»Ja.«

»Und was wird er machen? Der KWN ist vorbei, was nun?«

»Er wird sich schon was ausdenken, mach dir keine Sorgen.«

»Na gut, wenn du das sagst …«, erwiderte die Mutter, auch wenn sie nicht wirklich überzeugt war.

Am 6. September 2003 erschien Wolodymyr Selenskyj in Begleitung seiner Eltern und einiger Freunde vom Ensemble Kwartal 95 im grauen Anzug und mit einem Strauß weißer Blumen vor seinem Wohnblock. Er holte seine Verlobte ab. Olena wartete auf ihn, sie trug ein weißes Kleid mit dezentem hellrotem Blumenmuster und einen Schleier. Beide lachten glücklich. An diesem Tag, nach acht Jahren ihrer Beziehung, heirateten sie endlich. Trauzeugen wurden Sascha Pikalow und dessen Frau Irina. Zur Hochzeitsfeier, die im Gebäude mit der Kegelbahn stattfand, kamen mehr als 100 Personen. Die Eltern des Brautpaars waren da, aber auch eine große Gruppe von Freunden vom Kwartal 95.

Selenskyj erzählte, dass Sascha Pikalow, ein Liebhaber von Harleys und alten amerikanischen Autos, extra für sie einen Chrysler geliehen hatte, mit dem sie zur Trauung fuhren. Er hatte das Auto zufällig auf der Straße in Krywyj Rih gesehen und den Fahrer gefragt, ob er sein Auto für die Hochzeit eines Freundes ausleihen würde. Und so geschah es.

»Gleich nach der Hochzeit, als ich schwanger wurde, überzeugte sich Mama davon, wie sich Wolodymyr um mich kümmert, dass er mich liebt und für mich sorgt. Er hat unsere erste Wohnung in Krywyj Rih selbst renoviert, kam ins Krankenhaus«, erzählte Olena Selenska im Gespräch mit Natalija Mosejtschuk, einer der führenden Journalistinnen des ukrainischen Fernsehsenders 1+1. »Schließlich gewann Mama ihn so lieb, dass man kaum mehr unterscheiden konnte, ob ich ihre Tochter bin oder er ihr leiblicher Sohn.«

Kinder

Das junge Ehepaar lebte erst seit wenigen Wochen zusammen. Da ging Wolodymyr nach Kyjiw, Olena folgte ihm nach einer gewissen Zeit. Entsprechend Wolodymyrs Voraussage kam rasch, schon im Juli 2004, ihre Tochter Oleksandra zur Welt, Kosename Sascha.

»Nach der Geburt legte sich der Arzt meine Tochter in die Armbeuge und zeigte sie durch das Fenster. Er wusste, dass mein Mann vor dem Krankenhaus steht«, erzählt Olena in dem Film *Das Kwartal und sein Team.* »Und ich beschwerte mich bei ihm: ›Zeigen Sie sie mir, wo tragen Sie sie denn hin?‹«, erinnerte sich Olena lachend.

Wolodymyr sagte schon bei der Hochzeit, er wünsche sich, dass ihr Kind nach seinem Vater Oleksandr benannt würde. Auf Russisch lautet die Koseform des Vornamens sowohl in seiner männlichen als auch in seiner weiblichen Variante »Sascha«.

Obwohl, wie Olena sagte, das Ensemble Kwartal 95 für sie und ihren Mann eine zweite Familie war, mussten sie nun auch ihrem Kind Zeit widmen. Das Kwartal hatte Erfolg, es entstanden neue Sketche, Filme, Serien, und Olena wurde zur wichtigsten Drehbuchautorin des Studios Kwartal 95. Sie schrieb Drehbücher für das Kwartal am Abend, aber auch für das neue Programm *Schenskyi Kwartal* (Frauen-Kwartal). Sie machte auch Sketche für *Kyjiw am Abend* und arbeitete an dem Programm *Bring den Komiker zum Lachen* mit.

Alles war Teamarbeit. Wie sie selbst in dem Interview für die BBC sagte, kam es im Kwartal 95 nicht vor, dass eine Person ein ganzes Drehbuch allein schrieb. Man brauchte immer eine zweite Meinung, also machte das ganze Team Anmerkungen, die Mitarbeiter sagten, was gut ist und was nicht. Sie musste sich stark einbringen bei der Arbeit, was sie immer sehr zufrieden gemacht habe. Wolodymyr war noch beschäftigter aufgrund der vielen Proben und Tourneen. Sie stellten ein Kindermädchen ein, später auch für das zweite Kind – im Jahr 2013 kam ihr Sohn Kyrylo auf die Welt.

Mit ihrem Sohn ist eine Geschichte verbunden, die etwas mehr Einblick gibt in die Beziehung beider Selenskyjs zum Glauben. Beide stammten aus Familien, die nicht religiös waren, übrigens waren in der UdSSR, als sie heranwuchsen, religiöse Praktiken nicht gern gesehen. Zudem stammt Wolodymyr aus einer Familie mit jüdischen Wurzeln, und Olena war nicht einmal getauft. Trotzdem beschlossen sie, ihr zweites Kind taufen zu lassen. Sie wählten dafür die historische, aus dem 17. Jahrhundert stammende Elias-Kirche im Bezirk Podil aus, wo schon im 10. Jahrhundert die erste Kirche von Kyjiw, eine Holzkirche desselben Namens, gestanden hatte. Einem Teil der Überlieferungen zufolge fand unweit der Kirche die Taufe der Kyjiwer Rus statt, und von hier verbreitete sich das Christentum in der ganzen Rus.

Während der Taufe verhielt sich der kleine Kyrylo ruhig. Der Vater hielt ihn auf dem Arm, Olena und die damals neunjährige Sascha begleiteten ihn. Bei der Zeremonie waren auch die in Kyjiw lebenden Eltern von Olena anwesend, es fehlten jedoch Selenskyjs Eltern. Das Ganze fand im Kreis ihrer Freunde statt. Bevor aber das Kind getauft wurde, musste die Mutter getauft werden. Olena suchte sich Lena Krawez, eine Freundin aus dem Studio Kwartal 95, als Taufpatin.

»Ich habe mich sehr gefreut, dass Olena mich bat. Das war so nett«, sagte Krawez in Interviews. Bei der Gelegenheit wurden Krawez und ihr Mann auch gleich Taufpaten von Kyrylo.

Die Selenskyjs waren damals schon sehr wohlhabend. Sie besaßen mehrere Wohnungen, eine mitten im Zentrum der Hauptstadt, und ein Haus bei Kyjiw, ihr Vermögen betrug mehrere Millionen Dollar. Die Kinder schickten sie auf die Nowopetscherska Privatschule in Kyjiw, wo das Schulgeld jährlich 10 000 Dollar beträgt. Das ist eine moderne, hervorragend ausgestattete Bildungseinrichtung in einer der neuen Siedlungen der ukrainischen Hauptstadt, nicht weit entfernt vom Botanischen Garten.

Die jugendliche Sascha erinnert mit ihrem Temperament eher an den Vater. Sie ist resolut, mutig, steht gern im Zentrum der Aufmerksamkeit. Im Jahr 2016, als sie zwöf Jahre alt war, überraschte sie zusammen mit der Mutter ihren Vater: Sascha trat in dem populären Unterhaltungsprogramm *Bring den Komiker zum Lachen* auf.

Sascha, die damals in die fünfte Klasse der Grundschule ging, sollte ihren Vater und Ewgenij Koschewoj, einen Kollegen aus dem Ensemble, zum Lachen bringen. Selenskyj, der von den künstlerischen Ambitionen seiner Tochter wusste, war allerdings bislang dagegen gewesen, dass sie auftrat. Es war also eine abgekartete Sache zwischen Mutter und Tochter.

»Papa denkt, dass ich in der Schule bin«, sagte das Mädchen lachend direkt vor dem Programm. Sie hatte überhaupt kein Lampenfieber, trotz des zahlreichen Publikums im Studio, des ganzen

Getümmels und der blendenden bunten Scheinwerfer. »Wenn ich auf die Bühne gehe, werde ich ein wenig Angst haben, vielleicht Freude. Aber ich bin sehr gespannt, wie das wird«, sagte sie.

Der vom Anblick seiner Tochter verblüffte Wolodymyr Selenskyj fiel fast vom Stuhl, als sie sagte, dass es schrecklich sei, Selenskyjs Tochter zu sein, weil sie Angst habe, dass sich mit 16 Jahren ihre Stimme verändere und sie anfange so zu sprechen wie ihr Vater. In einem anderen Witz bezog sie sich auf das berühmte Lied aus der die Beliebtheitsrekorde brechenden Serie *Diener des Volkes:* »Papa, du singst, dass du dein Vaterland liebst, deine Frau und deinen Hund, aber kein Wort über deine liebe Tochter.« Sie witzelte weiter: »Gerade ist im Netz ein neuer Blog erschienen. Er wird von Selenskyj geführt. Warum? Weil Selenskyj jetzt alles führt.« Im nächsten Sketch sagte sie: »Papa fehlt mir nicht zu Hause. Wenn ich mit ihm zusammen sein möchte, schalte ich den Sender 1+1 an und da habe ich meinen Vater.«

Sascha hatte überhaupt kein Lampenfieber, und ihre Witze erheiterten den Vater wie das Publikum, weil sie ein Körnchen Wahrheit enthielten. Selenskyj war in jener Zeit tatsächlich mit vielen Projekten beschäftigt und kam spät nach Hause. Er ging auch ständig auf Tournee. Wenn er aber zu Hause war, verbrachte er die Zeit mit den Kindern. Er saß bei Sascha am Bett, bis sie eingeschlafen war, dachte über ihre Zukunft nach. Ähnlich war es mit Kyrylo. Die Kinder hatten ihre Eltern ganz für sich nur im Familienurlaub, und der fiel meist auf den Winter.

»Im Sommer gibt es viele Aufnahmen, Auftritte, da ist es sehr schwer, Urlaub zu planen«, sagte Olena Selenska im Gespräch mit Natalija Mosejtschuk. Gewöhnlich verreisten sie im Winter zum Skifahren, obwohl sie immer noch nicht gut fahren konnte. Wenn ihr Mann mit den Kindern auf die Piste ging, organisierte sie sich andere Beschäftigungen.

Bei dem unvergesslichen Fernsehauftritt sagte Sascha, sie wolle Filmproduzentin werden wie ihr Vater, doch die Eltern planten überhaupt keine Karriere für sie im Showbusiness. Erwachsene, die dank großer Anstrengung in einem Bereich erfolgreich sind, wissen, welche Arbeit für den Erfolg nötig war, und wollen ihren Kindern natürlich ein solches Schicksal ersparen. Vielleicht wollten sowohl Olena wie auch Wolodymyr Selenskyj ihre Tochter deshalb ungern in dieser Branche sehen.

»Sascha ist schon in einem Film aufgetreten, ich habe aber die Hoffnung, dass sie nicht weiter diesem Weg folgt«, sagte Olena Selenska im Gespräch mit Mosejtschuk, als sie First Lady wurde. »Der Jüngere, Kyrylo, hat noch die Chance auf eine normale Kindheit: mit anderen Kindern spielen, Sport, Unterricht in der Musikschule, ohne unnötige Aufmerksamkeit auf sich zu ziehen.«

Sascha, sprachlich talentiert, beschloss mit 17 Jahren, dass sie im Land studiert, obwohl viele ihrer Schulfreundinnen und Freunde über ein Studium im Ausland nachdenken.

»Wir haben keinen Druck auf sie ausgeübt. Das hat sie selbst so entschieden, und ich freue mich sehr, weil ich mir wünsche, dass sie in der Nähe ist, dann werde ich mich um sie kümmern können«, sagte Olena Selenska Natalija Mosejtschuk im Mai 2021.

Sie drängten ihre Tochter auch nicht in der Frage der Studienwahl. Selenskyj wollte keinen Druck auf sie ausüben, wie er ihn von den eigenen Eltern verspürt hatte, als er seinen Schulabschluss machte.

»Wolodymyr sieht das entspannt. Er lässt ihr viele Freiheiten: ›Such dir selbst aus, was du studieren möchtest‹«, fügte Olena Selenska hinzu. Sascha hatten sie nur Nachhilfeunterricht in Mathematik und Ukrainisch organisiert, weil die Tochter meinte, dass sie in diesen Fächern zusätzlichen Unterricht brauchte.

Im Oktober 2021 bestätigte Wolodymyr Selenskyj der Journalistin Kateryna Osadtscha in dem Fernsehprogramm *Switske Schyttia* (Weltliches Leben), dass sich Sascha dazu entschieden habe, in der Ukraine zu studieren, auch deshalb, weil ihr Vater Präsident dieses Landes sei. »Sie möchte Internationale Beziehungen studieren, konkret Internationale Ökonomie – obwohl, so wie ich sie kenne, halte ich es für möglich, dass sie ihre Meinung noch mal ändern könnte«, sagte Selenskyj lachend.

Wahl

In Olenas Leben, erfüllt von der Arbeit mit dem Studio Kwartal 95, zeigten sich die ersten Anzeichen einer Veränderung schon 2014, nach dem russischen Angriff auf die Krim und die Region Donezk. Der Krieg und damit die Politik berührten das Leben eines jeden Einwohners der Ukraine. Im Osten des Landes tobten die Kämpfe mit den von Russland unterstützten Separatisten. In den Regionen Donezk und Luhansk starben Menschen – Soldaten und Zivilisten, es kam zu Morden und Vergewaltigungen.

»Einmal kam Wolodymyr nach Hause, er war sehr niedergeschlagen wegen der Meldungen von der Front. Ich bat ihn, seine Aufregung den Kindern nicht zu zeigen«, erinnerte sich Olena in einem Interview. Sie sprachen immer öfter über Politik, über die Zukunft des Landes und die der Kinder. Wie Selenskyj in Interviews sagte, wünschten sie sich, die Kinder könnten in einem friedlichen, modernen und sich wie die westlichen Länder entwickelnden Staat aufwachsen und in Freiheit leben. Auch im Kreis der Freunde vom Studio Kwartal 95 wurde öfter darüber gesprochen. Und die Serie *Diener des Volkes* zeigte ihre Visionen einer neuen Ukraine im Fernsehen. Als im Dezember 2017 auf Initiative Selenskyjs eine Partei mit demselben Namen entstand – Diener des Volkes –, war klar, dass die Politik endgültig im Hause Olenas und Wolodymyrs Einzug gehalten hatte.

Selenskyj betonte bei vielen Gelegenheiten, dass er sich in allen wichtigen Fragen Rat bei seiner Frau hole und sie großen Einfluss auf seine Entscheidungen habe. Olena behauptete, dass es ein wenig anders sei: Er habe noch nie auf jemanden gehört und beabsichtige das auch nicht. »Natürlich, mein Mann fragt mich oft nach meiner Meinung, aber die Entscheidung trifft er allein.« So war es, als er 2018 davon zu sprechen begann, dass er sich überlege, bei der Wahl zum Präsidenten der Ukraine im darauffolgenden Jahr zu kandidieren. Olena protestierte und riet entschieden davon ab.

»Bist du verrückt geworden, Wowa? Ich bin absolut dagegen«, verkündete sie, als sie nur von der Idee hörte.

»Warum?«

»Weil das unser Leben komplett verändert. Du bist kein Politiker, und man bekommt es mit der ganzen dreckigen Seite der Politik zu tun«, sagte sie. Sie wiederholte, dass sie entschieden gegen eine Kandidatur sei. Auch die Eltern rieten Wolodymyr ab. Olena sah jedoch, dass ihr Mann dennoch weiter mit dem Gedanken spielte.

»Andere waren auch Schauspieler, Schwarzenegger und Reagan, und sie waren erfolgreich in der Politik«, rief er ihr in Erinnerung.

Es war sinnlos zu diskutieren. Sie erkannte, dass sie ihn ohnehin nicht umstimmen würde, und beschloss, sich mit den Argumenten ihres Mannes zu beschäftigen. Sie begann also nach den Motiven zu forschen und darüber zu sprechen, was er bezweckte.

»Als mir bewusst wurde, dass Wolodymyr sich völlig im Klaren darüber war, was er zu tun beabsichtigte, da wurde ich ruhiger. Manchmal handelt jemand und trifft Entscheidungen unter dem Einfluss seines Umfeldes. Aber als ich verstanden hatte, dass es in diesem Fall nicht so war, dass es wirklich sein Entschluss war, blieb mir nichts anderes übrig, als ihn zu unterstützen, anstatt ihn davon abbringen zu wollen. Ich beschloss ihm zu helfen, damit es etwas leichter würde«, gestand Olena Selenska in einem Interview für die BBC.

Und das tat sie. Eine Überraschung gab es jedoch. Sie wusste nicht, dass der Filmbeitrag, in dem ihr Mann seine Absicht verkündete, für das Amt des Präsidenten zu kandidieren, am Silvesterabend 2018 ausgestrahlt werden würde. Sie sah an diesem Tag kein Fernsehen, sie waren mit der ganzen Familie zum Skifahren in Frankreich. Um Mitternacht trank sie mit Wolodymyr einen Sekt und ging schlafen.

Als sie am Morgen nach dem Smartphone griff, sah sie, dass alle nur darüber diskutierten.

»Warum hast du mir nichts gesagt?«, fragte sie ihren Mann vorwurfsvoll.

»Habe ich nicht? Meine Liebe, das habe ich vergessen«, entgegnete er.

Vielleicht wollte er sie überraschen. Auf jeden Fall hatte er das Video, in dem er seine Kandidatur verkündete, aufgenommen, als er mit dem Ensemble auf Reisen war. Und Olena und er hatten sich erst an Silvester wiedergesehen.

Nun begann, was Olena befürchtet hatte: scharfe Angriffe von der politischen Konkurrenz. Die Verbindung zu dem Oligarchen Ihor Kolomojskyj wurde bekannt gemacht, er finanzierte angeblich den Wahlkampf ihres Mannes, es wurden Informationen über ihre Vermögenswerte verbreitet. Die Medien publizierten ihre Steuererklärung, aus der zu ersehen war, dass sie Besitzerin von zwei Wohnungen und Mitinhaberin von drei anderen Räumlichkeiten ist, einen Mercedes S 500 4MATIC fährt, aber auch luxuriöse Dinge besitzt wie Uhren von Piaget sowie teuren Schmuck. Aus der Erklärung ging auch hervor, dass sie noch 2013, also vor Besetzung der Krim durch die Russen, zu attraktiven Bedingungen von dem Oligarchen Oleksandr Buriak ein 130 Quadratmeter großes Appartement in Liwadija unweit von Jalta gekauft hatte. Die Medien rechneten vor, die Summe dafür sei nur halb so hoch gewesen wie der marktübliche Preis.

Die Selenskyjs kommentierten diese sensationsheischenden Meldungen nicht. Übrigens hatten sie die Steuererklärungen veröffentlicht, bevor Selenskyj beschloss, als Präsident zu kandidieren. Sie verbargen auch nie, dass sie dank des Erfolgs von Studio

Kwartal 95 und den Filmen wohlhabend sind, doch die Presse wollte zeigen, dass sie bedeutend reicher seien und einen gänzlich anderen Lebensstil pflegten als die große Mehrheit der Gesellschaft.

Die Journalisten von Radio Swoboda stellten Nachforschungen an, die unter anderem belegen sollten, dass Wolodymyr Selenskyj Gelder in Gesellschaften habe, die auf Zypern registriert seien, und Geschäfte in Russland mache, sich seiner Anteile jedoch nach Verkündung seiner Kandidatur entledigt habe. Es wurde auch behauptet, Selenskyj sei drogenabhängig. Und natürlich gab es eine Menge Hasskommentare in den sozialen Medien.

»Das ist lustig, jeder, der uns kennt, weiß das. Aber ich verstehe, dass sie Vorwürfe erfinden, um den Konkurrenten angreifen zu können«, sagte Olena Selenska. Und sie riet ihrem Mann, sich während des Wahlkampfes so wenig wie möglich in den herkömmlichen Medien zu äußern, weil er nicht genug politische Erfahrung habe. Diesen Rat beherzigte Wolodymyr.

Doch auch Olena Selenska wurde attackiert. Vor dem zweiten Wahlgang der Präsidentschaftswahl, im April 2019, tauchte sie auf einem Portal auf, das die Namen von Kriegstreibern und Personen veröffentlicht, die die prorussischen Separatisten im Donbass unterstützen. Der Grund war ein Retweet von Olena im Jahr 2014. Sie hatte einen Aufruf von Separatisten weitergeleitet, die um Verbreitung von Videomaterial über die Bewegungen der ukrainischen Armee im Donbass baten und für jede Aufnahme von einer Länge von mindestens einer Minute 15 000 Rubel anboten. Zwar löschte sie diesen Post schnell wieder, doch Kopien waren erhalten geblieben.

Olena erklärte, dass sie diesen Tweet weitergeleitet habe, weil sie über den Aufruf der Separatisten empört gewesen sei und zeigen wollte, wie perfide sie waren. Als sie begriff, dass dies missverstanden werden konnte, hatte sie ihn gelöscht. Nach der Wahl wurde auch ihr Name wieder von dem Portal genommen, das

Daten von Kollaborateuren veröffentlicht. Ihrem Mann hatte die ganze Sache im Wahlkampf nicht geschadet. Sie bewies jedoch, dass Olena recht behielt mit ihrer Voraussicht, wie sehr die Kandidatur ihres Mannes bei der Präsidentschaftswahl ihr Leben verändern würde.

First Lady

Die Welle an Hasskommentaren, der brutale Wahlkampf und die Sorge um die Zukunft ihres Mannes als Präsident, aber auch um ihre eigene und die der Kinder, bewirkten, dass sich Olena Selenska nach der Wahl und der Inauguration im Obersten Rat der Ukraine aus dem öffentlichen Leben zurückzog. Sie arbeitete weiterhin als Drehbuchautorin für Studio Kwartal 95, außerdem hatte sie die Firmenbeteiligungen ihres Mannes übernommen. Die Wochen vergingen, und die First Lady trat sowohl in den Medien als auch auf den offiziellen Kanälen des Präsidenten kaum in Erscheinung.

Formell musste sich Selenska auch nicht zeigen. In der Ukraine hat die First Lady keine institutionalisierte Aufgabe und weder offizielle Verpflichtungen noch ein Büro oder eigenes Personal. Jegliche Aktivität der Präsidentengattin – zum Beispiel von Maryna Poroschenko, ihrer Vorgängerin – ist ausschließlich ihre Sache. Und obwohl Olena Selenska als Kabarett-Schauspielerin des Kwartal 95 aufgetreten war, stand sie nicht gern im Rampenlicht.

»Ich behaupte nicht, dass öffentliche Auftritte oder der Kontakt mit den Medien mich stressen. Ich bleibe aber lieber hinter den Kulissen. Mein Mann steht immer gern im Mittelpunkt, ich bin nicht so, ich erzähle nicht gern Witze. Das ist nicht mein Stil«, sagte Olena Selenska im Interview mit dem Magazin *Vogue Ukraine*, einige Monate nachdem sie First Lady geworden war.

Die Medien drängten sich – so oder so – in das Leben ihrer Familie. Sie begannen, sich mit Selenskyjs Wahlslogans zu beschäftigen. Zum Beispiel, dass der Präsident und seine Familie nicht im Regierungspalast wohnen wollten, sondern weiterhin in ihrer Wohnung. Wenige Tage vor der Wahl im Jahr 2019 sagte Selenskyj noch, dass die Präsidentenresidenzen in Zentren für Kinder oder zu Sanatorien umgewandelt werden sollten, einige eventuell auch zu musealen Einrichtungen.

Kurz nach der Wahl ließ Selenskyj jedoch die Regierungsdatscha in Kontscha-Saspa bei Kyjiw renovieren, um sie dann mit seiner Familie zu bewohnen. Die Datscha ist im Grunde ein Palast im Grünen auf einem abgeriegelten und bewachten Gelände. Dort wohnte schon Präsident Wiktor Janukowytsch, der nach dem Majdan im Jahr 2014 und dem russischen Angriff auf die Krim und den Donbass aus der Ukraine floh. Innen glänzte der Luxus, angefangen von den goldenen Vorhängen über riesige Kronleuchter bis zu Bädern aus Marmor war alles im Stil manch neureicher Oligarchen gehalten. Die »Schönheits-Renovierung« der Inneneinrichtung des Palastes, die Selenskyj beauftragte, bestand darin, dass alles Gold und all der Protz entfernt und durch eine bedeutend bescheidenere, aber gemütlichere Ausstattung ersetzt wurde. Journalisten stellten fest, dass die Renovierung 310 000 Hrywnja gekostet hatte (nach dem damaligen Kurs weniger als 12 000 Euro).

Olena Selenska erklärte in der Sendung VIP von Natalija Mosejtschuk, dass sie ursprünglich gar nicht in der Datscha wohnen wollten, aber aus Gründen der Sicherheit nicht bei sich in dem vornehmen Kyjiwer Bezirk bleiben konnten.

»Wir prüften über viele Wochen, ob sich unsere Wohnung den Schutzanforderungen entsprechend umbauen ließe. Aber das klappte leider nicht«, erzählte sie. Und sie gestand, dass sie sich in der ersten Zeit nach der Wahl ihres Mannes zum Präsidenten oft gefragt habe: »Mein Gott, wann herrscht endlich wieder Ruhe?«

»Immer passierte etwas Neues«, erinnerte sie sich. Sie hatte weniger Zeit für die Kinder, und aufgrund der permanenten Anwesenheit von Wachleuten war sie kaum noch für sich. »Früher war auch das Auto meine Privatsphäre. Jetzt wurde mir all das genommen, pausenlos wurde auf mich aufgepasst. Der einzige Ort, an den mir niemand folgt, ist die Toilette.«

Wie sie es vor der Wahl vermutet hatte, waren sie beide als Präsidentenpaar unter ständigem medialem Beschuss. Mitte 2020 gab es den nächsten Schlag. Politische Rivalen Selenskyjs brachten Gerüchte über eine Affäre des Präsidenten mit seiner Pressesprecherin Julia Mendel in Umlauf. Als Beweis der Romanze sollten Fotos dienen. Unter anderem eines, auf dem man den lächelnden Selenskyj im Sessel sitzend sieht, dahinter steht Mendel, deren Hand auf der Lehne des Sessels ruht. Das geschah zu einer Zeit, als Olena Selenska an COVID-19 erkrankt war und sich in den Medien nicht zeigte, sie äußerte sich auch nicht in den sozialen Medien. Es wurde das Gerücht verbreitet, dass Mendel von Selenskyj schwanger sei, was sich als falsch erwies. Die Gegner des Präsidenten begannen jedoch, von einem »zweiten Clinton« zu sprechen. Sowohl das Umfeld des Präsidenten als auch Julia Mendel dementierten diese Gerüchte.

Nach langen Wochen des Schweigens postete Olena Selenska schließlich etwas auf Instagram. Während sie dort früher über ihre Initiativen als First Lady berichtet hatte, lud sie nun einfach Fotos von Hauskatzen hoch und gab damit zu verstehen, dass sie genug hatte von all diesen Diskussionen, Gerüchten und dem Schmutz, der über sie und ihre Familie ausgekübelt wurde.

»Ich verstehe, dass diese Trolle dazu dienen, meine Gefühle aufzuwühlen, damit versuchen sie, den Präsidenten emotional ins Taumeln zu bringen. Ich soll zu Hause schluchzen. Doch da muss ich enttäuschen: Ich kann heulen, soviel ich will, das wirkt sich nicht im Geringsten auf die Stimmung meines Mannes aus. Er macht sich über so etwas eher lustig«, sagte sie in dem Interview mit Natalija Mosejtschuk. »Ich kann meine Emotionen herausschreien, das ist normal. Man kann mich auch kritisieren, auch das ist normal. Kritik kann nützlich sein. Aber ich werde niemals zulassen, dass meine Kinder oder meine Eltern belästigt werden. Das ist niederträchtig und vollkommen inakzeptabel. Das darf nicht sein.«

Nach der Wahl gab es auch Probleme in der Schule bei Sascha, die auf einmal im Zentrum der Aufmerksamkeit stand. Auch sie wurde in den sozialen Medien beleidigt.

»Oleksandra hat erst protestiert: ›Warum habt ihr mir so ein Leben gegeben? Ich will das nicht!‹ Aber was kann man machen. Sie hat sich dann irgendwie daran gewöhnt«, sagte Olena Selenska seufzend in der Sendung VIP. Und ergänzte, ihr kleiner Sohn Kyrylo habe keinen Zugang zu den sozialen Medien und freue sich über die neue Situation.

Nach der Inauguration dauerte es einige Wochen, bis Olena einsah, dass es keinen Ausweg gab und sie sich öffentlich engagieren musste. Trotz ihres anfänglichen Zögerns, Zweifelns und Bedauerns, dass sie nun weniger Zeit für das Schreiben von Drehbüchern für das Kwartal 95 haben würde, beschloss sie, die Aufgaben der First Lady anzunehmen. Sie betonte, das sei ihre persönliche Entscheidung gewesen, denn es gebe keine Verpflichtungen dazu. Vielleicht hatte sie für diese Einsicht Zeit gebraucht, weil sie und ihr Mann vor der Wahl überhaupt nicht über ihre künftige Rolle gesprochen hatten? Nach der Vereidigung war Wolodymyr mit der Organisation seiner eigenen neuen Herausforderungen beschäftigt.

»Ich hätte weiter mein Leben leben und mich von den Problemen und den medialen Angriffen fernhalten können, aber ich habe beschlossen, meinen Mann zu unterstützen. Die Präsidentschaft ist für ihn emotional nicht leicht, er braucht jemanden, der in seiner Nähe ist. Ich möchte ihm mit meiner Präsenz Halt geben, Seite an Seite mit ihm stehen bei offiziellen Anlässen, für die Fotografen aus der ganzen Welt posieren – und nicht das Bild verderben«, sagte sie mit einem Lächeln den Journalisten von *Vogue*.

Diplomatie

Sie erklärte, ihr als Frau und Mutter läge es am nächsten, sich für soziale Projekte zugunsten von Kindern zu engagieren. Sie sorgte dafür, dass sich die Ernährung von Kindern an ukrainischen Schulen verbesserte, um Übergewichtigkeit und ernährungsbedingten Krankheiten vorzubeugen, und entwickelte dafür ein Standardprogramm. Sie beschloss auch, die von ihrer Vorgängerin, Maryna Poroschenko, begonnene Aktion für die Integration von Kindern und Jugendlichen mit besonderen Bedürfnissen und den Abbau von Barrieren fortzusetzen.

»Ich bin in Krywyj Rih aufgewachsen, habe mein ganzes Leben in diesem Land verbracht und verstehe, wie viele Probleme wir haben. Aber statt mich auf alles zu stürzen, hat mein Team beschlossen, sich auf konkrete Aufgaben zu konzentrieren: die Gesundheit der Kinder, gleiche Chancen für alle Ukrainer und Kulturdiplomatie«, erklärte sie in dem Interview für *Vogue* gegen Ende des ersten Jahres der Präsidentschaft ihres Mannes. Sie hatte verstanden, dass es die Rolle der First Lady ist, um es zeitgemäß auszudrücken, auf ihre Art eine Influencerin zu sein und neue soziale Aktivitäten zu initiieren.

Schon einige Monate nach der Wahl begann Selenska aktiv, auf die Verbesserung der Ernährungssituation an den Schulen hinzuwirken. Dort herrschten noch die Standards aus Sowjetzeiten, und es wurde wenig Gesundes oder Frisches serviert, sondern Traditionelles wie Frikadellen mit Kartoffeln oder Grütze. Die Kinder wollten das nicht mehr. Wie die First Lady bemerkte, liefen die Schüler, anstatt sich etwas Gesundes zu besorgen, an fünf Tagen in der Woche in die Geschäfte rund um die Schulen und holten sich Süßigkeiten und andere ungesunde Sachen. »Da wundert es nicht«, erklärte Selenska, »dass die häufigsten Erkrankungen bei Kindern ernährungsbedingt sind.«

Die First Lady hatte jedoch weder ein Budget noch Personal.

Sie beschloss, ihre eigene wachsende Popularität zu nutzen. Die Aktionen bewarb sie auf ihren Social-Media-Kanälen. Sie spannte Journalisten ein. Schüler lud sie zu einer Debatte über die Ernährung an der Schule in die präsidialen Büros ein. Sie organisierte auch einen Runden Tisch der Minister, bei dem die Bereitstellung von 400 Millionen Hrywnja für die Ausstattung der Schulmensen vereinbart wurde. Sie gewann die Unterstützung von UNICEF und drehte Filme für Jugendliche über gesunde Ernährung. Sie engagierte den bekannten Diätassistenten Jewgen Klopotenko für die Erstellung eines Speiseplans für Schulen, der 160 gesunde Gerichte umfasste.

Das neue Schulessen wurde im Frühling 2021 eingeführt. Olena Selenska machte persönlich Werbung dafür, besuchte Schulmensen, die sich umgestellt hatten, aß gemeinsam mit den Kindern zu Mittag, sagte, warum es sich lohne, gesunde Dinge zu essen, und warum Brokkoli oder anderes Gemüse besser ist als Wurst, Zucker und Salz. In einem der Werbefilme besucht sie zusammen mit Klopotenko eine Schulmensa. Sie essen mit den Kindern, erzählen von den verarbeiteten Zutaten. Für ihr Image war die Aktion ein Erfolg, obwohl Selenska gestand, dass sie von einem System wie in Japan träume, wo jede Schule ihren eigenen Diätassistenten habe, der sich um die Ernährung der Schüler kümmere.

Olena Selenska erwähnte Japan nicht zufällig. Im Oktober 2019 begleitete sie ihren Mann bei einem offiziellen Besuch in Tokio. Das Ereignis wurde im Fernsehen übertragen. Es war ein regnerischer Nachmittag, als die schwarze Limousine mit dem Präsidenten der Ukraine und seiner Frau vor dem Kaiserpalast vorfuhr. Sie kamen, um an der Inthronisierungszeremonie von Kaiser Naruhito teilzunehmen. Selenskyj trug einen schwarzen Smoking, Olena erschien in einem knöchellangen kanariengelben Kleid. Nach der halbstündigen Feierlichkeit dankte der Präsident der Ukraine für die Einladung zu der Zeremonie, die nach historischem Ritus abgehalten wurde, und unterstrich die Bedeutung der Pflege nationaler Traditionen.

Olena Selenska verlieh ihrem Auftritt zweifellos Eleganz, doch die Bilder von der Zeremonie führten in der Ukraine zu einem medialen Sturm. Es wurde geschrieben, die gelbe Farbe des Kleides der First Lady sei ein Affront für die Gastgeber. Manche behaupteten, diese Farbe sei bei offiziellen Feierlichkeiten der Familie des Kaisers vorbehalten. Doch sie verwechselten damit die Traditionen des japanischen Hofes mit dem chinesischen Hof. Im Anschluss an die Reise nach Tokio erhielt das ukrainische Präsidentenpaar eine Note von der japanischen Botschaft in Kyjiw, die bestätigte, dass »die Kleidung der First Lady die Achtung der Ukrainer vor der Kultur Japans betont« habe. Bei der Gelegenheit erwies sich schon damals, dass Olena Selenska ihre eigene Vorstellung davon hatte, wie sie als First Lady diskret Diplomatie betreiben kann. Mit Mode.

»Wenn wir Mode als Ausdrucksmittel einsetzen, müssen wir dennoch den Erfordernissen des Protokolls bei allen unseren Reisen gerecht werden«, erklärte sie. Ihrer Meinung nach kann Mode ein diplomatisches Mittel bei Staatsbesuchen und internationalen Reisen sein. Auch als Möglichkeit, Werbung für ukrainische Designer und die Modebranche zu machen und der Welt von der Ukraine zu erzählen. Zu dieser Auffassung von Diplomatie zählte auch der Besuch in Japan. Sowohl das gelbe Kleid für die offizielle kaiserliche Zeremonie als auch das blaue Kleid für das festliche Abendessen stammte aus einem ukrainischen Atelier. In ihre Schönheit unterstreichenden Kostümen von ukrainischen Designern begleitete Selenska ihren Mann zu allen offiziellen Besuchen: nach Paris, Berlin, Brüssel, London oder Washington. Sie betonte, dass für ihre Kleidung nicht die Steuerzahler aufkommen. Sie verdiene mit ihren eigenen Geschäften genug, um sich ihre Kleidung selbst finanzieren zu können. Und wenn sie mit anderen First Ladys zusammenkam, sorgte sie bislang überall für einen hervorragenden Eindruck.

In den folgenden Monaten entfaltete Olena Selenska weitere

Aktivitäten. Im Sommer 2020 organisierte sie in der Ukraine einen Gipfel der First Ladys und Gentlemen aus elf Ländern, um gemeinsam über die Wege zu einer Überwindung sozialer Probleme auf der Welt nachzudenken. Im Herbst berichteten die Medien von einem weiteren Erfolg – dank ihren Bemühungen hatte die Ukraine den offiziellen Mitgliedsstatus in der Partnerschaft von Biarritz erlangt – einer internationalen Initiative für Chancengleichheit und der Gleichstellung von Frauen und Männern. Sie verfolgte den Integrationsplan, der von Maryna Poroschenko eingeleitet worden war. Im November 2020 stellte sie ein Projekt zur Zusammenarbeit großer ukrainischer Firmen für die Beseitigung von Barrieren vor. Auf ihre Initiative hin verabschiedete der Ministerrat im April 2021, also zwei Jahre nach der Wahl ihres Mannes zum Präsidenten, die nationale Strategie zur Schaffung von barrierefreien Räumen in der Ukraine bis 2030.

Inzwischen war die Anfangszeit überwunden, und Selenska fand sich in der Rolle als First Lady zurecht. Sie engagierte sich in zahlreichen Initiativen. So setzte sie sich für die ukrainische Sprache ein, unter anderem für die Einführung von Museumsguides in ukrainischer Sprache weltweit. Und bei allem wurde sie beobachtet. Bei der offiziellen Präsentation des Guides auf Ukrainisch in Versailles erschien Selenska in einem schlichten schwarzen Hosenanzug und Sneakers von Louis Vuitton. Im Internet wurde sie dafür kritisiert: »Wo ist der Stylist der First Lady? Sneakers bei einem offiziellen Besuch?« Ihr Büro erinnerte daran, dass in Versailles keine Schuhe mit Absätzen getragen werden dürfen. Außerdem hatte Selenska ihren eigenen Stil und machte sich nichts aus dieser Art von Kommentaren.

»Ich lese die Kommentare in den sozialen Medien«, gestand sie. »Und sei es nur deshalb, um zu wissen, was die Menschen aktuell bewegt, worüber diskutiert wird. Außerdem kann Kritik auch nützlich sein.« Doch sie hatte gelernt, die Hasskommentare davon zu trennen.

Danach gefragt, ob sie eine Stilikone unter den anderen First Ladys habe, verneinte Selenska. Augenscheinlich mochte sie mit niemandem verglichen werden. Doch gestand sie, dass ihr das Image und die Einstellung von Michelle Obama näher seien als die Auftritte von Melania Trump. Sie schätze den Chic und den großartigen Stil von Melania, aber unterhalten würde sie sich lieber mit Michelle Obama.

»Mir scheint, dass Michelle menschlich nahbarer ist, und darum bemüht sich auch Wolodymyr in der ukrainischen Politik. Es geht darum, nicht zu vergessen, dass auch wir ganz normale Menschen sind, deshalb wollen wir auch nicht, dass Porträts von uns in jedem Büro aufgehängt werden müssen«, sagte sie im Interview der BBC.

Selenska möchte weniger andere öffentliche Personen imitieren, als vielmehr etwas von ihnen lernen. Nach einem Besuch in Paris und einem Gespräch mit Brigitte Macron zeigte sie sich inspiriert von den Worten der First Lady von Frankreich: »Achte nicht auf das, was andere über dich sagen. Denke daran, dass es dein Leben ist, und lebe so, wie du es für richtig hältst.«

In einem Interview bekannte sie ebenfalls, dass sie sich bemühe, eine Bekannte zum Vorbild zu nehmen, die stets freundlich und wohlwollend ihrem Umfeld gegenüber sei, für jeden Zeit habe, zugleich aber die innere Kraft und Entschlossenheit besäße, um zu kämpfen, während Olena an ihrer Stelle schon längst aufgegeben hätte. Und was die Schönheit betrifft, würde sie mit 60 Jahren gern so aussehen wie Meryl Streep.

Trotz anfänglicher Zweifel hat Olena Selenska die Rolle der First Lady angenommen und füllt sie bislang mit großem Erfolg aus. Schöpft sie daraus Freude und Genugtuung? Der ukrainische Journalist Serhij Rudenko erinnerte in einem seiner Videoblogs daran, Olena Selenska habe nicht gewollt, dass ihr Mann in die Politik geht. Sie sei sich auch darüber im Klaren, dass seine Präsidentschaft einmal enden wird und damit auch ihre Rolle als First Lady.

»Vielleicht sehen wir Olena Selenska dann wieder glücklich lächeln«, bemerkte Rudenko. Das war allerdings noch vor dem Krieg.

Einfluss auf die Politik

Nach den ersten, unsicheren Monaten sah man, dass sich Olena Selenska mit der Rolle der First Lady anfreundete. Sie selbst gestand, dass sie eher ein verschlossener, nicht besonders geselliger Mensch sei, doch langsam habe sie die Vorteile, die die Aktivitäten der First Lady mit sich brachten, zu schätzen gelernt. Die Medien versuchten schnell herauszufinden, welchen Einfluss sie auf die Entscheidungen des Präsidenten hat. Selenskyjs politische Gegner bemühten sich, ihn als eine Person darzustellen, die empfänglich für Ratschläge ihres engsten Umfeldes ist. Vielleicht ließ er sich also auch von seiner Frau beeinflussen?

Man begann Selenska mit Raissa Gorbatschowa, der Frau des letzten Staatsoberhaupts der UdSSR, zu vergleichen. Es hieß, Gorbatschowa habe großen Einfluss auf ihren Mann gehabt, der auch dank ihr Entscheidungen traf, die mit der Perestroika in Zusammenhang standen. Gorbatschow und seine Frau zeigten sich oft gemeinsam, sie bekundeten ihre Gefühle füreinander auch in der Öffentlichkeit, so wie es auch die Selenskyjs tun.

In der Sendung VIP von Natalija Mosejtschuk direkt danach gefragt, wo ihr Einfluss auf den Präsidenten beginne und wo er aufhöre, antwortete Olena: »Dort, wo er beginnt, da hört er auch schon wieder auf. Ich verstehe, dass solche Meinungen kursieren, weil Wolodymyr in Interviews häufig sagt, dass ich großen Einfluss auf seine Entscheidungen habe. Aber immer wenn er das geäußert hat, sage ich später: ›Was erzählst du da?‹« Und sie erinnerte daran, dass sie entschieden gegen seine Kandidatur bei der Wahl zum Präsidenten war, er es aber trotzdem tat.

»Möglich, dass ich Einfluss habe. Möglich, aber dann auf meinen Mann, nicht auf den Präsidenten. Ich rate ihm zu nichts, was seine Arbeit betrifft, weil ich, ehrlich gesagt, meine, dass ich keine ausreichenden Kenntnisse habe. Folglich kann ich ihm nur als meinem Mann etwas raten, aber das bedeutet nicht, dass er auf mich hört«, erklärte sie. In Interviews betonte sie öfter, dass sie keine politischen Kompetenzen habe, um sich in die Angelegenheiten des Präsidenten einmischen zu können.

»Selenska nutzt ihre Funktion nicht aus, sie macht nicht auf sich aufmerksam. Gleichzeitig hilft sie ihrem Mann und kommt allen Aufgaben nach, die eine First Lady erfüllen sollte«, bewertete sie nach zwei Jahren der ukrainische Politologe Wolodymyr Fesenko. Seiner Meinung nach ist sie das hervorragende Beispiel einer modernen, emanzipierten Frau, die sich würdevoll verhält und die ihr Land angemessen repräsentiert.

Natürlich diskutieren die Selenskyjs zu Hause über die Arbeit und die Politik. Ebenfalls über die Menschen im Umfeld des Präsidenten.

»Vielleicht sage ich manchmal, was ich von wem halte, aber unter dem Vorbehalt, dass ich diese Leute nicht richtig kenne. Ich mische mich nicht ein, ich denke, er hat die bessere Sicht auf die Dinge«, sagte Olena Selenska im Interview für VIP. Sie meinte, dass sich Wolodymyr bei der Auswahl seiner Mitarbeiter von ähnlichen Kriterien leiten ließe wie sie selbst: Zuerst guckt er, ob jemand ein guter Mensch ist, denn ein guter Mensch kann auch ein guter Profi werden. Aber wenn jemand ein Profi und ein schlechter Mensch ist, dann kann man mit dieser Mischung nur schwer etwas Positives erreichen. Was nicht bedeutet, dass alle Personen im Umfeld des Präsidenten nach Selenskyjs Geschmack sind.«

»Es gibt in der Nähe des Präsidenten keine Personen, die ich ablehnen würde. Ich empfinde nicht für alle Sympathie, aber das sind meine persönlichen Gefühle. Ich weiß nicht, wie nützlich diese Leute sind, vielleicht helfen sie«, sagte sie im Interview mit Natalija Mosejtschuk. Und auch wenn sie verneinte, dass sich Präsident Selenskyj nach ihrer Meinung richten würde, kann man sich nur schwer vorstellen, dass sie in Schlüsselfragen unterschiedlicher Meinung sind. Beispielsweise was die Spaltung der Gesellschaft betrifft, die Frage, wer ein besserer Ukrainer sei, weil er ukrainisch oder russisch spreche. Olena stammt aus Krywyj Rih, wo die Mehrzahl der Einwohner russisch spricht, weil seit den Fünfzigerjahren Tausende Arbeiter aus verschiedenen Teilen der UdSSR in die metallurgischen Kombinate kamen. Damals war die russische Sprache verpflichtend.

»Aber das bedeutet nicht, dass sie andere, schlechtere Ukrainer sind«, erklärte sie. »Mir gefällt die Tendenz nicht, die Leute in gute und schlechte Ukrainer einzuteilen, in gebürtige Ukrainer und nicht-gebürtige. Das darf man nicht. Wir haben viele Regionen, und die Unterschiede zu betonen führt zu nichts Gutem. Man muss das suchen, was ähnlich ist, was uns verbindet.«

Es lässt sich nicht verbergen, dass Selenska als First Lady das Image des Präsidenten mit Wärme erfüllt. Sie äußerte sich darüber, was sich der Präsident wünschen würde. Noch vor dem russischen Angriff im Februar 2022 sagte sie, dass es Selenskyjs Hauptziel sei, im Donbass Frieden zu schaffen. Sie sagte, dass es Selenskyj sehr zusetze, dass dort Menschen sterben, dass er täglich die Nachrichten aus dem Donbass verfolge, lange Gespräche mit dem Verteidigungsminister führe. Und dass er fest daran glaube, dass es gelinge, die Kämpfe zu beenden.

Krieg

Der Glaube wurde bitter enttäuscht. Es ist nicht bekannt, ob Wolodymyr Selenskyj seiner Frau von den Signalen berichtete, die er Ende 2021, Anfang 2022 erhielt, dass der russische Angriff auf die Ukraine nur noch eine Frage von Wochen sei.

Am 6. Februar 2022, dem 44. Geburtstag der First Lady, widmete Selenskyj ihr ein Gedicht, das er auf seinem offiziellen Instagram-Profil postete: »Meine Liebe. Heute ist Dein Geburtstag. Ich würde gerne so viel sagen … Aber wir sind hier nicht allein. Wie immer in letzter Zeit. Also bemühe ich mich, ganz vorsichtig, aber Du wirst mich verstehen.« Das Gedicht ist voller Auslassungspunkte, doch man kann sich problemlos denken, worum es Wolodymyr ging:

Ich … dich. Nun, sehr …
Ohne dich kann ich … Auf keinen Fall …
Wir haben so wundervolle … Zwei …
…
So wie es am ersten Tag war …, all diese Jahre du und ich …
Du weißt, dass ich ohne dich …
Meine Liebe, zu deinem Geburtstag wünsche ich dir …
Keine Ahnung, wie das bei den anderen ist, aber wir verstehen uns gegenseitig.

Als er das Gedicht veröffentlichte, warnte die amerikanische Regierung schon offen davor, dass Wladimir Putin die Entscheidung getroffen habe, die Ukraine militärisch anzugreifen. Die diplomatischen Bemühungen führten zu nichts.

Nicht ganz eine Woche später, am 14. Februar, stellte der Präsident den nächsten Post für seine Frau auf Instagram. Er war von ihnen beiden, sie mit einem Blumenstrauß zum Valentinstag, dann küssten sie sich und wünschten allen Ukrainern Liebe, auch Liebe zum Vaterland. Olena lächelt, aber man erkennt, dass sie beunruhigt ist.

Die Medien informierten darüber, dass der Angriff auf die Ukraine schon im Verlauf der nächsten zwei Tage beginnen könne. Selenskyj betonte in der kurzen Aufnahme, dass sie beide in Kyjiw seien und da auch bleiben würden. Vielleicht hatten sie damals schon die Entscheidung getroffen, dass sie im Falle eines Krieges das Land nicht verlassen – weder der Präsident selbst noch seine Familie. Der Anflug von Traurigkeit oder Nachdenklichkeit in Olenas Gesicht kann davon zeugen, dass sie schon wussten, worüber internationale Medien berichteten: Selenskyj und seine Familie würden im Falle eines Krieges das Ziel Nummer eins für die russischen Angreifer sein.

Lange Zeit vor dem Ausbruch des Krieges hatte Olena gesagt, sie träume von Frieden. Sie würde gern einen abgelegenen Ort finden, an dem sie öfter mit den Kindern sein könnte und an dem sie sich in der Zukunft auch um die Enkel kümmern würde. Sie träumte von der Rückkehr zum Schreiben von Drehbüchern für das Studio Kwartal 95. Nun musste alles zur Seite geschoben werden.

»Wir haben in der Familie einen Kapitän, der unser Schiff auf das stürmische Meer hinausgeführt hat. Ich weiß nicht, was er weiter vorhat. Vielleicht noch eine Überraschung?«, sagte sie nachdenklich Mitte 2021 im Gespräch mit Natalija Mosejtschuk.

Diese finstere Überraschung brachte das Leben mit Sirenengeheul und dem Geräusch einschlagender russischer Raketen in der Ukraine am frühen Morgen des 24. Februar 2022. Olena Selenska, die am 6. September 2003, als sie einen aufstrebenden Kabarett-Künstler heiratete, keinen Moment daran dachte, dass sie einmal die schwierige Aufgabe der First Lady übernehmen würde, musste nun einer noch größeren Aufgabe gerecht werden – die der First Lady in Kriegszeiten. Sie blieb mit den Kindern im Land, genau wie ihr Mann. Und sie fand wieder eine Rolle, die sie ausfüllen kann: Genau wie ihr Mann versucht sie, den Kampfgeist der Ukrainer hochzuhalten und gleichzeitig an die Welt zu appellieren, jedwede Hilfe zu leisten, insbesondere humanitäre. Sie hat Millionen Follower in den sozialen Medien, allein auf Instagram sind es 2,8 Millionen. Gleich am ersten Tag veröffentlichte sie einen Mut machenden, emotionalen Eintrag, illustriert mit der ukrainischen Fahne: »Meine Lieben! Ukrainer! Ich blicke auf Euch alle. Alle, die ich im Fernsehen sehe, auf den Straßen, im Internet. Ich sehe Eure

Posts und Videos. Und wisst Ihr was? Ihr seid unglaublich! Ich bin stolz, dass ich mit Euch in diesem Land lebe! Es heißt, viele Menschen seien eine Menge. Aber nicht bei uns. Denn viele Ukrainer sind keine Menschenmenge. Das ist eine Armee! Heute werde ich keine Panik haben, es wird keine Tränen geben. Ich werde ruhig und selbstsicher sein. Meine Kinder sehen mich an. Ich werde bei ihnen sein. Und bei meinem Mann. Und mit Euch.«

Am 8. März 2022 publizierte sie als Antwort auf die Bitten der Medien um Interviews einen langen Text auf Instagram, in dem sie den Beschuss der Zivilbevölkerung, das ruinierte Leben vieler Ukrainer, die Unmöglichkeit, dem Beschuss zu entkommen, beschreibt. »Es wenden sich Vertreter von Medien auf der ganzen Welt an mich und bitten um ein Interview. Ich möchte allen unverzüglich antworten. Das ist mein Zeugnis aus der Ukraine«, schrieb Selenska. Sie versah den Post mit ihrem Foto und einer deutlichen englischen Aufschrift, die an einen Stempel erinnert: »I testify« – »Ich bezeuge«.

»Man kann nicht glauben, was vor einer knappen Woche geschah. Mein Land war ruhig, in den Städten und Kleinstädten pulsierte das Leben. Am 24. Februar erwachten wir mit der Nachricht vom Kriegsbeginn. Panzer überquerten die ukrainische Grenze, Flugzeuge drangen in unseren Luftraum ein. Städte wurden von Raketenwerfern umstellt. Ich versichere, dass entgegen den Erklärungen der Kreml-Propagandisten, die diese Invasion eine ›Spezialoperation‹ nennen, die Zivilbevölkerung getötet wird!«, schreibt sie schockiert. »Unsere Frauen und Kinder leben jetzt in Schutzräumen und Kellern. Sicherlich habt ihr die Fotos aus der Metro in Kyjiw und Charkiw gesehen, wo die Menschen mit ihren Kleinkindern und Haustieren hausen. Für manche sind das spektakuläre Aufnahmen, aber für die Ukrainer ist das die neue schreckliche Realität.

Unsere Kinder lernen in Kellern. Und dort kommen sie auf die Welt, weil die Entbindungsstationen der Krankenhäuser unter die

Erde verlegt werden mussten. Das erste Kriegskind, das nicht einen friedlichen Himmel sah, sondern eine Kellerdecke aus Beton, wurde am ersten Tag der Invasion geboren. Nun haben wir Dutzende Kinder, die noch nie in ihrem Leben Ruhe gefunden haben.

Ich bezeuge, dass dieser Krieg gegen die Zivilbevölkerung nicht nur durch den Beschuss geführt wird: Menschen, die eine regelmäßige Behandlung benötigen, können nicht mit einer richtigen Versorgung rechnen. Ist es leicht, sich im Keller Insulin zu spritzen? Und bei Beschuss Asthma-Medikamente zu besorgen? Ganz zu schweigen von Tausenden Krebspatienten, deren Chemo- und Strahlentherapie ausgesetzt wurde«, schrieb Olena beunruhigt an die Welt. Sie postete auch Bilder von Kindern, die durch russische Bomben und Geschosse starben:

»Polina aus Kyjiw. Sie starb bei der Bombardierung einer Straße der Hauptstadt zusammen mit ihren Eltern und ihrem Bruder. Ihre Schwester ist schwer verletzt. Alisa aus der ukrainischen Stadt Ochtyrka wurde keine acht Jahre alt. Sie starb durch den Beschuss, obwohl ihr Großvater sie mit seinem Körper schützte. Der 18-jährige Kyrylo aus Mariupol wurde von seinem Vater ins Krankenhaus gebracht, das auch beschossen wurde. Die Ärzte konnten nichts machen. Arsenij, 14 Jahre. Ein Schrapnell traf ihn am Kopf. Die Mediziner konnten nicht zu ihm gelangen – der Beschuss hielt an, Arsenij verblutete. Sofija, sechs Jahre. Getötet im Auto zusammen mit ihrem anderthalbjährigen Bruder, ihrer Mutter und ihren Großeltern. Die Familie versuchte Nowa Kachowka zu verlassen. Ich muss darüber sprechen!«, schrieb sie in den sozialen Medien.

Am 24. März, einen Monat nach Beginn der russischen Invasion, schrieb sie:»Wir sind in einer anderen Realität erwacht, als der Krieg an unser Haus klopfte. Im Krieg vergeht die Zeit anders. Wir sind zehn Jahre älter geworden. Wir haben gelernt, die Geräusche der Geschosse von anderen Lauten zu unterscheiden. Wir haben es nicht nur mit dem russischen Angreifer zu tun – wir haben es mit Kriegsverbrechern zu tun, die gezielt Zivilisten töten.

Die Kinder töten.« Und das war noch vor der Enthüllung der Gräueltaten, die die Russen in Butscha und anderen besetzten Ortschaften begangen hatten.

Selenskyj – und vielleicht die ganze Familie – sind in dem Krieg das Ziel russischer Söldner. Darüber schreibt die britische *Times*. Spezialkräfte und die ukrainische Armee verhindern Anschläge. Doch aus Sicherheitsgründen bleibt der Präsident getrennt von seiner Familie. Das ist die nächste schwierige Situation für Olena und die Kinder.

Sie musste es also auf sich nehmen, den Kindern die Tragödie zu erklären, die den Ukrainern und ihrem Land widerfährt. Von Taylor Antrim, einem Schriftsteller und Journalisten der *Vogue*, danach gefragt, wie sie darüber mit der 17-jährigen Sascha und dem neunjährigen Kyrylo spricht, antwortete Olena: »Den Kindern muss man nichts erklären. Sie sehen alles, wie jedes Kind in der Ukraine, obwohl sie das sicherlich nicht sehen sollten. Kinder sind sehr ehrlich und direkt. Man kann nichts vor ihnen verstecken. Die Wahrheit ist am besten. Wir haben alles besprochen, ich habe versucht, auf ihre Fragen zu antworten. Wir unterhalten uns viel, denn auszusprechen, was wehtut, nicht den Schmerz in sich zu ersticken, ist eine bewährte psychologische Methode. Das hilft.« So kommt Olena in dieser schwierigen Zeit zurecht.

Anfang März sagte Selenskyj in einem Interview, dass er seine Frau in den ersten Kriegstagen einmal gesehen habe. Von den Journalisten danach gefragt, mit welchem der Staatsoberhäupter, die ihn regelmäßig anrufen, er am besten sprechen könne, antwortete er: »Mit meiner Frau.«

8 ATAMAN

Vom Präsidenten zum Leader

IN DIESEM KAPITEL

Der Geheimdienst der USA erhielt die Information, dass die Russen versuchen, Selenskyj zu entführen oder zu töten. Die Amerikaner boten an, ihn in Sicherheit zu bringen. Doch der Präsident lehnte ab. Schon am nächsten Tag verkündete er, dass er und seine Familie in Kyjiw bleiben werden.

Seine Mitteilungen wurden in Kriegszeiten zu einer Waffe, wer weiß, ob sie nicht ebenso mächtig ist wie die Waffen des Militärs. Seit den ersten Kriegstagen spricht er mit den Staatschefs der freien Welt. Er appelliert an sie, die Ukraine politisch und mit Waffen zu unterstützen, Russland mit weiteren Sanktionen zu belegen.

In seinen Reden an den Kongress, das EU-Parlament, den Bundestag oder das britische Unterhaus bezieht er sich auf die Emotionen der einfachen Menschen und auf ikonische Ereignisse in der Geschichte. Er versucht jenseits der Politik internationale soziale Unterstützung für die Ukraine zu erwirken.

Er wurde zum Symbol des Kampfes für die Freiheit der demokratischen Welt. Die Überlegungen von Experten, ob er mit seiner Haltung eher an Churchill oder an Havel erinnert, zeigen, dass er schon jetzt eine Legende ist. Erst die Zukunft wird zeigen, ob er den Verlauf der Geschichte verändert hat.

Treffen der Staatenlenker im Élysée-
Palast in Paris:
für die Ukraine Wolodymyr Selenskyj,
für Deutschland Angela Merkel,
für Frankreich Emmanuel Macron
und für Russland Wladimir Putin,
Dezember 2019
Foto: Charles Platiau/Reuters Pool/
Associated Press/East News

Telefongespräch zwischen Präsident
Selenskyj und dem US-Präsidenten Joe
Biden kurz vor dem Angriff Russlands
auf die Ukraine, 28. Januar 2022
Foto: Ukrainian Presidential Press
Official/Associated Press/East News

Bild unten:
Demonstrationen in Kiew knapp zwei
Wochen bevor der Beschuss der
Hauptstadt der Ukraine durch die
Russen begann, auf dem Transparent
die Aufschrift: »Die Ukrainer werden
kämpfen«, 12. Februar 2022
Foto: SERGEI SUPINSKY/AFP/
East News

Treffen des Präsidenten mit Soldaten der ukrainischen Streitkräfte in der Oblast Donezk,
17. Februar 2022   Foto: Ukrainian Presidential Press Office/Associated Press/East News

Der Präsident bei einer Rede an seine Landsleute im Zentrum von Kiew, zwei Tage nachdem
die Russen die Landeshauptstadt angegriffen haben, 26. Februar 2022
          Foto: Ukrainian Presidential Press Office/Associated Press/East News

Präsident Selenskyj, Premierminister Denys Schmyhal (re.) und der Präsident des ukrainischen Parlaments Ruslan Stefantschuk (li.) nach der Unterzeichnung des Antrags auf Mitgliedschaft der Ukraine in der EU, Kiew, 28. Februar 2022
Foto: AFP PHOTO/UKRAINIAN PRESIDENCY PRESS OFFICE /East News

Der Präsident besucht Verletzte in einem Militärkrankenhaus, 13. März 2022
Foto: Handout/UKRAINIAN PRESIDENTIAL PRESS SERVICE/AFP/East News

Bei seiner virtuellen Rede vor dem Kongress der Vereinigten Staaten, 16. März 2022
Foto: J. SCOTT APPLEWHITE/AFP/East News

Wolodymyr Selenskyj spricht zu Teilnehmern einer Unterstützungsdemonstration für die
Ukraine in Frankfurt, 4. März 2022   Foto: Michael Probst/Associated Press/East News

Präsident Selenskyj hält aus dem angegriffenen Kiew eine Rede an das britische Unterhaus, 8. März 2022   Foto: Ukrinform/Future Publishing/Getty Images

Kommissionspräsidentin Ursula von der Leyen und Josep Borrell (li.), hochrangige Vertreter der EU für auswärtige Angelegenheiten und Sicherheitspolitik, bei einem offiziellen Besuch in Kiew, 8. April 2022
             Foto: Stringer/UKRAINIAN PRESIDENTIAL PRESS SERVICE/AFP/East News

Die Präsidenten (von li.) von Litauen: Gitanas Nausėda; Polen: Andrzej Duda; der Ukraine: Wolodymyr Selenskyj; Lettland: Egils Levits; Estland: Alar Karis, 13. April 2022
Foto: Handout/UKRAINIAN PRESIDENTIAL PRESS SERVICE/ AFP/East News

Offizieller Besuch von Regierungsvertretern aus Nachbarländern der Ukraine im belagerten Kiew, von li.: Polens Vize-Ministerpräsident Jarosław Kaczyński, Tschechiens Ministerpräsident Petr Fiala, Sloweniens Ministerpräsident Janez Janša und Polens Ministerpräsident Mateusz Morawiecki, 15. März 2022   Foto: Handout/UKRAINE PRESIDENCY/AFP/East News

Während des Krieges gibt Präsident Selenskyj weiterhin Interviews in seinem Präsidialbüro, Kiew, 9. April 2022   Foto: AP Photo/Evgeniy Maloletka/East News

Der britische Premierminister Boris Johnson mit dem Präsidenten der Ukraine im Zentrum von Kiew, 9. April 2022
                    Foto: Stringer/UKRAINIAN PRESIDENTIAL PRESS SERVICE/AFP/East News

In Butscha, wo russische Soldaten Massaker an der Zivilbevölkerung verübten, 4. April 2022
Foto: RONALDO SCHEMID/AFP/East News

Das Staatsoberhaupt der Ukraine ruft die anderen Länder immer wieder dazu auf, seinen Landsleuten Hilfe zu leisten, Kiew, 13. April 2022
Foto: Ukrainian Presidency Press Office/Zuma Press/Forum

Die ersten russischen Raketen trafen die Hauptstadt der Ukraine am 24. Februar 2022 um 4.50 Uhr. Wolodymyr Selenskyj hielt sich zu dieser Zeit in der Residenz des Präsidenten in Kyjiw auf.

»Als es losging, war ich zu Hause, mit meiner Frau und den Kindern. Sie waren es, die mich weckten. Sie sagten, dass sie laute Explosionen gehört hätten«, erzählte Selenskyj einen Monat später in einem Interview mit der Zeitschrift *The Economist*. Erst nach mehreren Minuten klingelte das Regierungstelefon. »Die Kanzlei benachrichtigte mich, dass der Raketenangriff anhielt. Natürlich wussten wir, dass die Russen angreifen konnten. Aber das Ausmaß des Angriffs hat uns überrascht. Ich glaube, als das geschah, wusste niemand, wirklich niemand, was zu tun war«, sagte er in dem Interview.

»›Es geht los.‹ Das war alles, was er sagte«, erzählte Selenska im April in einem Interview für das Magazin *Vogue* über die ersten Minuten des Krieges. »Ich würde nicht sagen, dass das Panik war, vielleicht Verwirrung. ›Was sollen wir mit den Kindern machen?‹ – ›Warte‹, sagte er, ›ich gebe dir Bescheid. Für alle Fälle nimm die notwendigsten Dinge und die Dokumente mit.‹ Dann verließ er das Haus.«

Selenskyj ließ sich zum Sitz der Präsidialverwaltung in der Bankowa-Straße fahren. Er berief eine Sitzung des Nationalen Sicherheits- und Verteidigungsrates der Ukraine ein.

»Das Erste, was wir taten, war die Ausrufung des Ausnahmezustandes, und einige Tage später verhängten wir das Kriegsrecht«, erzählte Selenskyj.

Für die Zeit des Krieges mussten sich die Selenskyjs aus Sicherheitsgründen trennen. Die Familie des Präsidenten wurde unter Schutz gestellt und versteckt. Das Gebäude in der Bankowa-Straße verwandelte sich in eine Festung. Die umliegenden Straßen wurden gesperrt, an den Posten wurden Soldaten zusammengezogen, Scharfschützen, Kampfwagen und Flugabwehrartillerie.

Russische Raketen fielen auf Kyjiw, Kampfhubschrauber versuchten auf dem Flughafen in Hostomel bei Kyjiw zu landen. Seit dem Zweiten Weltkrieg hatte die Stadt eine solche Bombardierung nicht mehr erlebt. Selenskyj war in Gefahr. Vertreter des amerikanischen Ministeriums für Innere Sicherheit, die ständig mit dem Büro des Präsidenten der Ukraine in Verbindung standen, teilten mit, dass nach Informationen des amerikanischen Geheimdienstes die russische Armee den Befehl erhalten habe, Selenskyj zu töten oder zu entführen. Der Pressesprecher des Außenministeriums der USA, der ehemalige Geheimdienstoffizier Ned Price, warnte im Gespräch mit CNN: »Präsident Selenskyj verkörpert die demokratischen Bestrebungen und Ambitionen der Ukraine und des ukrainischen Volkes, deshalb bleibt er das Hauptziel der Russen.«

Doch Selenskyj beabsichtigte nicht, aus dem Land zu fliehen. Schon einen Tag nach dem Angriff hielt er eine Ansprache an die Nation. Bekleidet mit einem olivfarbenen Hemd, das von nun an seine Erkennungsfarbe werden sollte, wandte er sich von seinem Büro aus an die Menschen:

»Ich bleibe in der Hauptstadt. Meine Familie ist ebenfalls in der Ukraine. Meine Kinder sind in der Ukraine. Sie sind keine Verräter, sondern Bürger [...]. Nach Informationen, die wir besitzen, hat mich der Feind zum Ziel Nummer eins erklärt und meine Familie zum Ziel Nummer zwei. Sie wollen die Ukraine politisch zerstören durch die Beseitigung des Staatsoberhaupts.«

Er stellte auch ein kurzes Video in die sozialen Medien, aufgenommen auf der Bankowa-Straße, direkt vor dem Gebäude, in dem sich der Sitz des Präsidenten der Ukraine befindet. Er zeigte sich dort zusammen mit seinen engsten Mitarbeitern: Dawyd Arachamija, dem Fraktionschef der Partei Diener des Volkes, Andrij Jermak, dem Chef des Präsidialbüros, Ministerpräsident Denys Schmyhal und seinem Berater Mychajlo Podoljak. Alle trugen sie olivfarbene Hemden. Selenskyj sagte: »Der Parteichef – ist hier. Der Chef des Präsidialbüros – ist hier. Ministerpräsident Schmyhal – ist hier. Podoljak – ist hier. Der Präsident – ist hier. Wir sind alle hier. Unsere Militärs sind hier, unsere Organe sind hier. Wir sind alle hier. Wir verteidigen unsere Unabhängigkeit, unseren Staat. Und so wird es bleiben. Hoch leben unsere Verteidiger und Verteidigerinnen. Slawa Ukrajini! [Hoch lebe die Ukraine!]«

Die amerikanische Verwaltung fürchtete die schnelle Besetzung Kyjiws durch die Russen und den Sturz des demokratisch gewählten Präsidenten. Nach verschiedenen Analysen sollte das gerade mal zwei, drei Tage dauern. Bezug nehmend auf Informationen von Geheimdienstoffizieren, vermeldeten die Medien, dass sich für das Attentat auf Selenskyj die Söldner der berüchtigten Gruppe Wagner, aber auch Kämpfer des tschetschenischen Präsidenten Ramsan Kadyrow bereithalten sollten. Die Wagner-Leute, grausame Mörder, geschult in einem Trainingszentrum der russischen Spezialeinheiten in der Nähe von Krasnodar, sind seit vielen Jahren bekannt für ihre Grausamkeit, für Vergewaltigungen und bestialische Folter auf den Schlachtfeldern in Afrika, dem Nahen Osten und ebenfalls 2014 in der Ukraine. Nun hatten sie ein neues Ziel: Selenskyj entführen oder töten.

Direkt nach Ausbruch des Krieges kam es zu einem hochrangigen Gespräch. Wie die Agentur Associated Press vermeldete, bestand das Verteidigungsministerium der USA darauf, den Präsidenten aus Kyjiw zu evakuieren.

»Hier herrscht Krieg. Ich brauche Munition, keine Mitfahrgelegenheit«, beendete der Präsident der Ukraine die Diskussion.

Zu der Zeit verbreitete die Kreml-Propaganda auf populären Kanälen und in den sozialen Medien bereits Gerüchte, Selenskyj sei aus dem Land geflohen und die ukrainische Armee habe sich ergeben. Am Morgen des 26. Februar, zwei Tage nach Ausbruch des Krieges, postete Selenskyj ein kurzes Video mit dem Untertitel: »Glaubt den Fakes nicht«. Unrasiert, sichtlich übermüdet, in einem Militärpullover, geht er die Bankowa-Straße in Kyjiw entlang, hinter ihm erkennt man das bekannte Gebäude mit den charakteristischen Chimären, und sagt mit fester Stimme: »Guten Morgen, Ukrainer! Es gibt viele Fake News, dass wir die Waffen niederlegen, uns ergeben. Aber es ist so: Wir legen keine einzige Waffe nieder, ich bin an meinem Platz, wir werden weiter unser Land verteidigen. Slawa Ukrajini!«

Und tatsächlich: Der Fakt, dass Selenskyj und seine Familie in der Ukraine blieben, hat die Gesellschaft gestärkt. Es hat den Ukrainern Mut gemacht und ihre Kampfbereitschaft gesteigert und damit den Widerstand erhöht, der gegen die Angreifer geleistet wurde. Nach einer Woche Krieg stieg die Befürwortung des Präsidenten unter den Ukrainern von 31 Prozent im Dezember 2021 auf 91 Prozent. Und die Werte seiner Missbilligung fielen von mehr als 60 Prozent auf gerade einmal 6 Prozent.

»Ich bin der Meinung, dass er einen großen Sieg errungen hat. Er ist ein Präsident, der die Hauptstadt nicht verließ, als wirklich nicht klar war, ob die Stadt in den allernächsten Tagen eingenommen wird«, sagte mir Wojciech Jankowski, der Chefredakteur des *Nowy Kurier Galicyjski* aus Lwiw.

Viele Ukrainer, aber auch die Welt sahen einen neuen Selenskyj. »Kaum zu glauben, dass wir noch vor Kurzem über ihn gelacht haben und er jetzt unser Held ist«, hieß es in den sozialen Medien. War damit seine Regierung vor dem Krieg oder seine Rolle als Kabarettist aus der Zeit des Kwartal 95 gemeint? Das ist unwichtig. Eine seiner Mitarbeiterinnen, die darum bat, nicht namentlich genannt zu werden, erzählte: »Von unseren Soldaten habe ich in den ersten Tagen des Krieges gehört: ›Wir sind bereit, für unseren Präsidenten zu sterben.‹ Sie sprachen aus, was die Menschen spüren. Weißt du, in der Ukraine ist der Mythos von den Atamanen lebendig, den furchtlosen Anführern der Kosaken. Ich denke, dass Selenskyj für uns zu so einem Ataman geworden ist.«

Selenskyj wird später in einem Interview sagen, dass ihm weder jemand beigebracht, noch, dass er sich selbst darauf vorbereitet habe, wie sich ein Präsident in Kriegszeiten verhalten soll. Er handelte so, wie es der Moment erforderte. Und die Entscheidung, in Kyjiw zu bleiben, war ausschlaggebend, sagte mir Aleksander Kwaśniewski: »Das war äußerst wichtig für die Kampfmoral der Nation und des ukrainischen Staates. Seine Antwort auf das Angebot der Amerikaner, dass sie ihn irgendwo hinbringen – ›Ich brauche Munition, keine Mitfahrgelegenheit‹ –, wird in die Geschichte eingehen und zu den berühmtesten politischen Äußerungen gehören.«

Eingesperrt

Selenskyj kommuniziert täglich mit den Bürgern und mit der Welt mittels kurzer Videos. Die Aufnahmen macht er in seinem Büro, im Hintergrund sieht man die Staatssymbole. Damit zeigt er, dass er im Präsidentensitz ist und regiert. Er zeigt sich auch an bekannten Orten von Kyjiw, um immer wieder zu demonstrieren, dass er in der Hauptstadt ist, um die Propaganda des Kreml Lügen zu strafen.

Sein Leben musste sich zwangsläufig ändern. Früher trainierte er jeden Morgen, um in Form zu bleiben. Jetzt erwähnte er in einem der Videos, das in den sozialen Medien veröffentlicht wurden: »Von Joggen kann keine Rede mehr sein.« Das war eine der geringeren Unannehmlichkeiten. Eine größere war die Trennung von der Familie. Einen Monat nach dem Angriff sagte er in einem Interview, das für eine Gruppe von Journalisten in einem Gebäude in der Bankowa-Straße organisiert wurde, dass er seine Frau nur einmal gesehen habe, einige Tage nach Ausbruch des Krieges. Seither haben sie nur telefoniert. Ihre Kinder – wie alle in der Ukraine – werden gerade sehr schnell erwachsen in der Situation ständiger Bedrohung.

Selenskyj und seine Mitarbeiter arbeiten mehr als zwölf Stunden am Tag. In Aufnahmen sieht man, wie müde er ist. Die Staatsoberhäupter der westlichen Welt riefen ihn pausenlos an, besonders in den ersten Tagen des Krieges, er selbst ruft an und fordert Unterstützung. Auf die Frage der Journalisten, was er jetzt lese, antwortete er, er lese nichts, selbst vor dem Schlafengehen, denn wenn er die Seite umblättere, erinnere er sich schon nicht mehr, was auf der Seite davor gestanden habe.

Die Gebäude der Präsidialverwaltung wurden in eine Festung verwandelt, zu der nur die engsten Mitarbeiter, offizielle Gäste aus anderen Staaten und angemeldete Journalisten Zutritt erhalten. Selenskyj setzt Treffen oft am späten Abend an, so wie er es noch vor dem Krieg zu arbeiten gewohnt war. Als er nach mehreren Wochen des Krieges in seinem Amtssitz Journalisten von *The Atlantic* empfing – Anne Applebaum und Jeffrey Goldberg –, war es schon dunkel, aber die Lichter wurden nicht eingeschaltet. Die Journalisten beschrieben, dass Soldaten sie durch ein Labyrinth düsterer Flure führten, überall waren Sandsäcke aufgestapelt, den Weg beleuchteten sie mit Taschenlampen. Der ukrainische Präsident sprach in einem Zimmer ohne Fenster mit ihnen.

Alles aus Rücksicht auf die Sicherheit. Die britische Zeitung *The Times* berichtete schon zu Beginn des Krieges von mehreren vereitelten Anschlagsversuchen. Die Dienste wussten, dass die nächsten Anschläge in Vorbereitung waren. Dass Selenskyj für Putin das Ziel Nummer eins bleibt.

Das Wort – die mächtigste Waffe

Selenskyj findet schnell in die Rolle des Leaders zu Kriegszeiten, aber er mischt sich nicht in Fragen der Verteidigung ein. Das überlässt er den Generälen. Viele Beobachter der ukrainischen Politik halten das für ein großes Plus: Ein anderer Präsident würde sich vielleicht in die militärischen Entscheidungen einmischen. Und das ist der direkte Weg in die Katastrophe.

Gleichzeitig gesteht Selenskyj, dass er sich nicht auf die Rolle des Leaders in Kriegszeiten vorbereitet hat. Im Interview für *The*

Economist sagte er, dass niemand darauf vorbereitet sein kann. »Du kannst nicht sagen: ›Wenn ich Präsident der Ukraine wäre, würde ich so und so verfahren‹, weil du nicht in der Lage bist, dir vorzustellen, was das alles heißt. Du bist nicht in der Lage, dir vorzustellen, wie du etwas tun wirst. Das ist bei mir der Fall und auch bei vielen Menschen ringsum.«

Zusammen mit seinem engsten Umfeld benennt er die Aufgaben für sich als Präsidenten und konzentriert sich darauf. Selenskyj befasst sich mit dem, was er am besten kann. Er macht seinem Volk Mut. Täglich veröffentlicht er in den sozialen Medien kurze Videos. Er betont das Heldentum der Verteidiger und der Verteidigerinnen der Ukraine, versichert, dass er keinen Fußbreit ukrainischen Bodens Russland überlässt, dass der Krieg gewonnen wird und das Land die Krim und den Donbass zurückgewinnen wird – Gebiete, auf die es ein Anrecht hat.

Unterstützt wird er von dem Team, das bei ihm im Büro in der Bankowa-Straße geblieben ist.

»Es ist die Gruppe der engsten Mitarbeiter, mit denen er schon zu normalen Zeiten die Beratungen und Brainstormings abgehalten hat, bedeutend mehr Personen, als man in den Videos sieht. Sie arbeiten immer noch zusammen, bereiten seine Reden vor«, erzählte mir eine Person aus dem Umfeld des Präsidenten. Nicht nur sie unterstützen Selenskyj. Wie mir der Kyjiwer Politologe Wolodymyr Fesenko erklärte, sind alle Äußerungen Selenskyjs aus der Kriegszeit das Ergebnis der Zusammenarbeit mit einem PR-Stab, mit Kommunikationsstrategen aus den USA sowie Israel und natürlich mit den ukrainischen Helfern des Präsidenten. Deshalb berühren seine Kriegsreden die ganze Welt. Selenskyj nutzt seine Erfahrung und sein Talent als Schauspieler, die Tatsache, dass er sich vor der Kamera pudelwohl fühlt.

»Er ist medial. Er ist emotional. Er nutzt eine einfache Sprache, was nicht bedeutet, dass diese Sprache nicht mit Bedacht gewählt ist«, ergänzte Fesenko.

Niemand zweifelt daran, dass der ukrainische Präsident seine Äußerungen in der Kriegszeit als Waffe nutzt – wer weiß, ob sie nicht ebenso wirkmächtig ist wie die Waffen des Militärs, die den überlegenen Streitkräften Russlands standhalten. Seit den ersten Kriegstagen ist er per Skype oder Zoom stets gegenwärtig. Er spricht mit den Staatschefs der freien Welt, hält Reden und appelliert: »Wir brauchen Waffen und weitere Sanktionen gegen Russland, einen geschlossenen Luftraum. Noch nicht alle Sanktionsmöglichkeiten wurden ausgenutzt.«

Er zögert nicht, die Staatschefs der NATO oder der Europäischen Union mit der Wahrheit zu konfrontieren: »Ich habe Dutzende Gespräche mit den Staatsoberhäuptern der Länder geführt, die uns unterstützen. Für konkrete Hilfe bedanken wir uns. Ich habe sie gefragt, wer bereit ist, zusammen mit uns zu kämpfen. Ehrlich? Ich sehe niemanden. Wer bereit ist, der Ukraine eine Beitrittsgarantie zur NATO zu geben? Ehrlich? Alle haben Angst. Ich habe die Chefs der 27 europäischen Länder gefragt, ob sie zu uns stehen und ob die Ukraine in der NATO sein wird. Alle haben Angst. Antworten nicht. Aber wir haben vor nichts Angst«, erklärte er in den ersten Kriegstagen.

Diese Vorwürfe, der westlichen Welt und deren politischer Elite direkt ins Gesicht gesagt, waren eine deutliche Botschaft. Selenskyj betonte Ehre, Stolz und Mut der Ukrainer, aber zugleich tanzte er, wenn er eine Rede aus dem Büro des Präsidenten der Ukraine hielt, Putin auf der Nase herum, der erfolglos versuchte, ihn zu erwischen, indem er Kyjiw bombardierte und weitere Söldnertruppen dort hinschickte.

In der Oberschule hatte er darüber nachgedacht, Diplomatie zu studieren. Dieser Traum ging nicht in Erfüllung – er wurde nie Berufsdiplomat, selbst nach seiner Wahl zum Präsidenten. Doch in der Kriegszeit begann er eine so markante und erfolgreiche Politik zu betreiben, dass erfahrene Staatsmänner etwas von ihm lernen könnten. Er versetzte die Regierungen und Bewohner Europas und

Amerikas in Erstaunen, indem er seit den ersten Kriegstagen per Liveschaltungen Reden vor den Parlamenten vieler Länder hielt. Seine Auftritte waren gründlich vorbereitet und durchdacht. Jede Rede bezog sich auf Themen, die für das betreffende Land besonders wichtig waren und sensible Punkte zur Sprache brachten.

Seine Rede vor dem Europäischen Parlament am 3. März 2022 begann Selenskyj mit einfachen Worten, die eine sehr starke Botschaft transportierten: »Wissen Sie, seit den letzten Tagen habe ich ein Problem, wie ich die Menschen begrüßen soll, weil ich nicht sagen kann ›Guten Tag‹ oder ›Guten Abend‹. Ich kann das nicht sagen, weil dieser Tag für manche Menschen nicht gut ist und es für andere ihr letzter Tag ist«, sagte er zu einem voll besetzten Saal. »Ich lese nicht vom Blatt ab, weil die Ära des Papiers in meinem Land zu Ende gegangen ist. Jetzt haben wir es mit der Realität aufgenommen. Wir haben es mit toten Menschen zu tun, mit dem wirklichen Leben. Ich glaube daran, dass wir heute unser Leben hingeben für das Recht, für die Freiheit, für den Wunsch, dass wir gleich sind in Europa.«

Er sprach von den europäischen Bestrebungen der Ukraine, davon, dass die Ukrainer Europäer seien, Menschen wie die Bewohner des Westens, und sie jetzt bewiesen, dass ihnen ein Platz in der europäischen Gemeinschaft gebühre. Dem Übersetzer versagte die Stimme. Man hörte, dass er weinte, als Selenskyj den russischen Raketenangriff auf Charkiw beschrieb, das hauptsächlich russischsprachige Einwohner hat. Die Stadt mit der größten Zahl an Universitäten in der Ukraine. »Dort ist der Freiheitsplatz. Können Sie sich vorstellen, dass heute früh zwei Marschflugkörper in diesem Platz eingeschlagen sind? Es gab Dutzende Tote. Das ist der Preis, den wir für unsere Freiheit zahlen, für unseren Boden. Wir haben bewiesen, dass wir genauso sind wie Sie. Beweisen Sie, dass Sie zu uns stehen. Beweisen Sie, dass Sie uns nicht verlassen. Beweisen Sie, dass Sie wirklich Europäer sind«, appellierte Selenskyj.

Der Appell richtete sich nicht einmal so sehr an die Brüsseler Politiker als an die Menschen in Europa.

»Wir sahen ein, dass wir betonen müssen, dass wir von niemandem abhängig sind. Ich wollte die Einstellung zur Ukraine ändern, weil, ehrlich gesagt, die Ukrainer genau solche Menschen sind wie die Menschen in den Vereinigten Staaten, Europa oder Russland. Wir sind alle gleich«, erklärte Selenskyj im Gespräch mit *The Economist*.

Er versuchte die Einstellung zur Ukraine auch in den Parlamenten vieler Staaten zu beeinflussen.

»Ich möchte Ihnen von 13 Tagen Krieg erzählen«, sagte er dem britischen Unterhaus. »Einem Krieg, den nicht wir angefangen haben und den wir nicht wollten. Und doch müssen wir diesen Krieg führen. Wir wollen nicht verlieren, was wir haben, unser Land, die Ukraine. Genau wie Sie Ihr Land nicht verlieren wollten, als die Nazis den Krieg entfesselten, und Sie für Großbritannien kämpfen mussten.«

Er bezog sich auf die Grundlagen der Kultur und das kollektive Gedächtnis der Briten, auf Shakespeare und Churchill: »Für uns lautet die Frage: ›Sein oder nicht sein?‹ Das ist die Shakespeare-Frage. 13 Tage lang konnte man sie stellen, aber jetzt kann ich Ihnen die endgültige Antwort geben. Eindeutig: ›sein‹. Und ich würde gerne an Worte erinnern, die Großbritannien schon gehört hat und die wieder aktuell sind«, sagte er und spielte auf eine Rede von Winston Churchill aus der Zeit des Zweiten Weltkriegs an: »Wir werden uns nicht ergeben, wir werden nicht verlieren. Wir werden bis zum Ende kämpfen, auf dem Meer, in der Luft. Wir werden weiter um unseren Boden kämpfen, ohne Rücksicht auf den Preis. Wir werden in den Wäldern kämpfen, auf den Feldern, an den Ufern, auf den Straßen. Ich füge hinzu, dass wir an den Ufern unterschiedlicher Flüsse kämpfen werden und Ihre Hilfe ersuchen, die Hilfe der zivilisierten Länder«, betonte Selenskyj.

In seiner Rede vor dem Kongress der Vereinigten Staaten erinnerte er an das, was jedem Amerikaner teuer ist: persönliche Freiheit und Bürgerrechte, um die jetzt die Ukrainer kämpfen müssen. Und daran, dass russische Angriffe aus der Luft die meisten Opfer in der Ukraine fordern. Genau wie Amerika die größten Verluste aus der Luft erlitten hatte: während der japanischen Luftangriffe auf Pearl Harbor im Jahr 1941 und bei dem terroristischen Anschlag auf das World Trade Center: »Erinnern Sie sich an den 11. September 2001, als das Böse versuchte, Ihre Städte in Schutt und Asche zu legen, als unschuldige Menschen aus der Luft angegriffen wurden. Sie waren nicht in der Lage, das zu verhindern. Unser Land erfährt Tag für Tag dasselbe, jetzt, jede Nacht, seit drei Wochen«, sagte Selenskyj und appellierte, den Himmel über der Ukraine zu schließen. »Bitten wir um zu viel?«, fragte er.

Herzliche Worte richtete Selenskyj vor allem an die Polen. Besonders gerührt war er, als er am 11. März im polnischen Sejm über die Hilfe sprach, die seinen Landsleuten mit großer Selbstverständlichkeit erwiesen wird. Es lohnt sich, diese Worte zu zitieren, weil sie auf einen Wandel in der Beurteilung der schließlich nicht immer leichten polnisch-ukrainischen Geschichte hinweisen können:

»Ich spüre, dass wir schon ein ungewöhnlich starkes Bündnis geschlossen haben«, sagte Selenskyj an die Abgeordneten und Senatoren gerichtet. »Selbst wenn es informell ist. Es ist doch ein Bündnis, das durch die Wirklichkeit entstanden ist, nicht durch Worte auf Papier. Durch die Wärme in unseren Herzen, nicht durch Reden von Politikern auf Spitzentreffen. Durch die Art, wie Sie unsere Menschen behandelt haben, die Ukrainer, die in Ihr Land geflohen sind, um dem Bösen zu entgehen, das über unser Land gekommen ist. Mehr als eineinhalb Millionen Bürger der Ukraine! Die große Mehrheit sind Frauen und Kinder. Sie fühlen sich bei Ihnen nicht wie in einem fremden Land. Sie haben sie in Ihren Familien aufgenommen. Mit polnischer Sensibilität und mit brüderlicher Güte. Obwohl wir nicht darum gebeten haben und Sie im Gegenzug nichts erwarten. So ist es einfach unter Verwandten. Deshalb behaupte ich, dass wir uns schon vereint haben. Ich kann mir heute in Bezug auf alle Staatsoberhäupter und Nationen aus Europa nicht sicher sein, aber ich bin mir sicher, dass wir die Freiheit gemeinsam mit Ihnen verteidigen werden«, sagte Selenskyj.

Einfluss auf diese Worte hatte nicht nur die Einstellung der Bürger, sondern ebenfalls, dass Polen auch auf internationaler Bühne zu einem der aktivsten Fürsprecher der Ukraine geworden war. Es forderte entschieden eine Verschärfung der Sanktionen gegen Russland und militärische Hilfeleistungen. Selenskyj konnte das nicht entgangen sein. »Ich spreche täglich mit Andrzej. Vielleicht öfter als mit allen anderen Staatschefs«, beschrieb der Präsident der Ukraine seine Beziehung zu Präsident Duda bei einem Treffen mit Journalisten wenige Wochen nach Ausbruch des Krieges.

Doch noch vor nicht allzu langer Zeit gehörten die Beziehungen zwischen den beiden Staaten nicht gerade zu den herzlichen, vor allem wegen des die Gesellschaften trennenden historischen Gedenkens an das Massaker von Wolhynien. »Im Jahr 2019, als ich Präsident wurde, schien es, als würde uns mit Polen noch ein langer Weg bevorstehen. Unsere gegenseitigen Beziehungen waren frostig. Ich wollte rasch den Weg von frostig zu herzlich beschreiten. Und so geschah es. Weil ich wusste, was für Nationen wir sind. Dass die Polen und die Ukrainer eine Familie sind«, betonte Selenskyj.

Auf die recht schnelle Verbesserung der Beziehungen kann sich beider Gefühl einer Bedrohung durch Russland ausgewirkt haben, aber auch, dass Selenskyj lange vor seiner Präsidentschaft gute Erfahrungen mit Polen gemacht hat. Er hob hervor, dass er es, wenn er für Shows in das Nachbarland kam, auf der Bühne nie mit prorussischen Provokationen zu tun hatte. Sehr positiv erinnerte er sich auch an seine Ski-Aufenthalte in Arłamów unweit der ukrainischen Grenze.

Während des Krieges festigten sich diese Beziehungen. Schon am 24. Februar, eine Stunde nach dem ersten Beschuss Kyjiws, rief Präsident Andrzej Duda Selenskyj an und versuchte ihn mit Worten aufzubauen. »Wenn es jemanden gibt, der wie eine Bestie über dich herfällt, ist es wichtig, jemanden zu haben, der dir hilft. Der dir die Hand zur Hilfe reicht, wenn der Feind seinen Fuß in dein Haus stellt. Am Morgen des 24. Februar hatte ich keine Zweifel, wer das sein wird. Wer mir sagt: ›Bruder, deine Nation wird nicht allein bleiben mit dem Feind.‹ Und so war es. Und ich bin dafür dankbar. Die polnischen Brüder und Schwestern stehen zu uns«, erklärte Selenskyj am 11. März bei seiner zugeschalteten Rede vor dem polnischen Sejm. »Der ukrainische Stolz und die polnische Ehre, der ukrainische Mut im Kampf und die polnische Aufrichtigkeit bei der Hilfe ermöglichen es mir jetzt, nach 16 Tagen dieses Krieges, sehr wichtige Worte zu sagen: Zwischen unseren Nationen herrscht wahrer Frieden. Frieden zwischen Verwandten«, erklärte er.

Weniger warme Worte fand Selenskyj für die deutschen Politiker. Er warf ihnen bei seiner in den Bundestag übertragenen Rede vor, sie würden die Entscheidung über die Verhängung von Sanktionen auf Energierohstoffe aus Russland hinauszögern. Er hielt ihnen vor, dass viele deutsche Firmen – trotz der Sanktionen – immer noch wirtschaftlich mit Russland verbunden seien, dass damit der Krieg finanziert würde: »In den drei Wochen des Krieges um unser Leben, um unsere Freiheit, konnten wir uns von dem überzeugen, was wir bereits früher spürten und was Sie sicherlich bislang noch nicht alle bemerken. Aber Sie scheinen sich wieder hinter einer Mauer zu befinden. Ja, es ist nicht die Berliner Mauer, aber eine Mauer mitten in Europa, zwischen Freiheit und Unfreiheit. Und diese Mauer wird immer stärker, mit jeder Bombe, die auf unseren Boden, auf die Ukraine, fällt. Mit jeder Entscheidung, die nicht getroffen wird für den Frieden. Die nicht getroffen wird, obwohl sie helfen könnte. […] Und es gibt auch keinen Platz für uns an diesem Tisch. Genauso zögern Sie nun bei der Frage nach dem Beitritt der Ukraine zur Europäischen Union. Offen gesagt: Für manche ist es Politik. Doch in Wahrheit sind es Steine. Steine für eine neue Mauer. […] Der ehemalige Schauspieler und Präsident der Vereinigten Staaten von Amerika, Ronald Reagan, sagte einmal in Berlin: ›Tear down this wall!‹ [›Reißen Sie diese Mauer nieder!‹] Nun möchte ich Ihnen sagen: Herr Bundeskanzler Scholz! Reißen Sie diese Mauer nieder! Geben Sie Deutschland die Führung, die es verdient und auf die Ihre Nachfahren nur stolz sein können«, appellierte Selenskyj, indem er sich auf die jüngste deutsche Geschichte bezog.

Wolodymyr Selenskyjs zehnminütige Rede in der Knesset berührte die Israelis zweifellos, aber sie löste auch Diskussionen und Kontroversen aus. Es wurde Kritik geäußert, besonders vonseiten rechtsgerichteter Berichterstatter, obwohl er zu Beginn seiner Rede die Analogie zwischen der Situation der Ukraine, die Russland vernichten will, und Israel, das unter ständiger Bedrohung von einem Teil der Staaten in der Region lebt, skizzierte.

»Ich möchte Sie an die Worte einer großen Kyjiwerin erinnern, die Sie sehr gut kennen. Die Worte von Golda Meir«, begann Selenskyj und berief sich auf die berühmte ehemalige Ministerpräsidentin von Israel. »Angeblich kennt sie jeder Jude, auch viele Ukrainer haben sie gehört. Und sicherlich nicht weniger Russen: ›Wir wollen am Leben bleiben. Unsere Nachbarn wollen uns tot sehen. Das ist keine Frage, die viel Spielraum für Kompromisse lässt.‹«

Er bezog sich auf die Genese des Zweiten Weltkriegs und den Holocaust. Er verdeutlichte die Parallelen zu jenen finsteren Jahren: »Am 24. Februar 1920 entstand die Nationalsozialistische Deutsche Arbeiterpartei (NSDAP). Eine Partei, die Millionen Menschenleben vernichtete, ganze Länder verheerte und Völker zu vernichten versuchte. 102 Jahre später, am 24. Februar 2022, wurde der russischen Armee der verbrecherische Befehl zur groß angelegten Invasion in die Ukraine erteilt. Die Invasion hat schon Tausende Opfer gefordert, hat Millionen obdachlos gemacht und vertrieben«, sagte Selenskyj.

Für Erregung in Israel sorgten die nächsten Sätze. Der Präsident der Ukraine betonte, dass Russland einen niederträchtigen Krieg begonnen habe, dessen Ziel die komplette Vernichtung des ukrainischen Volkes sei, von Städten, Kultur und allem, was ukrainisch sei. »Deshalb habe ich ein Recht auf diese Parallele und den Vergleich unserer Geschichte mit Ihrer Geschichte. Unseres Krieges um das Überleben mit dem Zweiten Weltkrieg«, fuhr Selenskyj fort. Er erinnerte daran, dass die Nazis im Zweiten Weltkrieg ganze Völker und die Erinnerung an sie vernichten wollten. Sie nannten das die »Endlösung der Judenfrage«.

»Ich bin sicher, dass Sie diese Worte niemals vergessen werden. Aber hören Sie sich heute die Äußerungen an, die in Moskau verlautbart werden. Hören Sie sich an, wie das Wort ›Endlösung‹ wiederholt wird. Aber jetzt richtet es sich gegen uns in der ›Ukrainefrage‹. Moskau sagt, ohne den Krieg gegen uns sei es nicht in der Lage, eine ›Endlösung‹ zu garantieren, angeblich für die eigene Sicherheit. So wie es auch vor 80 Jahren gesagt wurde.«

Er forderte den Schutz des ukrainischen Himmels mithilfe des israelischen Raketenabwehrsystems Iron Dome.

»Man könnte lange danach fragen, warum wir von Ihnen keine Waffen bekommen. Oder warum Israel Russland nicht mit harten Sanktionen belegt, warum es keinen Druck auf die russische Wirtschaft ausübt. Die Antwort gebührt Ihnen, liebe Brüder und Schwestern. Und Sie, Volk von Israel, Sie werden mit dieser Antwort leben«, wandte er sich weniger an die israelischen Spitzenpolitiker, die zu jener Zeit noch versuchten, mit Putin zu verhandeln, als an die Israelis selbst. Er war der Meinung, man könne zwischen Staaten vermitteln, aber nicht zwischen Gut und Böse.

Israel müsse eine Wahl treffen, ob es die Ukraine unterstütze oder Russland.

Der Vergleich des Krieges in der Ukraine mit dem Holocaust missfiel einem großen Teil der Berichterstatter. Während nach Selenskyjs Rede die vor den Großleinwänden auf den Straßen versammelten Menschen Beifall klatschten, äußerten die Politiker Widerspruch. »Ich schätze den Präsidenten der Ukraine und unterstütze das ukrainische Volk mit Herz und Tat, aber die grausame Geschichte des Holocaust lässt sich nicht aufs Neue schreiben«, twitterte der israelische Kommunikationsminister Yoaz Hendel. »Der Völkermord fand auch auf ukrainischem Boden statt. Der Krieg ist schrecklich, aber der Vergleich mit den Schrecken des Holocaust und der Endlösung ist unerhört«, fügte er hinzu.

Manche Kommentatoren schrieben, dass Selenskyj mit dieser Rede der Ukraine nicht gedient habe. Der jedoch zählte eher auf das Volk, das Einfluss auf die Regierung nehmen kann.

In dieser wie auch in vielen anderen Reden wandte sich Selenskyj bewusst über die Köpfe der Politiker hinweg an die Menschen. Indem er von Ereignissen erzählte, die Emotionen auslösen, beeinflusste er die Einstellung zur Ukraine und übte so mittelbar Druck auf die Regierungen aus.

»Das war eine durchdachte und sehr wirkungsvolle Mischung aus taktischen und praktischen Argumenten«, meinte Aleksander Kwaśniewski. »Seine Rede vor dem Europäischen Parlament – Volltreffer. Vor dem britischen Unterhaus – Volltreffer. Vor dem amerikanischen Kongress – Volltreffer. Wenn er den Amerikanern sagt, dass sie der Ukraine nicht im Kampf für die Luftsicherheit helfen wollen, und daran erinnert, dass die tragischsten Angriffe auf Amerika aus der Luft stattfanden – Pearl Harbor und der 11. September –, dann versteht jeder Amerikaner die Message: Warum wollt ihr uns nicht in einer Sache helfen, die sich für euch als das Wichtigste erwiesen hat? Seine Kommunikation mit der Welt hat der Ukraine viel Unterstützung eingebracht, Verständnis und sogar große Scham bei all jenen ausgelöst, die die Ukraine gerne den Russen überlassen hätten.«

Im australischen Parlament erwähnte er zu Beginn das größte Flugzeug der Welt – das ukrainische AN-225 »Mrija«. »Im Mai 2016 versammelten sich Tausende Australier am Flughafen in Perth, um zum ersten Mal den ukrainischen Traum zu sehen. ›Traum‹ – Mrija – ist der Name unseres Flugzeuges AN-225. Nachdem es fast 15 000 Kilometer zurückgelegt hatte, brachte es dringend erwartete Ladung – einen elektrischen 130 Tonnen schweren Stromgenerator, den eine Ihrer Firmen zwingend benötigte. Die Lieferung auf dem Meeresweg hätte mehrere Monate in Anspruch genommen. Aber das ukrainische Flugzeug erledigte das in wenigen Tagen.«

Selenskyj erinnerte daran, dass der »Traum« von den russischen Aggressoren zerstört wurde. Genau wie die Ukraine zerstört würde. Nun sei es der Traum der Ukrainer, den Frieden wiederherzustellen und den Feind zu besiegen. Und dafür brauche es harte Sanktionen gegen Russland und Waffenlieferungen an die Ukraine.

»Liebe Freunde, [es trennen uns] Tausende Kilometer. Aber was bedeutet eine solche Distanz für diejenigen, die ein gleiches Verständnis von der Welt haben? … […] Wenn der Feind im Anmarsch ist … Wenn Kinder sterben … Wenn Städte zerstört werden … Wenn sie auf den Straßen die Flüchtlinge töten … Wenn sich ein ruhiges Land in ein abgebranntes Gebiet verwandelt … Dann verliert jede Entfernung an Bedeutung. Die Geografie hat keine Bedeutung. Es zählt nur die Menschlichkeit. Nur der Traum von der Rückkehr zu einem ruhigen Leben.«

Die Rede vor dem Parlament von Südkorea hielt er nach 47 Tagen des Krieges, als Mariupol fast komplett zerstört war und neue Informationen über von den Russen verübte Gräueltaten und Plünderungen auftauchten. »Sie erinnern sich daran aus dem 20. Jahrhundert«, sagte Selenskyj über den Horror des Krieges, den die Koreaner nicht vergessen haben. »Sie wissen, wie es ist, das eigene Land zu verteidigen. Sie erinnern sich, wie Sie in den Fünfzigerjahren von denjenigen angegriffen wurden, die Ihnen Ihre Freiheit rauben wollten. Was hätten sie von Ihrer Identität übrig gelassen, falls es ihnen gelungen wäre? Das ist eine schreckliche Frage. Aber Sie haben es überstanden, und die Welt half Ihnen. Heute wollen wir dasselbe«, sagte Selenskyj.

Den japanischen Abgeordneten dankte er für die Hilfe, die die Ukraine erhielt. »Unsere Hauptstädte sind 8193 Kilometer voneinander entfernt. Das sind etwa 15 Flugstunden, je nach Route. Doch wie groß ist die Distanz zwischen unseren Freiheitsbedürfnissen, unserem gemeinsamen Lebensdurst, unserem Wunsch nach Frieden? Am 24. Februar sah ich überhaupt keine Distanz – nicht mal einen Millimeter – zwischen unseren Hauptstädten. Keine Sekunde lag zwischen unseren Gefühlen«, sagte Selenskyj.

Mit Sicherheit waren Selenskyjs Reden bis ins kleinste Detail ausgefeilt. Und er musste den Inhalten kein Schauspiel hinzufügen. Er sprach einfach, von Mensch zu Mensch, und er erreichte so am stärksten die Menschen.

Er gestand selbst, dass er jeden Menschen anzusprechen versuche: »Das Erste, was ich verstand, war, dass die Menschen, die Völker, das Sagen haben und die politischen Chefs, manche von ihnen, verloren sind«, legte Selenskyj sein Credo in einem Interview für *The Economist* dar. »Manchmal glaube ich, die Politiker leben in einem Informationsvakuum. Auch ich hätte, wenn ich im Büro säße und drei oder vier Tage lang nicht hinausginge, keine zuverlässigen Informationen darüber, was auf der Welt los ist.«

Er war Komiker und wurde zur Legende

Seine Worte und seine Einstellung führten zu Bewunderung. Selenskyj wurde zum Helden nicht nur seines eigenen Volkes, sondern für all jene, die sich mit der Ukraine solidarisierten und die sich dem barbarischen Krieg widersetzten. Im Grunde erkannte die Welt Selenskyj erst jetzt, und die Journalisten hörten auf, ihn einen »Komiker« oder »Clown« zu nennen. In den sozialen Medien halten die Leute mit ihrer Anerkennung für Selenskyj nicht hinter dem Berg: »Er ist mein Held«, hieß es von Paris über London bis nach Los Angeles und Sydney. Bezeichnend war der Eintrag eines Users aus den Vereinigten Staaten: »Solche Staatsmänner kannte ich bislang nur aus dem Geschichtsbuch. Ich hätte nicht gedacht, dass es zu meinen Lebzeiten einen Politiker dieses Formats geben würde.«

Im Internet entstand sofort eine Flut an Memes. Am weitesten verbreitete sich eines, das auf der einen Seite Selenskyj, auf der anderen die Staatschefs der Welt zeigt. Es ist untertitelt mit: »Der Komiker wird zum Leader. Die Leader werden zu Clowns.« In einem anderen Meme ruft der berühmte Film-Raufbold Chuck Norris Selenskyj an. »Wolodymyr? Hier ist Chuck«, beginnt Norris. »Wie kann ich dir helfen, Chuck?«, fragt Selenskyj.

Vom Grad seiner Popularität zeugt auch seine Reichweite in den sozialen Medien. Zwei Monate nach Ausbruch des Krieges folgen Selenskyj auf Instagram 16,8 Millionen Personen, das ist fünf Mal mehr als die Zahl der Follower beispielsweise des französischen Präsidenten Emmanuel Macron und nur eine Million weniger als die des US-Präsidenten Joe Biden.

Selenskyj hat es eindeutig weiter gebracht, als er selbst vermutete. Der »Komiker« begann den Staatschefs Respekt einzuflößen. Die, die ihn in Kyjiw während des Krieges besuchten, erwiesen ihm einerseits im Namen ihrer Länder ihre Unterstützung, andererseits polierten sie in den Augen potenzieller Wähler ihr eigenes Image auf. So wie der britische Premierminister Boris Johnson, der Anfang April mit dem ukrainischen Präsidenten durch die Straßen Kyjiws spazierte. Die britischen Medien fragten, ob Johnson gekommen sei, um die Ukraine zu unterstützen, oder eher Selenskyj dem angeschlagenen Image des britischen Premierministers behilflich war, der sich damals für rauschende Partys in seinem Büro rechtfertigen musste, die er während der Pandemie gab.

Einige Wochen vor den französischen Präsidentschaftswahlen im April schlug auch eine Fotoserie von Emmanuel Macron hohe Wellen. Sein Büro veröffentlichte Fotos von ihm in seinem Arbeitszimmer, wo er sich im Pullover, mit Dreitagebart und sorgenvoller Miene über den Schreibtisch beugte. Alle erkannten bestens, wer den französischen Präsidenten inspiriert hatte.

Und Selenskyj? Selenskyj gab sich ungezwungen. Woher nahm er die Kraft? Zum Teil gibt darauf sein enger Mitarbeiter aus der Partei Diener des Volkes, Mykyta Poturajew, eine Antwort: »Selenskyj ist ein typischer Ukrainer. Es kommt vor, dass er emotional ist. Er hat die Neigung zur Übertreibung, zum Pathos, manchmal sogar zur Hysterie. Er war schließlich Schauspieler. Aber wenn er spürt, dass sein Umfeld ihn unterstützt, dann mag es brennen oder alles zusammenstürzen, er aber verliert nicht den Mut«, schildert Poturajew anschaulich. »Er muss spüren, dass das ›Publikum‹ zu ihm hält, dass das Team der Schauspieler zu ihm hält, dass alle ausgezeichnet ihre Rollen spielen. Wenn er einsam ist, wenn ihn alle verlassen, dann verliert er den Mut. Zum Glück spürt er die ganze Zeit den Zuspruch der Menschen und der Welt in diesem Krieg«, erzählt Poturajew. »Deshalb waren Selenskyjs Telefonate mit der Welt, mit den Staatschefs aus dem Westen so wichtig.«

Aleksander Kwaśniewski bewundert, wie schnell Selenskyj das Führen gelernt hat: »Natürlich war, ist und wird er auch sicher kein Diplomat werden, aber er hat treffsicher den historischen Moment genutzt. Wenn Bomben auf Wohnhäuser fallen, soll er da auf Diplomatie setzen? Er spricht geradeheraus, und das spielt eine große Rolle. Selbst diejenigen, denen eine diplomatischere Sprache lieber wäre, können ihm keine Vorwürfe machen, dass er unter Beschuss von sich gibt, was ihm auf dem Herzen liegt – das ist seine Stärke. Er hat absolut das Leader-Gen.«

An eine Delegation wandte er sich mit den Worten: »Kommen Sie nicht mit leeren Händen, bringen Sie uns Waffen mit, Törtchen brauchen wir nicht.«

In der ganzen Kriegszeit betont Selenskyj jedoch immer wieder, dass er kein Held sei: »Die ukrainische Nation ist der Held, nicht ich«, sagt er. Er tue nur, was im gegebenen Moment getan werden müsse.

Auf die Frage, warum die Menschen in der Ukraine – und auf der Welt – nun eine andere Meinung von ihm hätten, warum sie ihn als Helden ansähen, antwortete Selenskyj im Gespräch mit *The Economist*: »Ich glaube, schon als sie mich gewählt haben, haben sie gesehen, dass ich in jeder Angelegenheit ehrlich bin. Wie mein Vater sagt: ›Wenn du nicht weißt, wie du etwas tun musst, sei ehrlich.‹ Das ist alles. Du musst ehrlich sein, damit die Menschen dir glauben. Nichts vortäuschen. Du musst du selbst sein. Vielleicht lieben sie dich mehr, wenn sie sehen, dass du nicht so stark bist oder manchmal faul. Wichtig ist, dich nicht für besser auszugeben, als du es in Wirklichkeit bist.«

Dieser Rat seines Vaters funktioniert tatsächlich. Der Politologe Wolodymyr Fesenko meint, dass Selenskyj als großer Mutmacher der Ukrainer in einer schwierigen Zeit, als Leader, besser zurechtkomme, als dies dem vorherigen Präsidenten Petro Poroschenko, seinem Rivalen bei der Wahl, gelungen wäre: »Denn Selenskyj ist einer von hier, jemand, der tatsächlich bei den Ukrainern aus dem Osten, dem Süden und dem Westen ankommt. Obwohl sie vermutlich gerade im Westen am misstrauischsten waren, dass er versagen könnte und Putin zu sehr nachgibt. Aber schon allein die Tatsache, dass er sich so sehr von Putin unterscheidet, ist ein gewaltiges Plus.«

Putin ist kalt, gefühllos, er betrachtet alle mit Kalkül und Distanz. Selenskyj ist »einer von hier«, er verringert die Distanz, als wäre er ein Bekannter aus der Nachbarschaft, er spricht so, als hätte er die gleichen Sorgen. Am deutlichsten zeigt das der Vergleich von zwei Fotos: Putin, an einem langen Tisch sitzend, entfernt von seinen Gesprächspartnern, und Selenskyj im Schutzraum, umgeben von seinen Soldaten, oder auch, wie er an einer Station der Kyjiwer Metro eine Rede an das Volk hält. Putin – der überhebliche und selbstsichere Goliat. Selenskyj – der David, der mit seiner deutlich bescheideneren Armee der russischen Großmacht Schläge versetzt.

Mit jedem Tag des Krieges sieht er müder, vielleicht auch älter aus als einige Wochen zuvor. Als die Welt Ende März, Anfang April 2022 von dem durch russische Soldaten an der Zivilbevölkerung in Butscha bei Kyjiw verübten Massaker erfuhr, begab sich Selenskyj dorthin, um sich mit eigenen Augen von dem Ausmaß des Verbrechens zu überzeugen. Auf den Fotos sieht man sein Gesicht, verzerrt von ohnmächtigem, riesigem Schmerz. Er macht den Eindruck, als wäre er um zehn Jahre gealtert.

»Ich habe nicht erwartet, dass es so schwer sein wird«, sagte er in dem Gespräch mit *The Economist* ehrlich. Bei einer Pressekonferenz erklärte er, dass er wie jeder Angst empfindet. »Ich bin ein Mensch, funktioniere wie jedes menschliche Wesen. Und wenn jemand keine Angst hat um sein Leben, um das Leben seiner Kinder, dann wäre irgendwas mit dieser Person nicht ganz in Ordnung. Als Präsident der belagerten Ukraine habe ich aber kein Recht, Angst zu haben.« Im Interview mit dem amerikanischen Sender ABC sagte er: »Ich hoffe, dass alles endet wie in einem Hollywood-Film – mit einem Happy End.« Das war jedoch, bevor die bestialischen Verbrechen der Russen an den Zivilisten in Butscha und in anderen Städten der Ukraine entdeckt wurden.

Seit Anfang des Krieges versucht er die Ukrainer in zahllosen Aufnahmen davon zu überzeugen, dass sie siegen, doch er sieht immer deutlicher, dass der Sieg bitter schmecken kann. Darüber sprach er mit Anne Applebaum und Jeffrey Goldberg in dem Interview für *The Atlantic:* »Zu viele Ukrainer sind nicht im Kampf, sondern infolge von Folter gestorben. Kinder haben Erfrierungen davongetragen, als sie sich im Keller versteckten. Frauen wurden vergewaltigt, alte Menschen verhungerten, und auf den Straßen wurden Fußgänger erschossen. Wie werden sich die Menschen [nach all dem] über den Sieg freuen können?«, fragte er. Und er fügte hinzu, die Geschädigten würden nie wieder richtig glücklich werden. Und von sich ergänzte er: »Meine Tochter ist fast 18 Jahre alt. Ich möchte mir nichts vorstellen, aber falls ihr etwas passieren sollte, könnte ich nicht zufrieden sein, selbst wenn wir den Feind abwehren und die Angreifer vertreiben. Ich würde diese Leute suchen, bis ich sie erwische. Erst dann würde ich Erleichterung empfinden«, sagte er. Anschießend fügte er aber hinzu, dass er der zivilisierten Welt angehöre und wisse, dass die Rechtsprechung in der Hand der Gerichte liegen müsse.

Nach den berühmten Reden vor den Parlamenten verschiedener Länder begann man Selenskyj als den neuen Churchill zu bezeichnen. Er hatte sich nicht der militärischen Übermacht des Feindes gebeugt, hatte seinen Landsleuten Widerstandsgeist und den Glauben an den Sieg eingeflößt, hatte die Welt überzeugt – oder gar gezwungen –, seinem Land Hilfe zu leisten, wobei er betonte, dass die Ukraine für Europa kämpfe. Er hatte die öffentliche Meinung in der ganzen freien Welt für die Sache der Ukraine hinter sich vereint.

Der amerikanische Präsidentenbiograf Douglas Brinkley erklärte jedoch in einem Gespräch mit CNN, dass Selenskyj mehr von Václav Havel an sich habe als von Churchill. »Der britische Premierminister aus der Kriegszeit war schon zuvor ein erfahrener Politiker, er war auch kein reiner Demokrat, da er imperialistische Ansichten verkündete.«

Havel hingegen war, bevor er zum führenden Kopf der antikommunistischen Bewegung in der Tschechoslowakei wurde und später deren Präsident, Autor von Theaterstücken, ein Künstler, der den Leuten nahestand.

»Niemand meinte, der Dramatiker Havel könnte ein großer

Weltpolitiker werden, aber so kam es«, sagte Brinkley. Und er ergänzte, dass man im Falle von Selenskyj auch in der Karriere von Ronald Reagan nach Analogien suchen könne, jenem Präsidenten, den Selenskyj bei seiner Inaugurationsrede im Mai 2019 zitierte. »Die Künstler haben einen Vorteil, weil sie mit den Menschen unter außergewöhnlichen Umständen kommunizieren können. Das ist in Krisenzeiten am notwendigsten«, resümierte Brinkley.

Witalij Portnikow, ein ukrainischer Publizist und Politologe, sagte mir, der ukrainische Präsident habe das getan, was man von einem Leader habe erwarten können: »Selenskyj wurde zu Recht zum Symbol des Widerstandes gegen den russischen Angriff. So sollte es sein. Im Kreml hatten sie sich getäuscht, dass man Selenskyj lenken könne, dass man ihn mithilfe der Oligarchen einhegen könne. Sie hatten sich verrechnet.«

Der ehemalige polnische Präsident Aleksander Kwaśniewski ist der Meinung, es sei zu früh, um zu bewerten, ob Selenskyj ein Staatsmann sei. Damit müsse man noch warten: »Eine Legende ist er hingegen schon. Und eine Legende wird er auch bleiben. Wir haben uns davon überzeugt, dass er auch in Kriegszeiten ein herausragender Leader ist.«

Positiv bewertet wurde Selenskyj von den ersten Kriegswochen an auch von vielen seiner früheren Kritiker. Denn trotz der ständigen Bedrohung, der Notwendigkeit, sich zu verstecken, im Angesicht der schmerzhaften Schläge, die der Feind dem Land versetzt, gelingt es ihm – dank seinem Charisma, Instinkt und Mut –, von den Menschen auf der ganzen Welt gehört zu werden. Mit einfacher Menschlichkeit war er in der Lage, die Welt zu berühren und dem Feind Widerstand zu leisten. Und deshalb wird er ein Symbol des Guten bleiben, das sich den Mächten der Dunkelheit entgegenstellte, ein Symbol für den Kampf der Demokratie gegen Imperialismus und Chauvinismus.

Wolodymyr Selenskyj wurde in Wirklichkeit weder zu einem neuen Reagan noch zu einem neuen Churchill oder Havel. Mit seiner Haltung, besonders in der Zeit des Krieges, hat er sich einen eigenen Namen gemacht. Der Krieg in der Ukraine und die Rolle, die er darin spielt, wird noch jahrelang besprochen werden. Die Geschichte des jungen Mannes aus der Provinzstadt Krywyj Rih, der vor einer unvorstellbar schwierigen Aufgabe stand, ist immer noch dabei, geschrieben zu werden. Doch unabhängig davon, wie seine Haltung in Zukunft bewertet werden wird, wenn wieder einmal neue Persönlichkeiten von Weltrang mit früheren großen Staatschefs verglichen werden, wird sich der Name »Selenskyj« darunter befinden.

April 2022

DANKSAGUNGEN

»Jeder Mensch ist eine Welt«, schrieb der schwedische Dichter Gunnar Ekelöf. Einblick zu nehmen auch nur in einen Teil dieser Welt ist eine Herausforderung, aber das Verfassen der Biografie einer Persönlichkeit wie der von Wolodymyr Selenskyj ist ebenfalls ein Privileg.

Ich danke dem Verlag Wielka Litera für die Möglichkeit zur Umsetzung dieser Idee, insbesondere dem Verleger Paweł Fąfara, der mir sein volles Vertrauen schenkte. Alle Ideen, Anregungen, Hinweise, Fragen und die Unterstützung, die ich erhalten habe, waren unschätzbar wertvoll bei der Entstehung dieses Buches.

Nicht weniger danken möchte ich der Chefredakteurin des Verlags Monika Mielke und ihrem Team, insbesondere den Redakteurinnen Dorota Jabłońska und Małgorzata Maruszkin für ihre redaktionelle Hilfe, ihren wachsamen Blick, ihre Geduld und die stets treffenden Bemerkungen. Das war eine gewaltige, zugleich aber auch faszinierende Arbeit.

Auch Michał Kacewicz von Belsat TV, einer der besten polnischen Journalisten, die sich auf die Ukraine spezialisiert haben, hatte Einfluss auf die endgültige Fassung dieses Buches. Seine Hilfe beim Auffinden von wertvollen Informationsquellen und Gesprächspartnern hat mir mehrfach erlaubt, neue Spuren und Fakten zu entdecken.

Große Dankbarkeit bin ich auch vielen meiner Gesprächspartner in der Ukraine und in Polen schuldig, die bereit waren, sich interviewen zu lassen, Kommentare abzugeben oder Informationen weiterzuleiten. Ohne euer Wohlwollen und eure Hilfe hätte dieses Buch nicht entstehen können. Mein besonderer Dank gilt den Gesprächspartnern in der Ukraine, mit denen ich Interviews führte, während russische Bomben auf ihre Städte fielen.

Zum Abschluss möchte ich denen herzlich danken, ohne deren Unterstützung, aber auch riesige Geduld und Verständnis dieses Buch mit Sicherheit nicht entstanden wäre: meiner geliebten Frau Agnieszka und den Kindern Kacper und Weronika. Euch, meine Lieben, möchte ich dieses Buch widmen.

QUELLEN

Vom Autor geführte Interviews

Michał Kacewicz: Die Ukrainer erwarteten, Selenskyj werde der Erlöser der Nation sein, Warszawa 15.03.2022

Aleksander Kwaśniewski: Selenskyj ist schon Legende, Warszawa 17.03.2022

Witalij Portnikow: Mit der Bewertung Selenskyjs muss man bis zum Ende des Krieges warten, 17.03.2022 Warszawa–Kyjiw

Andrij Saslawskyj: Wowa war kein gewöhnlicher Junge, Warszawa–Krywyj Rih, 26.03.2022

Restliche Quellen

Amanpour Ch., ›The number one target is all of us.‹ First Lady Olena Zelenska warns no one in Ukraine is safe from Russian forces. CNN 13.04.2022 https://edition.cnn.com/2022/04/12/europe/olena-ze-lenska-ukraine-first-lady-amanpour-cmd-intl/index.html

Antonowa E., Игорь Коломойский — РБК: «Пять лет буду тошнить всем назло» Украинский олигарх — о чатах с Зеленским. 06.08.2019 https:// www.rbc.ru/politics/06/08/2019/5d42dbad9a7947887624fff0.

Antrim T., Ukraine's First Lady, Olena Zelenska, on Life Under Siege — and How Her Country Is Moving Forward, »Vogue« 8.04.2022 https://www.vogue.com/article/ukrainian-first-lady-olena-zelenska-on-life-under-siege

Applebaum A., Goldberg J., Liberation without victory, rozmowa z Wołodymyrem Zełenskim, »The Atlantic«, 15.04.2022 https://www.theatlantic.com/international/archive/2022/04/zelensky-kyiv-russia-war-ukrainian--survival-interview/629570/

Associated Press Live updates: Zelenskyy declines US offer to evacuate Kyiv. 26.02.2022 https://apnews.com/article/russia-ukraine-business-europe-united-nations-kyiv-6ccba0905f1871992b93712d3585f548

»BBC News Russkaja służba« 30.08.2019 https://www.bbc.com/russian/features-49517322

Carroll O., In the war room with Volodymyr Zelensky, »The Economist«, 27.03.2022 https://www.economist.com/1843/2022/03/27/in-the- -war-room-with-volodymyr-zelensky

Chawryło K., Iwański T., Szczyt normandzki bez przełomu. Ośrodek Studiów Wschodnich. 10.12.2019 https://www.osw.waw.pl/pl/publika-cje/analizy/2019-12-10/szczyt-normandzki-bez-przelomu

Chomenko S., Proswirowa O., Украинский парламент утвердил правительство в »турбо-режиме«

Chudenko K., Криворіжанин. Владимир Зеленский про украинскость, смех во время войны и артистов в политике, »Delfi« 11.07.2017 ht-

tps://rus.delfi.lv/showtime/news/stars/news/krivorizhanin-vladimir-
-zelenskij-pro-ukrainskost-smeh-vo-vremya-vojny-i-artistov-v-politi-ke.
d?id=49033821

Erman G., Зеленський – »український Макрон«? Ось що про це
думають французи, 18.04.2019 https://www.bbc.com/ukrainian/
features- 47960286

Fitri A., How President Zelensky's approval ratings have surged, »New
Statesman«, 1.03.2022 https://www.newstatesman.com/chart-of-the-
day/2022/03/how-president-zelenskys-approval-ratings-have-surged.

Gordon D., Звільняючи мене, Зеленський сказав: »Ти – як нелюба
жінка«. Повний текст інтерв'ю Богдана Гордону, Gordonua.com
9.09.2020 https://gordonua.com/ukr/publications/zvlnyayuchi-me- ne-
zelenskiy-skazav-ti-yak-nelyuba-zhnka-povniy-tekst-ntervyu-bog- da-
na-gordonu-1517453.html

Gordon D., Зеленський: Якщо мене оберуть президентом, спочатку
будуть поливати брудом, потім – поважати, а потім – плакати, коли
піду, Gordonua.com 26.12.2018 https://gordonua.com/ukr/ publicati-
ons/zelenskyi-yakshcho-mene-oberut-prezydentom-spo- chatku-budut-
polyvaty-brudom-potim-povazhaty-a-potim-plakaty- -koly-pi-
du-609294.html

Israeli lawmakers tear into Zelensky for Holocaust comparisons in Knesset
speech, »Times of Israel« 20.03.2022 https://www.timesofisrael.com/
israeli-lawmakers-tear-into-zelensky-for-holocaust-comparisons-in-k-
nesset-speech/

Iwański T., Służyć narodowi – cała władza w rękach Zełenskiego. Ośrodek
Studiów Wschodnich. 24.07.2019 https://www.osw.waw.pl/pl/publi-
kacje/komentarze-osw/2019-07-24/sluzyc-narodowi-cala-wladza-w-
-rekach-zelenskiego

Kacewicz M., Sługa Narodu miała być z założenia inną partią niż pozo-
stałe, rozmowa z Mykytą Poturajewem 28.03.2022, Warszawa-Kijów

Kacewicz M., Zełenski poradził sobie jako wielki motywator, rozmowa z
Wołodymyrem Fesenko, Warszawa-Kijów 29.03.2022

Kacewicz M., Zełenski to bardzo szybko uczący się polityk, rozmowa z
Wo- łodymyrem Hrojsmanem, Warszawa-Kijów 29.03.2022

Kacewicz M., Zełenski to idealista, chce dobrze dla Ukrainy, ale czasem
strasznie się miota, słuchając różnych doradców, rozmowa z Dmytro
Razumkowem, Warszawa-Kijów 29.03.2022

Kacewicz M., Zełenski unikał trudnych tematów, rozmowa z Antinem
Borkowskim, Warszawa-Kijów 28.03.2022

Kownir S., Зеленський зізнався, чому все життя разом саме з Оленою,
»Obozrevatel« 25.06.2021 https://news.obozrevatel.com/ukr/show/pe-
ople/zelenskij-ziznavsya-chomu-vse-zhittya-razom-same-z-olenoyu.htm

Krawiec R., Владимир Зеленский: Порошенко много раз мне предлагал
встречу. Говорил, что можем найти понима »Ukrainskaya Pravda«
11.06.2020 https://www.pravda.com.ua/rus/articles/2020/06/11/7255137/

Kucharczyk M., Ukraina: Trudne decyzje prezydenta Zełenskiego, »Euractiv.pl« 2.10.2019 https://www.euractiv.pl/section/polityka-zagranicz- naue/news/ukraina-trudne-decyzje-prezydenta-zelenskiego/

Kwartał y eho komanda – 1-6 seryja HD – Dokumentalnыj seryał. »Studio Kwartał 95« październik–listopad 2014 https://www.youtube.com/watch?v=AMBNAvKWrn8

Lisizyn N., Мама юбиляра Зеленского Римма Владимировна: «Вова штангу бросил из-за роста, а танцы из-за девочки«, 25.01.2013 https://kp.ua/culture/376696-mama-yubyliara-zelenskoho-rymma-vladymyrovna-vova-shtanhu-brosyl-yz-za-rosta-a-tantsy-yz-za-devochky

Majstrenko W., У »Танцях із зірками« перемогли Зеленський і Шоптенко »Gazeta.ua« 27.11.2006 https://gazeta.ua/articles/people-newspaper/_u-tancyah-iz-zirkami-peremogli-zelenskij-i-soptenko/140787

Rana M., Wolodymyr Zelensky: Russian mercenaries ordered to kill Ukraine's president, »The Times«, 28.02.2022 https://www.thetimes.co.uk/article/volodymyr-zelensky-russian-mercenaries-ordered-to-kill-ukraine-president-cvcksh79d

Rosumowskyj K., Кандидатська з економіки. Володимир Зеленський, жарти, ТВ і гроші, »Mind.ua« 26.03.2019 https://mind.ua/publica-tions/20195469-kandidatska-z-ekonomiki-volodimir-zelenskij-zhar-ti-tv-i-groshi

Rudenko J., Sarachman E. Активні, молоді, наївні. Чому і як навчались «слуги народу« в Трускавці »Ukrainska Prawda« 4.08.2019 https://www. pravda.com.ua/articles/2019/08/4/7222746/

Rudenko S., Zełeńskyj bez hrymu Wydawnictwo Drim-Art, Kijów 2020

Rudziński L., Prezydent, który nie wyjechał ze stolicy, rozmowa z Wojciechem Jankowskim 17.03.2022, Warszawa-Lwów

Sawczuk M., Зеленський позбувся частки в російському кінобізнесі

Schewtschenko T., Чому серіал »Слуга народу« це агітація Зеленського »Ukrainska Prawda« 25.02.2019 https://blogs.pravda.com.ua/authors/tshevchenko/5c73a178ca5b1/

Schnabel T., How The Velvet Underground Influenced The Velvet Revolution, KCRW, 29.10.2013 https://www.kcrw.com/music/articles/ho- w-the-velvet-underground-influenced-the-velvet-revolution

Schudria A., »Муравейник« Зеленского: почему Кривой Рог - таки за него »BBC News Ukraina« 23.04.2019 https://www.bbc.com/ukrainian/features-russian-48025878

Selenskyj W., Volodymyr Zelensky in his own words, »The Economist« 27.03.2022 https://www.economist.com/europe/2022/03/27/volodymyr-zelensky-in-his-own-words

Slobodjanik D., Olena Zelenska on her new life, her program and fashion as an instrument of cultural diplomacy, »Vogue« 09.2019. https://vogue.ua/Olena-Zelenska-vogue-ua

Taylor C., The Khaki president, »ABC«, 16.03.2022 https://www.abc.net.au/

news/2022-03-17/volodomyr-zelenskyy-ukraine-leadership-trans-for-med-by-war/100886298

Torop O., Олена Зеленська: »Після перемоги Вови хочу писати сценарії для 95 Кварталу« 22.04.2019 https://www.bbc.com/ukrainian/fe-atures-47976364

VIP: Z Natalieju Mosejczuk. Ołena Zełensska. TV 1+1 13.05.2021 https://www.youtube.com/watch?v=67zv3UStqwI

Włodarczyk B., Ukraiński sługa narodu, TVP Telewizja Polska S.A. 2020. https://vod.tvp.pl/video/ukrainski-sluga-narodu,ukrainski-sluga-naro-du,51640077

Wolf Z., Zelensky is not Churchill. He's a more unlikely hero, »CNN«, 9.03.2022 https://edition.cnn.com/2022/03/08/politics/zelensky-ukrai-ne-churchill-what-matters/index.html

Владимир Зеленский: »слуга народа« и шоу-бизнеса, BBC News Ukraina. 25.01.2019. https://www.bbc.com/ukrainian/features-russi-an-46999502 Кривий Ріг про свого Зеленського, Hromadske.doc 13.04.2019 https:// www.youtube.com/watch?v=ImXSh8B_IO0

Два дні з Володимиром Зеленським: плани, провали, побут, сім›я, графік та захоплення, »Ukrainska Pravda« 9.06.2020. https://www.youtube.com/watch?v=z2mixZ6E1JQ

Зеленський в Золотому: ДОБРОВОЛЬЦІ, МІСЦЕВІ, РОЗВЕДЕННЯ »Sie-godnia« 27.10.2019 https://www.youtube.com/watch?v= dcsQTwt-pCU.

ЗЕЛЕНСЬКИЙ ЗАРОБЛЯЄ ПОНАД МІЛЬЙОН ДОЛАРІВ ЗА РІК, »Tabłoid – Ukrainska Prawda« 30.12.2011 https://tabloid.prav- da.com.ua/news/4efdc351119e3/

«Квартал 95» відвідав зону АТО, »ТСН« 18.08.2014 https://www.youtube.com/watch?v=XWltrAnBf Ns

«Кварталу» на користь свого ж «кварталівця», Radio Swoboda« 29.03.2019 https://www.radiosvoboda.org/a/news-schemes-zelen- skyy-firma-update/29849799.html

Кто вернулся в Украину и в Россию в рамках обмена — списки »Nowoje Wriemya Ukraina«, 7.09.2019 https://nv.ua/ukraine/politics/ obmen-plennymi-2019-spiski-lic-podlezhashchih-obmenu-mezhdu- -ukrainoy-i-rf-novosti-ukrainy-50041463.html

Первое заседание новой Рады: премьер Гончарук и отмена депутатской неприкосновенности ВВС 30.08.2019 https://www.bbc.com/rus- sian/live/news-49498652

Слуга народа - Постскриптум | Фильм о фильме, 11.12.2015 https://www.youtube.com/watch?v=eSrZ7jHev1A

Тижня: Олена Зеленська розповіла про свої перші кроки у новому статусі, »ТСН« 24.11.2019. https://www.youtube.com/watch?v=H6850nxbu- Jo&t=3s

У трускавецькому «Ріксосі» готуються зустрічати «слуг народу» та президента, »Radio Swoboda«, 30.09.2021 https://www.radiosvobo-da.org/a/news-truskavets-riksos-sluhy-narodu/31485750.html

Як виглядають діти Зеленського: милі фото з сімейного альбому, »RBK Ukraina« 3.04.2019 https://www.rbc.ua/ukr/styler/vyglyadyat-deti-zelenskogo-milye-foto-semeynogo-1554279425.html

Die Reden von Präsident Wolodymyr Selenskyj

Звернення Президента України Володимира Зеленського до парламенту Великої Британії 8.03.2022 https://www.president.gov.ua/ news/zver- nennya-prezidenta-ukrayini-volodimira-zelenskogo-do-parl-73441

Виступ Президента України Володимира Зеленського в Сеймі Республіки Польща 11.03.2022 https://www.president.gov.ua/ news/ vistup-prezidenta-ukrayini-volodimira-zelenskogo-v-sejmi- -res-73497

Промова Президента України Володимира Зеленського перед Конгресом США 16.03.2022 https://www.president.gov.ua/news/promova- -prezidenta-ukrayini-volodimira-zelenskogo-pered-kong-73609.

Промова Президента України Володимира Зеленського у Бундестазі 17.03.2022 https://www.president.gov.ua/news/promova-preziden- ta-ukrayini-volodimira-zelenskogo-u-bundesta-73621; die dt. Fassung der Rede s. unter: https://www.bundestag.de/dokumente/textarchiv/2022/ kw11-de-selenskyj-rede-deutsch-884872

Промова Президента України Володимира Зеленського в Кнесеті 20.03.2022 https://www.president.gov.ua/news/promova-prezidenta-ukrayini-volodimira-zelenskogo-v-kneseti-73701

Промова Президента України Володимира Зеленського в парламенті Японії 23.03.2022 https://www.president.gov.ua/news/promova-prezi-denta-ukrayini-volodimira-zelenskogo-v-parlamen-73769

Промова Президента України Володимира Зеленського в парламенті Австралії 31.03.2022 https://www.president.gov.ua/news/promova-prezidenta-ukrayini-volodimira-zelenskogo-v-parlamen-73993

Промова Президента України в Національній асамблеї Республіки Корея 11.04.2022 https://www.president.gov.ua/news/promova-prezi-denta-ukrayini-v-nacionalnij-asambleyi-respubli-74257